多元文化视域下的高校英语教育研究

黄 建 殷 艳 王 迪 ◎著

线装书局

图书在版编目（CIP）数据

多元文化视域下的高校英语教育研究 / 黄建，殷艳，王迪著. -- 北京：线装书局, 2024.4
ISBN 978-7-5120-6074-6

I. ①多… Ⅱ. ①黄… ②殷… ③王… Ⅲ. ①英语－教学研究－高等学校 Ⅳ. ①H319.3

中国国家版本馆CIP数据核字(2024)第079947号

多元文化视域下的高校英语教育研究

DUOYUAN WENHUA SHIYUXIA DE GAOXIAO YINGYU JIAOYU YANJIU

| 作　　者：黄建 殷艳 王迪 |
| 责任编辑：白　晨 |
| 出版发行：线装书局 |
|　　　　　地　址：北京市丰台区方庄日月天地大厦 B 座 17 层（100078） |
|　　　　　电　话：010-58077126（发行部）010-58076938（总编室） |
|　　　　　网　址：www.zgxzsj.com |
| 经　　销：新华书店 |
| 印　　制：三河市腾飞印务有限公司 |
| 开　　本：787mm×1092mm　　1/16 |
| 印　　张：13.5 |
| 字　　数：300 千字 |
| 印　　次：2025 年 1 月第 1 版第 1 次印刷 |

定　　价：78.00 元

前　言

　　英语是学生在大学阶段的必修课程，也是培养学生跨文化交流能力的关键学科。积极融入多元文化来开展英语教学能切实提升大学生的文化交流能力，也能促使其英语核心素养得以全面提升。因此，高校英语教师应正视当今时代对大学生英语能力的要求，将多元文化导入教学过程中，引导学生感悟异国文化的独特魅力，并形成包容、欣赏、学习他国文化的能力，进而降低英语知识的学习难度、提升英语文化的渗透力并持续增强教学成效。

　　近年来，我国的经济社会迅猛发展，国际地位也不断提升与稳固，这也意味着用人单位对于英语复合型人才的需求日益增长。各高校近几年从未停止探索英语教育教学改革的路径，并期望借此来提升高校英语教育教学的质量，为社会输送更多的多元化英语人才，但各种主客观因素的限制给教育教学改革带来了一定的阻碍。目前，多元文化理念在高校英语教学中的应用仍有很大的不足，这也使得各高校培养出来的英语人才质量未见明显的提升。简而言之，当前仍有许多高校开展教学时并未积极融入多元文化理念，师资力量及教育教学模式的建设还存在许多不足，无法为培养跨文化交流人才提供必要的条件。

　　总体而言，现今各高校的英语教育教学偏向于言语化，呈现出一种"重言语而轻文化"的特征。但客观来说，不同文化背景及语言背景下人群间的交际并不仅仅包含语言的交流，更多的是一种文化间的碰撞，文化差异常会使得双方出现误解，这是交流障碍产生的主要原因。当前这种单纯化的言语符号传授背离了英语的文化内涵，无法激发学生对言语深层次的理解。因此，教师应引导学生在学习英语的同时，积极吸取外来文化的精髓，在实践中进行不同文化的对比与创新，形成跨文化交流能力。这是新时代对于大学生的要求，也是各高校英语教育教学改革的正确方向。

　　在高校实际开展英语课程教学的过程中，由于涉及的内容相对较为复杂，而且学生在学习的过程中经常处于被动学习状态，这对学生产生的影响比较严重。随着现代教育理念的持续渗透，高校英语教学在内容与形式上发生了不同的变化，这对高校大学生的应用水平提升起到了积极的作用。现代教育理念包括高校英语教育教学文化实践创新，必须要适当地对教育进行优化，才能从多个角度落实现代教育思想，推进高校英语教育工作的开展，避免教育限制导致学生英语学习受到影响。所以，在教育教学过程中，教师必须重视研究工作，分析当前社会发展对人才的需求，确保学生具备一定的英语水平，培育具有跨文化交际能力的复合型人才，遵循高校英语教学目标，并从实际效果进行全面分析，发现当前英语教学内容和教学模式中存在的问题，并且不断创新现阶段英语课授课方式，以多元化的教学模式来进行英语教学，在教学中强化学生文化主体意识，以创新课堂内容的方式来为学生的未来发展提供更多有力的帮助。

  本书的章节布局，共分为八章。第一章是绪论，本章主要内容包括多元文化概述和多元文化教育与高校英语教育的联系；第二章对多元文化对高校英语教育的挑战做了相对详尽的介绍；第三章是多元文化视域下高校英语教育教学的新标准；第四章是多元文化视域下的高校英语教师的重新定位；第五章是多元文化视域下的高校英语教学新方法；第六章是多元文化视域下的高校英语教学探索；第七章是多元文化视域下的高校英语教育存在的问题及策略；第八章是多元文化视域下信息技术与高校英语的创新融合。

  本书在撰写过程中，参考、借鉴了大量著作与部分学者的理论研究成果，在此一一表示感谢。由于作者精力有限，加之行文仓促，书中难免存在疏漏与不足之处，望各位专家学者与广大读者批评指正，以使本书更加完善。

  本书由黄建、殷艳、王迪撰写，魏朝晖、王增文、徐艳梅对整理本书书稿亦有贡献。

内容简介

随着全球化的不断发展，各国之间的文化交流越来越频繁，而当前的教育教学在多元化文化浪潮下相互碰撞、相互融合。因此，需要以多元文化为基础，探索高校英语教育教学的新方向。

本书以多元文化及多元文化与高校英语之间的联系入手，首先论述了多元文化对高校英语教育的挑战，接着从多元文化视域下高校英语教育教学的新标准、教师的重新定位、教学的新方法以及教学探索进行了全面分析与探索，对多元文化视域下的高校英语教育存在的问题进行了梳理，并对此提出了相应的策略。最后，论述了多元文化视域下，信息技术与高校英语的创新融合。

目 录

第一章 绪论 (1)
第一节 多元文化概述 (1)
第二节 多元文化教育与高校英语教育的联系 (10)

第二章 多元文化对高校英语教育的挑战 (24)
第一节 我国多元文化课程的目标 (24)
第二节 多元文化社会中的英语教师角色 (29)
第三节 多元文化视野下课程的价值选择 (34)
第四节 多元文化背景下英语教学的发展趋势 (37)

第三章 多元文化视域下高校英语教育教学的新标准 (48)
第一节 重视全人发展 (48)
第二节 注重综合语言能力培养 (50)
第三节 充分利用IT技术 (52)
第四节 科学运用评价方式 (56)
第五节 学生认识能力提升 (58)

第四章 多元文化视域下的高校英语教师的重新定位 (62)
第一节 注重语言文化素养提升 (62)
第二节 强化日常行为修养提升 (65)
第三节 支持英语教学改革 (72)
第四节 英语教师教学的必备要素 (78)
第五节 优秀大学英语教师教学案例 (82)

第五章 多元文化视域下的高校英语教学新方法 (89)
第一节 探究式学习 (89)
第二节 合作学习 (96)
第三节 任务型教学 (113)

第六章　多元文化视域下的高校英语教学探索······(125)
　　第一节　多元文化背景下的高校英语文化教学研究·········(125)
　　第二节　大学英语教学中多元文化教育的内容和实施途径······(134)
　　第三节　构建基于多元文化交际的大学英语教学模式·········(139)
第七章　多元文化视域下的高校英语教育存在的问题及策略······(159)
　　第一节　目前大学英语教学中多元文化教育存在的问题·······(159)
　　第二节　走出大学英语教学的困境·····················(163)
第八章　多元文化视域下信息技术与高校英语的创新融合······(178)
　　第一节　信息技术与英语教学整合概述·················(178)
　　第二节　信息技术与英语教学整合的发展与特性···········(181)
　　第三节　信息技术与英语教学整合的内容与模式···········(184)
　　第四节　信息技术与英语教学整合的作用···············(193)
　　第五节　信息技术与英语教学整合实践·················(197)
参考文献···(203)

第一章 绪论

第一节 多元文化概述

一、多元文化发展历程

（一）多元文化的提出

从发生学的角度来讲，多元文化主义政治思潮萌芽于20世纪初的美国。那时，作为对解决民族问题的"同化论"的反叛，犹太裔美国学者霍勒斯·卡伦（Horace Kallen）提出了"文化多元论"。美国是一个移民国家，如何协调各民族之间的关系，解决民族矛盾一直是美国社会的一个重要问题。1782年，法裔美国学者提出了"熔炉论"思想；他认为人的生长和植物的生长一样都受制于周围环境的影响，美利坚特殊的气候、政治制度、宗教和工作环境会将来自世界不同国家的移民熔制成具有同样品质和理想的人。"熔炉论"的核心是追求美国民族在传统方面的一致性，而一致性的基础是盎格鲁-撒克逊美国人的传统和历史经历。1915年，美国学者卡伦开始对"熔炉论"进行批判，他认为，人们可以选择或改变自己的服饰、政治信仰、伴侣、宗教和哲学等，但无法选择和改变自己的祖先，血统和家族关系。他认为真正的美国精神应该是"所有民族间的民主"，而不是某一民族对其他民族的绝对统治。1924年，他提出了"文化多元论"，首次使用了"文化多元主义"这个词。

从文化本身发展来讲，长期以来，以达尔文的"进化论"为基础，认为文化是精英成员活动的总体象征，更是从野蛮到高度文明的发展历程。这一观点自20世纪50年代以来受到质疑和批判，文化被认为是由不同时间和地点的人们以不同的方式集体所做的事情，文化就是一定的时空条件下的一定的人类群体，他们的生活方式、习俗、秩序与生存样态。这种建立在相对论基础上的文化相对论，认为文化具有历史的特殊性，其意义取决于特定的情境，这一文化的理念成为现代多元文化主义的基础。"多元文化论"认为，一个国家由不同信念、行为方式、肤色、语言等多样化民族所组成的文化，其彼此间的关系应是相互支持且均等存在的。

除此之外，被称为"多元主义的赞歌"的后现代理论对多元文化也提出了自己的阐释。这一理论认为人类发展知识的方式和人类求知的手段都有了革命性的改变，所有的观念、意义、价值全部都可以从过去的固定结构中区别出来，应该尊重文化的差异。

伴随着欧美民权运动的兴起，文化本身的发展，再加上后现代主义的张扬，多元文化不仅是事实，而且成了社会和政治生活的一个条件，成了国家政策中的一个重要组成部分。多元文化成为当代世界和社会发展中表现得尤为突出的世界文化发展问题，成为解决当今世界文化、民族、和哲学价值观问题的普遍模式。

多元文化概念本身是针对传统的单一（单元）文化概念而言的。以往的文化发展定势是在一定的区域、地域、社会、群体和阶层中存在的某一种单一文化。而多元文化则是指在一个区域、地域、社会、群体和阶层等特定的系统中，同时存在的、相互联系且各自具有独立文化特征的多种文化。它不同于以往的文化存在方式，在空间上具有多样性，在时间上具有共时性。在这个概念的提出过程中，蕴含着对文化的几个基本假设。

1.文化的平等性。

多元文化观点认为，社会是由不同民族、不同群体所组成，社会成分的多元化决定了文化的多元化，各种文化都有其独特的价值，并无优劣贵贱之分，因而各种文化都有平等的生存权和发展权。

2.文化的交往性。

多元文化必须是指在一个区域联合体、社会共同体和集体群体等系统内共存的，并在系统结构中存在着一定的相互联系的文化。文化间的交流和交往是多元文化形成的必要条件，也是它存在的基础。

3.文化的差异性。

各民族或集团在长期的历史发展中，通过其独特的生产和生活过程而逐渐确立起自己的文化，不同民族或集团的文化各具特色，表现出多元发展的特性。即使是在同一性质的群体、集团的社会内，由于区域发展的不平衡，社会各阶层在社会中的地位和作用的不同，文化的自我更新、创造、变革的内在机制不同，使同一性质的文化在同一社会的不同区域、不同社会阶层、不同历史时期，表现出一定的差异性，从而形成了文化的多样性发展。

4.文化的内聚性。

不同的文化之所以能共存于一个共同体内，其重要原因就在于各种文化不仅承认了彼此的差异性，更重要的使它们也发现了彼此间的共性，即各种文化间存在相互借鉴的可能。从这个意义上说，多元文化的实质目的不是要突出某一种文化，而是提供处理两种以上文化间相互关系的态度和方法。

（二）多元文化的产生

从第二次世界大战以后，美国等西方国家内部的种族、民族矛盾进入了高涨期。民权运动对传统权威提出了多方位的挑战。民权运动采用的是以种族为基础的"群体斗争"的方式来争取"群体权利"，这种斗争方式是对强调个人权利的美国传统的一种极具创意性的反叛。民权运动迫使国会通过的一些法律和移民政策，使得黑人、移民和少数民族可以享受平等的政治和公民权利，这为多元文化主义的产生奠定了政治基础。

多元文化主义虽然萌芽于美国，但真正形成是在加拿大。加拿大政府在1971年推出的"多元文化主义政策"，标志着多元文化主义的正式形成。

加拿大是一个由一百多个民族组成的多民族国家，这些民族来自不同的国家和民族地区。加拿大曾先后是法国和英国的殖民地，在相当长的时期中，加拿大在民族问题上坚持的是民族同化政策。所谓民族同化政策，就是指政府采取法律的、行政的手段，使被统治民族或少数民族失去原有的特征，而被吸收、被合并于统治民族和主体民族。这种政策就是要求移民放弃自己祖国的文化与传统，接受英国和法国的行为方式和价值观。第二次世界大战以后，面对愈演愈烈的英法两大族裔之间的社会民族矛盾，加拿大政府正式提出了以"多元文化"取代原先的以英法文化为基础的双文化政策。该项建议得到了政府的重视。1972年，加拿大政府内阁增设"多元文化部长"职位，具体制订了展示各种民族文化、研究各民族历史、推进各民族交流等六大规划，各级地方政府设立"多元文化工作部"，多元文化主义政策正式在全加拿大付诸实施。

加拿大推行的多元文化主义政策，迅速在欧美许多国家引起强烈反响，支持者纷纷撰文，称其为解决民族问题的最佳途径。多元文化主义政策和思想在诸多国家中受宠，多元文化主义思潮也蔓延和发展起来，并作为一种政治理念和政策成为不少多民族国家解决民族问题的一个依据。

（三）多元文化的发展

进入21世纪，随着经济全球化进程的加快，世界各国经济联系的加强，特别是在资本、贸易、金融、投资等方面的相互联系和相互依赖程度达到前所未有的水平。经济领域的联系扩大到了社会生活的各个领域，各国之间相互依存，从而打破了国家与地域之间的界限，打破了人们观念、文化上的界限，"全球化的进程打破了民族的樊篱，把各民族的文化都卷进了大交流、大融合的浪潮，使人类文化发展的大趋势沿着相互补充、相互接近和相互吸取的轨迹前进，从而使各种文化在交流的规模和深度上都远远超过以往任何一个历史时代。"现代科学技术的迅速发展，以电脑、电视和卫星为主体的现代化信息网络，已把世界联结为一个整体，形成了全球性的信息一体化趋势，导致了全球性的信息同步。信息成为主导社会发展的力量，人类社会进入信息社会。信息技术的极大发展为各国之间的信息交流提供了条件，也为教育的国际交流带来了广阔的发展前景。一方面，世界一体化进程日益加快，国际合作更为密切，国际竞争更加激烈，任何国家都无法游离世界，独自进行经济、政治、文化改革。另一方面，知识的价值和重要性日增，高素质的人才成为提升国家综合竞争力的核心因素。

信息社会的到来使得每个国家、社会集团和个人都越来越处于一种开放的状态之下，各种文化不断渗透与融合。在这种竞争与比较的格局中，每个社会与个人都在寻求新的突破，于是各民族纷纷走出自己的模式，开始接触其他民族的文化模式，各种文化相互渗透。一方面，任何一种文化都不可避免地影响着其他文化，另一方面，任何一种文化也都不同程度地吸收着其他文化从而求得自身更完善的发展。当前，世界已经成为一个巨大的信息网络，身处这个网络的人与人、地区与地区、国家与国家、文化与文化之间的关系呈现出鲜明的全球化的特点。

二、多元文化教育全面展开

（一）多元文化教育的内涵

1.多元文化教育的含义

多元文化教育的概念确切的含义应如何阐述，至今学术界仍争论不休，其中比较有代表性的有如下几种。

美国多元文化教育理论有建树的学者当推西雅图华盛顿大学的班克斯（James A. Banks）教授。他对多元文化教育概念的阐述，获得许多学者的认可。他认为："多元文化教育是一场精心设计的社会变革运动，其目的是改变教育的环境，以便让那些来自于不同的种族、民族、性别与阶层的学生在学校获得平等受教育的权利。多元文化教育理论假设，与其让那些来自于不同种族、民族、性别与阶层群体的学生仅属于和保持本群体的文化和性别特征，莫不如让他们在教育领域获得更多的选择权，从而在社会化过程中获得成功。"

美国教育人类学家葛阮德（Car·A. grand）对多元文化教育的概念作了如下的

定义："多元文化教育是基于针对所有人的多样性力量、社会公正以及不同生活选择基础上的人性概念。"并认为："多元文化教育不仅仅是对不同文化的一种理解，它认识到不同文化作为彼此区别的实体而存在的权利，并了解到它们对社会的贡献。"她还指出："多元文化教育强调发展能够加强跨文化分析以及应用技巧，它同时也强调优先发展作为可靠性决策等的能力，以及获取和实现政治权利的能力。"

美国学者盖伊（Genera·Gay）认为："一种明确的多元文化教育哲学的阐述对于学校课程发展过程是十分重要的。它提供了一个概念化的参考框架。多元文化教育哲学认为民族多样性和文化多元主义应该是美国教育的一个重要组成部分和不间断的特征。学校应该教学生真正地将文化和民族多样性作为美国社会标准和有价值的东西而加以接受。这就意味着应该接受真实的、不同民族群体的知识，并培养是党的对于不同民族群体的历史、文化遗产、生活方式以及价值体系的态度。应该接受不同民族群体存在的权利，理解民族群体的生产类型的有效性和可变性，扩大个人在自己社区和其他社区中有效运作的能力。将保存民族和文化多样性作为一种保持美国社会丰富性和伟大性的方法，而加以促进。"

英国多元文化教育理论家詹姆斯·林茨（James Lynch）认为："多元文化教育就是在多民族的社会中，为满足各少数民族群体和个体在文化、意识、自我评价方面的需要而进行的一场教育改革运动，其目的是帮助所有不同文化的民族群体学会如何在多元文化社会中积极和谐地生活，保持群体间教育成就的均衡，以及在考虑各民族差异的基础上促进相互尊重和宽容。"

中央民族大学教育系教授滕星等人认为多元文化教育就是以尊重不同文化为出发点，在各集团平等的基础上，为促进不同文化集团文化的相互理解，有目的、有计划地实施的一种共同平等的"异文化间教育"。

华东师范大学基础教育改革与发展教育研究所郑金澜教授认为："多元文化教育是以教育中存在的文化多样性为出发点，使具有不同文化特征的学生都享有同等机会的教育；这种教育是在尊重不同文化且依据不同的文化背景、文化特征的条件下实施的，目的在于帮助学生形成对待自身文化及其他文化的得当方式及参与多元文化的能力。"

除上述表述外，20世纪90年代以来，我国学者对多元文化教育的理解趋于一致的表述是：多元文化教育应使所有学生（不仅是少数民族学生），不论性别、种族、宗教、语言、社会经济地位的差别，认识和理解社会中的各种文化、包括学生自身所属的文化，以及具有普遍性的为各民族共享国家主流文化。

2.多元文化教育的层面

班克斯认为多元文化教育主要由内容整合、知识建构、平等教学、消除偏见和增能的校园文化及社会结构5个层面组成。

内容整合指教师在教学过程中使用来自不同文化和群体的例证和内容来阐释本学科的关键概念、原理和理论知识，丰富课堂教学，体现公平。教师将文化内容整合到学科中，一方面可使学生容易理解学科知识，另一方面则可让学生体会文化的多样性。知识建构指教师在教学过程中，让学生了解知识产生，以及学科中的文化假设、观点与偏见如何影响知识建构的过程。平等教学指教师使用的教学方法能让来自不同性别、不同团体的学生都能取得成功，所有人都能理解课程内容，所有人都能均衡接受教育。平等是多元文化教育的核心概念，多元文化教育坚信，不同族群的学生具有相同的发展潜能。消除偏见侧重教师使用的课堂材料和活动有助于帮助学生发展出对不同民族、人种和文化团体的积极态度。同时环境的熏陶和学生之间的交往也能有效降低偏见带来的影响。增能的校园文化和社会结构，指通过分组、标记、课外活动和师生互动来创造健康的校园文化，使不同文化背景的学生各得其所。增能是给予个体肯定自我能力的一种信念，也是多元文化教育的一个主要目的。

（二）多元文化与教育的关系

1.多元文化为教育提供了新的发展空间

多元化的教育给我国教育注入了新鲜的血液，以前我国以传统中国式教材为中心到现在逐渐融合其他文化的教材，从而产生一种新的东西，自改革开放来，我国努力接受国外的先进文化和制度，我们既要坚持发展民族文化教育，尤其要坚持自己的民族特色，弘扬民族文化的优良传统，又要大力发展民族教育，敢于接纳新思想新文化。

2.多元文化促进了教育民主的发展

教育民主化有三层含义，首先是指教育机会均等，多元文化教育的理念是强调教育权利平等，即所有的受教育者，不论其种族、民族、语言、社会经济地位的差别，都应享受平等受教育的机会，包括入学机会的均等，教育过程中享有教育资源机会的均等和教育结果的均等。

其次是指师生关系的民主化，平等的教学氛围是师生民主化的体现。多元文化思潮的到来也让我国传统教育弊端渐露端倪，从以前学生的绝对服从到师生间教学相长，共同进步。

再次是指教育活动、教育方式、教育内容等的民主化，为学生提供更多的自由选择的机会。虽然在处理制度缺陷和改变社会结构上我们无能为力，但我们可以通过其他方式来实现，公平享受课程资源和教师资源，制定适合少数民族文化的教科书，政策帮助来实现教育公平。

3.多元文化促进了教育思维方式的变革

不同时代需要不同的教育,不同的教育具有不同的文化知识,教育观念,思维方式,因此在多元文化的背景下进行思维的革新,也是人类进步的动力之一,要求我们变革陈旧的思维方式,培育新的思维方式。多元的思维方式是从多角度、多层次、多变量思考问题,从时间、空间,从大千世界,不断变换思维视角,从矛盾的复杂性中认识事物。

教育改革是一个渐进的过程而不是一下就能做到的,因为教育改革涉及教师教学理念和思维方式的深层变革。如果教师仅仅满足于教学技能和模式层面的转变而不转变教学理念和思维方式,那么带给我们的就是一个封闭、僵化的课堂。一味地压抑课堂,不仅教学难以进步,而且教师的创造智慧很难被激发,教师的生命发展也会被窒息。

4.多元文化利于提倡个性化教育

从教育公平角度看,学生文化背景差异不应该成为学生学习的障碍。多元文化教育充分尊重学生的这种差异性,从学生的不同文化背景角度,考虑个人的生理、心理、年龄特点,考虑个人的天赋、特长、尊重人和人的个性,突出学生在整个教育过程中的主体地位,培养主体意识和主体能力。

学生的学习积极性,学生个性的和谐发展和全面发展都是教育中应该解决的问题,我们的教育应努力引导孩子这方面的发展。同时,引导学生独立思考问题,实现德智体全面的发展,努力适应社会发展。这种理念体现在课程上就是要通过多元文化课程的建构来适应不同文化背景学生的学习需要,为他们创造平等的学习和发展机会。

5.多元文化利于创新性人才的培养

创新型人才往往是在多元文化背景下成长起来的。春秋战国时期是我们的百家争鸣时期,孔子,老子等学者为了宣传自己政治学说,都曾周游走于各诸国,他们的思想甚至主导了中国大半个世纪;文艺复兴时期是欧洲文化的一个繁荣时期,先后产生了但丁、莎士比亚等思想巨人,文艺复兴同时也是知识由于印刷和在艺术,诗歌,建筑等领域新技术的应用而导致的知识爆炸。马克思与恩格斯在指导和推动无产阶级解放事业的理论与实践的发展上都做出了开拓性的历史贡献。鸦片战争后,在马克思主义理论的指导下,中国人就开始探求救国救民的道路,改革开放以来,我国开创了有中国特色的社会主义道路,历史充分表明,多元文化和创新型人才的成长有着内在的本质联系,创新型人才往往产生于一定的多元化。

（三）多元文化教育的发展

多元文化在世界范围内的不断发展对教育研究也产生了重要的影响。多元文化教育的发展走向如下。

1. 促进教育从一元走向多元

纵观人类文化发展历程，经过了一个由文化一元隔阂、到文化多元并存、再到文化多元互动的过程。教育因其与政治、经济、文化的密切关系，面临着新的国际境遇带来的挑战。教育应当成为和平以及国际理解的促进者；教育应当承担起培养年轻一代具有宽容、鉴赏、公平、尊重以及思考自由的品质和责任；教育不仅要宣传文化历史与传统对于当代社会多种文化的重要意义，更要致力于对文化的过程性、连贯性与变化性的理解与把握，促进文化的认同。教育应当成为引导学生尊重与理解其他文化、促进人类文化平等与和谐、推动世界稳定与发展的重要手段。多元文化教育包括了为全体学习者所设计的计划、课程或活动，而这些计划、课程或活动，在教育环境中能促进尊重文化的多样性及增强理解可以确认的不同团体的文化。这种教育能够促进整合和学业成功，增进国际理解，并使其同各种排斥现象做斗争成为可能，其目的应是从理解自己人民的文化发展到鉴赏邻国人民的文化，并最终鉴赏世界性文化。

自1937年至今近80年的时间里，联合国教科文组织在其组织召开的一系列国际教育大会中均体现出对世界上多元文化的承认、对各个民族文化的尊重以及对民族传统文化的保护、传承与创新的重视，表现出国际社会与国际舆论对多元文化教育的关注及其所采取的教育措施的一致性与坚定性。世界各国、各民族自古以来的多元文化教育系统及其实践各具特点，为改进、提高、相互学习借鉴提供了巨大的潜能和丰富的资源，成为教育改革、教育创新的巨大资源库，对这些资源的充分利用，不仅为教育提供了丰富的内容，同时也为教育成效的取得提供了丰厚的沃土。因此，当下的教育应当从多种文化中吸取养分，向学生展示世界不同文化间的异同，并为促进多种文化的生存与发展做出努力。

2. 促进教育从隔离走向理解

当今世界，人类活动范围逐渐扩大，人类社会由封闭、半封闭与隔阂的状态转变为半开放、开放与相互交往的状态，社会经济由地方性、自给自足向全球化转变。历史的进程要求过去的文化孤岛被文化多元所替代，文化的排他性被文化的包容性所替代。不同人类群体间的交流也越来越频繁、密切，文化间关系由相互疏远到相互接近、由相互孤立到相互依赖。这种世界文化格局及其所带来的文化怀乡的愁绪以及对民族文化的追思，引导人们从一个更新、更高、更远的视角去思考教育所培养的人的品格，去重新审视人类的文化与各民族文化，去建构新的世界文化图景。与此同时，文化人类学的研究成果揭示了文化差异背后的人类的相似性与相通性,为各不同文化民族的相互尊重、相互沟通提供了人类学的启示。

文化的变迁要求教育培养的人具备跨越文化边界,与不同文化背景的人进行交流、沟通与理解的能力以及在多元文化场景中的适应力。具体而言,跨文化人才的培养应从以下几方面着手。

第一,培养开阔的文化视界。多元文化教育通过对世界各民族文化的传播,开阔学生的文化视野,让他们了解、鉴赏本民族文化的历史渊源与文化精粹,同时也了解、鉴赏世界文化的起源、发展及精神实质。

第二,树立开放的世界文化观。多元文化教育在传递世界各民族文化知识的同时,还应进行文化观的渗透,培养跨文化意识,让学生不仅具有对本民族文化的深刻理解以及由此而生的民族自豪感和认同意识,而且具有对所有文化的尊重、宽容与接纳的意识。

第三,倡导积极的跨文化情感。多元文化教育的过程,也是一个与本民族文化及世界文化的情感交流的过程。所以,应注重对学生跨文化情感的熏陶,既不沉醉于本民族文化而盲目排外,也不羡慕其他民族文化而崇洋媚外,养成自尊、自爱、平等、开放、互尊的文化态度。

第四,提升全面的跨文化能力。多元文化教育要注重让学生掌握文化间对话、交流、理解的能力,养成参与民主决策的社会与政治的能力,提高在多元文化碰撞与冲突的局面下,能够敏锐把握文化动向、调整自身观念与行为的跨文化适应力。教育通过对文化进行选择、组织和重构,使文化得以再生和继承;教育通过对文化进行传递、传播、融合,使原有文化发生性质、功能等方面的变化,衍生出新的文化,带领人类超越器物的束缚和生命的有限而达到精神的自由无限。当代教育被赋予了前所未有的文化重任。通过多元文化教育提高世界文化的发展力是多元文化教育的重要特质和当代使命。

3. 促进教育从封闭走向开放

从全球范围而言,为冲破文化边界的藩篱、为解决文化间的冲突而实施的教育政策经历了三个发展阶段,即由突出种族优越感的同化教育,演化到多种文化并存的多元一体化教育,然后过渡到多种文化互动的多元文化教育。第一阶段的主要特征为种族中心,试图融合全部现有文化,使之遵循一种文化普世原则;第二阶段的主要特征为种族多元,是一种基于对各种文化认可的基础上的文化多元视角的教育;第三阶段的主要特征为种族互动,是一种基于对多元文化关系的洞察基础上的、符合文化发展规律的各种文化间的相互接触、相互渗透、相互影响的教育。多元文化教育的发展历程实际上是社会文化发展的历史脉络以及当代社会的文化间的平等交流、多样化发展的关系的反映,是一个从地区性教育行动到全球性教育行动的演变过程，是一个从文化静态取向教育到文化动态取向教育的转变过程。因此，新的世界局势要求重新审视主流文化教育的出发点与归宿，正视与改正教育中存在的局限性，满足多文化群体的文化需求，保证各种来自不同文化群体的学生能够学业成功。

当前，世界经济文化全球化的进程，使得不同文化间的接触越来越密切，而文化的敏感性也日益加大，文化的多元需要人们用一个超越文化差异的、更高、更大、更远的视角看待文化，需要人们用一个新的多元的视角看待教育，培养具有民主、尊重、宽容、平等、自由、理解观点的世界公民。

多元文化教育倡导跨越地理疆界与文化边界的藩篱，正视由于文化自身的张力而带来的文化交流与碰撞，并将其视为文化多样性发展的动力；多元文化教育立足于对不同文化的相互尊重与交流以及不同文化间的理解与平等对话，强调文化间的互动；多元文化教育通过对跨文化人才的培养，推动世界文化的进步，促进人类和平事业。历史表明，人类只有具备了更广阔、更开放的视野，才能了解世界各民族在各时代中相互影响的程度及其对人类历史进程的重大作用；人类也只有具备了全球的和全人类的宽阔视野以及更强的跨文化适应力，才能促进全球范围内各民族的和谐相处与共同进步。

第二节 多元文化教育与高校英语教育的联系

一、大学英语教学是实现多元文化教育的有效途径

多元文化教育源于一种追求平等的社会公正，旨在克服人类面临的区域狭隘、民族狭隘、文化狭隘等困境。大学英语教学可以传递英语语言国家的文化，成为实现多元文化教育的有效途径。

（一）贯彻多元文化教育理念

现行《大学英语课程教学要求》中指出："英语的教学目标是为了培养学生的英语综合应用能力，……，提高学生的综合文化素养，更好地来满足我国社会发展的快速步伐以及国际交流中的需要。英语教学不仅仅是一门教育课程，同时也是拓展知识、了解和认识世界文化的一门教育课程，具备了工具性以及人文性，英语教学的设计应充分考虑到要时刻培养学生文化素质和传授国际文化知识。"这说明，多元文化教育已潜移默化融入英语学科中，并且成为英语教学中的主题思想之一，体现了通过大学英语教学来贯彻实施多元文化教育理念。

（二）传递多元文化

语言不仅仅是文化的载体，同时也是文化的重要组成部分。英语作为我国一门语言学科，承载了英语语言国家的历史与文化，奠定了文化中丰富的内涵，体现出英语语言国家的风土人情、历史发展、生活习俗、文学艺术、价值观念、行为礼仪等方面。运用多元文化方式开展英语教学可以让学生更加细致的了解国家所产生的文化差异和相互联系及作用。学生学习英语不仅仅是学习单词及其语法，同时也是在学习语言文化。文化教学是语言教学的重要组成部分。以传递多元文化为目的的教学，教师应做到以下两点。

1. 加强文化知识的传授

鼓励学生积极参与实践。教师在强调学生基础知识积累的同时，应该贯穿英语交际能力的培养，注意英语文化知识的传授。例如，在课堂上讲授有关文化的知识，鼓励学生利用课堂、课外进行练习和巩固，积极举办英语"沙龙"活动或进行英语演讲比赛、话剧表演，开展英语讲座、听报告、听广播、看录像等，培养学生在实际中运用语言的能力和技巧，提高学生的听、读、写、说能力，增强学生的知识积累。

2. 利用教材渗透多元文化

在教材的处理上，教师可以结合课本内容，不断拓展、引出相关的文化信息。词汇是语言中最活跃的成分，也是最大的文化载体之一。因此，在平时的教学中，教师应注意介绍英语词汇的文化意义。英语中有许多词汇来自神话、寓言、传说，或是与某些名著有关。了解这方面的文化知识，有助于学生对英语词语的理解和掌握。例如，在英语中 dog（狗）是人们生活中的重要伙伴，甚至有时直接泛指人。于是就有了"Everly dog hashisday"（凡人皆有得意日）；"You are a lucky dog"（你是个幸运儿）在汉语里，用狗比喻人多带贬意，如"癞皮狗""走狗""狗腿子"等。另外，由于环境、历史和文化的不同，在表示相似的比喻或象征意义时，英语和汉语会使用完全不同的颜色词，如 blue pictures（黄色电影），green hand（没有经验的人）等。

在语法教学中，教师也可以结合多元文化进行讲授。教师可以通过适当的英汉语言对比，启发学生讨论，增强学生的学习兴趣，增加信息量，扩大知识面，帮助学生牢固地掌握英语语法，提高他们运用英语的能力。例如，在总结名词复数形式时，变化规则中以-o结尾的名词，一般情况下在词尾加-es构成，但是，由于英国多次受到外来种族的入侵，英语词汇中有很多外来词汇，某些外来词（tobacco，piano 等）则在词尾加-s。

(三) 参与多元文化社会

英语学习的最终目的是使用英语，英语教学的最终目的是培养学生对英语的综合运用能力，参与多元文化社会。在教学过程中，教师要培养学生能够运用所学的语言知识在不同的场合、对不同的对象进行有效得体交际的能力。具体来说，教师在教学过程中需要注意以下几个方面。

1. 将英语作为一种交际工具来教

英语是一种交际工具，英语教学的目的是培养学生使用这种交际工具的能力。使用交际工具的能力是在使用当中培养的，因此教师要把英语作为一种交际工具来教，而学生要把英语作为交际工具来学，教师和学生在课上课下都要积极使用英语进行交流。

在英语教学中，教师或学生并不是单纯地教知识或学知识，而是通过操练，培养或形成用英语进行交际的能力。教师要尽量利用教具，为学生创造适当的情境，协助学生进行以英语作为交际的真实的或逼真的演习。这样学生不仅学得有兴趣、有成效，而且能真正学到英语的用场，学了就会用。

2. 在教学中灵活创设交际情境

要想让学生具备使用英语进行交际的能力，使学生能够在适当的地点和时间，以适当的方式向适当的人讲适当的话，就应在英语教学中创设情境，开展多种形式的交际活动。众所周知，利用语言进行的交际总是发生在特定的情境之中。情境包括时间、地点、参与者、交际方式、谈论的题目等要素，在某一特定的情境中，某些因素，如讲话者所处的时间、地点以及本人的身份等都制约他说话的内容、语气等。而且，在不同的情境中，同样的一句话也可以表达不同的意义和功能。例如，"Can you tell me the time"这句话可能表示的意思就有两种：一是向别人询问时间，是一种请求的语气；二是可能表示对他人迟到的一种责备。因此，在英语教学中，要把教学的内容置于一种有意义的情境之中，这样才有可能让学生充分理解每一句话所表达的意思。

在一定的情境之中进行的英语教学，还可以使学生身临其境，提高学生学习英语的兴趣。因此，教师在教学过程中要充分结合教材内容，利用各种现有的教具，开展各种情境的交际活动，这样对学生和教学都会产生有利的影响，收到不错的教学效果。此外，教师也可以设计任务型活动，让学生通过完成特定的任务来获得和积累相应的学习知识与经验，需要注意的是，这些活动需要具有交际的性质，才利于交际目标的完成。

二、多元文化教育对大学英语教学的影响

（一）多元文化教育与大学英语教学

1. 多元文化对英语教学的影响

文化与语言之间，有着密切的联系，学生在进行英语学习时，必要的文化背景知识的学习，是提高其英语能力的重要方面。但传统的英语教学中，老师只注重对学生语法知识、单词量积累等理论知识的学习，对于英语文化、风俗的学习却十分有限，从而学生英语学习在文化层面上的障碍，导致中国式英语的存在。

（1）语音差异使得学生的英语学习存在着障碍。

我国的母语是汉语，因而是一个字一个音节；但是在英语中却不是这样，英语中一个词有可能是一个音节、也可能是两个三个，甚至是多音节词，中西语言在音节方面的差异，使得中国学生在学习英语时，其能否正确发音就很成问题。此外，在发音问题上，还有一个很重要的因素是值得注意的，那就是语调。我国的汉语中，有四个语调，但是英语的发音规则里却没有单调的区分，这对于学生正确的发音与交流就存在很大的困难，学生不能用中国式的音调来表达自己正确的意思。英语中虽然没有音调的划分，但却有重音，而汉语中却没有，这也重要的区别之一。因而，在我国的具体英语教学实践中，老师应注意对每个学生音节、重音等方面的培养与训练，注意学生的重音、句子结构等，让学生发出正确的发音。当然，老师还可以开展一些英语活动，让学生进行口语的练习，如学唱英文歌曲、朗诵诗歌等形式，都是很不错的练习方法。

（2）词汇差别使得理解发生分歧。

中国与西方国家之间的差异有很多，比如说话方式、问候方式、风土人情等方面都有明显的差别。比如在语言词汇的学习中，有一些词就表现很明显，如freeze这个词的基本含义是"冰冻"、"结冰"，在一些英语教材中也只介绍这个含义；但是在美国社会里，这个Freeze！却是人人皆知的日常用语，是"站住""不许动"的意思。又如"狗"这个词，在中国它是忠实的象征，但在具体的语言应用中，如果一位中国人说："你是个像狗一样活着的人"，那么就意味着，对方是一种贬义，是在对其人格的侮辱，又如"狼心狗肺""狗咬吕洞宾，不识好人心"中的狗一样，它们大多为贬义。但是在西方国家里，人们却对狗十分喜欢，如果有人说："You dog"，那么其意思是说"你很可爱"，并没有在骂人，而日常生活中人们也经常将那些幸运之人称为"lucky dog"。对于这些词汇上的用法，老师应对学生进行必要的训练与扩充，使得学生在具体的英语对话中，能够充分了解其语意，从而更好地与西方人进行沟通。

（3）语法结构与句子构成导致出现中国式英语

如果学生不能充分理解英语句子的构成，那英语写作与阅读能力的提高，将会非常困难。在日常的英语学习中，很多学生由于不能够掌握英语语法与句式，因而出现了很多中国式英语的句子，如 hoursread English every day.My English level high.这样的句子是用汉语的思维写下来的，它完全不符合英国的表达要求。虽然这只是英语语法表达方面的错误，但究其根源，这是中西方不同文化特点所导致的，中国学生在中国式思维下，对英语句子进行组合与书写，使得中国式英语现象一直大量存在。因而，在具体的英语教学中，老师应对学生进行西方思维习惯的培养，使得学生在语法结构与构成方面，能对英语有一个更好的认识，从而保证英语能力的提高。

2.多元文化教育对英语教学的启示

（1）激发学生对文化差异的学习兴趣。

学生无论学什么，只有在自己真正感兴趣的情况下，才会充分发挥自己的主观能动性。学习英语也是如此。因此，在传授跨文化知识时，培养学生对文化差异的学习兴趣是英语教学必须考虑的一个方面。教师只有不断地改进教学方法，增加新的教学内容，将趣味性贯穿于教学过程之中，才能调动学生的兴趣，激发学生学习的热情。

教师可以通过教学方法、教学内容的对比激发学生学习文化差异的兴趣。介绍文化背景，比较文化差异，最好的方法是透过语言看文化，通过所学的语言材料了解其中所含的民族文化语义。通过这种方法，教师可以把枯燥无味的词语解释、语法讲解等变得形象生动，使学生在活跃的气氛中不仅学到了英语语言知识，还领略到了英语民族文化，更重要的是能引起学生对文化差异的学习兴趣。

教师是教学的主导者，而学生是教学的主体，在教学中处于中心地位，教师传授的知识最终要由学生加以理解、吸收，而学生跨文化交际的能力主要靠实践来培养。英语教师应根据教学内容和学生特点，在课堂上采用灵活多样的教学方法和教学手段，并帮助学生树立坚持不懈、持之以恒的英语学习态度。在培养学生的学习兴趣的同时，教师还应当帮助他们养成良好的学习习惯，也就是教会学生学习方法。如果学生只会整天抱着课本死记硬背，则很难掌握实际的英语交际能力。教师在教学中一定要结合具体教学对象的学习实际采用行之有效的教学方法。英语是一种工具，英语学习是一个漫长的过程，文化信息需要日积月累，并且只有通过持之以恒的学习和大量的实践训练才能做到活学活用，形成驾驭英语语言的跨文化交际能力。

英语教学要把讲解语言知识和介绍文化背景知识、比较中英文化差异有机地结合起来，充分发挥文化背景在教学中的积极作用，培养学生对文化差异的敏感性。

（2）培养学生的跨文化意识。

跨文化意识如此重要，因此教师在教学过程中必须重视对学生跨文化意识的培养。在英语教学中，教师要充分利用现代化的教学手段，介绍英语国家文化背景，让学生最大限度地接触一些英美本土文化信息。

对跨文化的敏感性主要来自两种途径。一是直接途径，也就是通过在外国文化中生活、体验的方式来获取文化信息，培养对异国文化的敏感性。这对我国国内学生来说显然不可能。因此，我国英语教师可以采用另一种途径培养学生的跨文化意识，即间接途径。间接的方法有很多，包括课堂学习、课外阅读、收听英美广播、观看一些英文图像资料等。但是英语课堂教学毕竟具有一定的局限性，因此通过课外学习活动是培养学生的跨文化意识的有效途径，教师应该鼓励并指导学生开展形式多样的课外学习活动，特别是要借助于先进的现代化教学手段，加强学生的语言听说训练，直接在英语学习中给学生导入一些英语文化背景知识。教师应该鼓励学生观看英文原版电影、录像。由英语国家本族人所演绎的英文原版电影、录像都具有浓厚的英语文化气息，因此通过观看英文原版电影、录像是提高文化差异敏感性的一种非常有效的手段。对缺少英语语言环境的我国英语学习者而言，最大的困难就是从课本里学来的英文知识往往与现实生活中的语用实际脱节，而观看英文录像不仅可以扩大词汇，增强听说能力，还能从中学到很多文化知识，在动态的电影录像情景中，往往会让他们对外国文化更容易理解，印象也更为深刻。

（3）增强学生的跨文化感悟力。

通过文化差异的比较，学生在头脑中形成一种潜在反应能力，这种能力就是通过语言这一载体对英语所反映的文化内容的综合性的理解能力，也就是我们常说的文化感悟力

在英语教学中，教师应注重对英语国家文化背景的介绍，使学生了解英美等国家的文化，通过比较英汉文化的差异，让学生明白不同的语言以及语言背后的不同文化，学会在适当的场合用适当的英语表达自己的思想，实现培养和提高学生运用英语在跨文化语境中正确交流的能力。

增强学生的跨文化感悟力，需要教师引导学生接触、理解文化差异。教师可以在课堂中教授文化知识。教材中有不少关于英语国家的生活方式、行为规范、价值观念、历史地理、文化艺术、风土人情、传统习俗等方面的对话和课文，教师应该让学生注意这些文化知识，增加学生对英语国家文化的感悟力。外语教师还可通过指导学生开展课外活动学习西方文化知识，如带领学生多读一些英语报刊、多听一些英语广播、多看一些原版影视资料来广泛接触和逐步丰富英语文化

背景知识，还可以通过指导学生开展英语角、英语晚会、专题讲座以及课外实践活动，使学生在不断接触英语文化的环境中比较中英文化的差异，培养跨文化意识，增强跨文化感悟力。学生增强了跨文化感悟力，就容易理解交际中出现的文化差异了，如一见到black tea，头脑中立刻明白这是中国人常喝的"红茶"。

总之，只有在教学中充分挖掘课程中的文化内涵，引导学生课外了解英语文化知识，才能使学生认识到中西文化的差异，认识到世界文化的多元化，增强跨文化感悟力。

（二）多元文化教育下的大学英语教师角色定位

多元文化教育对大学英语教师提出了新的要求和挑战，教师不再只是知识权威和真理的传授者，他们扮演的角色需要重新定位和完善。

1.多元文化教育对教师提出的要求

（1）具备多元文化教育的知识与技能。

知识是教师专业素质的基础。多元文化教育视域下的教师应该做到：一是教师要掌握双语，具有双语教学的能力；二是熟悉少数民族的历史，了解优秀民族人物的生平；三是教师要掌握学生的心理动向，引导学生对其他民族的偏见心理；四是在上课过程中，讲到国家辉煌历程时，不要忽视少数民族的力量。

（2）具备多元文化教育的态度与价值观。

态度是人们在自身道德观和价值观基础上对事物的评价和行为倾向。表现于对外界事物的内在感受、情感以及意向。即教师要具有多元文化教育的意识，在教学过程中要做到：平等对待所有学生；承认每个学生的独特性；尊重民族差异；鼓励学生用最佳的学习方式，使自己的教育方式适合于学生。这就要求教师有自己明确的教育和教学目的，具有献身于教育事业的精神，富有爱心，对学生的成长与发展充满责任心，同时具有坚定的教育信仰和教育自信，有足够的能力促进少数民族学生的学业改善。

（3）具备多元文化教育的教学能力。

多元文化教育不同于传统教育，面对不同民族的学生，教师必须了解学生的文化背景，掌握学生的心理状态，具有多元文化教育实践能力。这些能力主要包括：多元文化教学策略、双语教学能力、在课堂教学中对学生要有积极的期待、创造文化多元的教室环境。由于学生的不同文化背景不同，因此，学生对待学习的态度以及学习方法肯定有所差异。因此，教师在教学中应注意统一教学与个别教学的结合，既按照国家标准统一教学，又要充分注意了解各民族学生的特点，做到因材施教。

2.大学英语教师的角色定位

（1）教师是多元文化的驾驭者。

教师驾驭多元文化知识的能力直接影响到课程实施的好坏，直接影响到学生的学习情况。多元文化英语教师应具备多元文化教育观。随着世界的变小，面对文化矛盾，增进各种文化之间的相互理解就至关重要，还要形成反种族主义、性别偏见和一切形式的歧视观。需要强调的是，必须破除与性别、民族、民族群体相关的成见，强调人类的基本相近性。在英语教学中教师要充分认识到这一点的价值，并建立起道德思考的技能。班克斯认为，教师应"审慎地选择教材，消除有种族歧视、偏见等内容的教材"，"选择课外书籍或视听材料补充教材的不足，增强学生对其他族群的认识"，"尽量选择观点一致的教材，而避免选用一些有冲突认识的材料"，"避免在概念内容教学活动中渗入偏见的成分"。同时，不同群体的学生的文化背景中可能具有不同的语言，因而教师应该根据学生的语言特色，能够具备双语转换的技能，这样不仅有利于教师与学生间的交流，也有利于保存少数民族珍贵的语言财富。

（2）教师是本土知识的传授者。

教师不仅仅对其他族群文化要有相当的了解，英语教师也应该是本土知识的专家，对本土文化中所蕴含的文化特色、价值观和思维、行为方式等要有深刻的认识，作为知识的引导者和文化的传承者，教师有责任以一个真诚的面孔面对学生，将自己的本土文化知识融入课堂教学中，与学生进行平等的交流，可以为课堂教学提供更大的空间，同时有利于构建良好的师生关系。教师应该比其他人更敏锐地感觉到本土知识的存在，更重视保存、保护和发展本土知识的价值，并且懂得如何去发掘和研究学校所处社区的本土知识。在教学过程中，教师应该尊重学生在本土社会中获得的知识，而不是否定和贬抑本土知识的价值。教师可以引导学生比较本土知识和书本科学知识这两种知识体系。理解它们与各自赖以生存的本土社会境域之间的内在关联，培养学生成为能够将各种知识和认识论融为一体，从而创造出新的认识方式和知识体系的人。

（3）教师是多元文化教学环境的创建者。

学校与教室的文化环境也可能形成学生的学习障碍。学校作为一种社会化机构，其目标、功能、课程、管理等属于主流文化，如果教师忽略了少数民族的文化，或不知如何塑造多元文化的教育教学环境，则少数学生往往会在"家庭-社区"与"学校"之间的文化断层中找不到平衡点，产生适应困难。所以，教师要致力于创设多元文化的教育环境。首先，教师要建立与学生的信任关系。师生间的人际关系是影响学生成绩的主要原因之一，文化间的差异和教师的偏见易造成相互间的误解和隔阂。一旦这种疏离的关系形成，将对弱势群体学生的自我观念产生负面影响，使学生感到孤立和受到挫折。其次，要营造一种积极的家庭式的氛围。教师要致力于提供关怀和尊重的教育环境，以确保学生的家庭语言和文化。教师要充分理解学生的文化背景，不断寻找相关信息，将其自然地整合到教学氛围和课程中。教师只有是一个多元文化者，才能了解学生所处的文化环境，理解学生的文化价值观。教师只有从多种视角来理解文化，才能提供适合每一个学生的教学策略、动机模式和内容。

3.大学英语教师的角色完善

多元文化教育背景下，英语教师角色发生了变化。如何完善教师角色转换是多元文化教育的重要任务。这不仅是教师个人不懈的追求，还需要学校的努力和政府的支持。

（1）教师的追求。

教师角色完善的最终落脚在教师个体身上。作为个体，每位教师要追求卓越，树立角色意识，充分理解多元文化中教师角色的多样性，加强学习，主动实践，提升素质。

教师角色意识是指教师对自身角色地位、角色行为规范及角色扮演的认识、理解与体验，不仅包括动态的教师对角色进行认识、理解的过程，也包括静态的教师对角色认识、理解的结果。树立角色意识是自觉完善角色的先导，角色意识影响着教师的教育行为，对教师角色成熟具有重要价值。明白角色地位和相应的角色行为规范，可以引导教师理解多元文化中教师角色多样性的自觉，使其主动在多元文化的语境中审视自身，要求自己，规范行为，同时养成自觉学习和主动实践的习惯。

学习是教师提升专业化水平和走向角色成熟的必由之路。教师学习主要指在一定人为努力或外部干预下的教师专业知识、能力的生长变化。因此，教师应该在政府、学校政策和制度的保障下，加强学科专业知识、教育教学知识、人文知识的学习。不单单向书本学习，还要向同行学习，更要在实践中学习；不但学习书本知识，更要学习实践性知识，积累经验，提升专业能力。

教学实践是教师角色实现的途径，同时又是教师成长的途径。在实践中教师的理论知识才能发挥作用，得到检验。教师的实践知识、个人知识通过教学实践才能获得，教师的教育教学能力在实践中得到发展，教师的智慧在实践中得以养成。可见，实践既是目的，也是手段。多元文化境遇中的教师要敢于实践，善于实践，勤于实践，在实践中完善角色，在实践中增长智慧。

（2）学校的努力。

学校教育是由专职人员和专门机构承担的有目的、有计划、有组织、系统的，以促进受教育者的身心发展的教育活动。教师是学校教育的第一资源，离开教师或者缺乏优秀教师的学校难以肩负起培养人才的重任。为了培养高素质的教师，更新观念、营造氛围、完善制度是学校应当做出的不懈努力。

学校要不断更新观念，树立教师是第一资源的理念。虽则教师历来被认为是学校教育基本三要素之一，但是长期以来许多学校决策者深受工具理性主义思想的影响，把教师当成实现教育目的的工具，功利性地一味追求教育效率和成果，不理会教师的情感和自我实现的需要，漠视教师的精神追求。如此便导致教师陷入盲目竞争之中，疲于应付各项指标任务，淡化了教师应有的角色职责，最终消弭了教育应有之义。改变功力观念，树立以人为本的理念，把教师当作学校发展的第一资源，关心教师成长，满足其精神需求，是促进教师角色完善的第一步。

学校文化氛围于无形间影响教师意识，潜移默化成教师的行为，其力量虽难以量化描述，却极其强大。但是，部分学校忽视校园文化建设，以应试为导向，让学校成为一个偏执的竞争场所，教师职责难以有效履行，致使教育失去其本真。为改变此种状况，学校重视文化建设，积极营造平等、和谐、民主的文化氛围，让日日身处其间的教师得到平等的对待，受到应有的尊重，享有自由表达的权利，促其逐步完善其应有之角色。

制度是要求学校内部人员必须共同遵守的规章或准则。制度具有指导性、程序性、规范性、约束性，同时具有鞭策性和激励性。学校制度规定教师的权利和义务，指导教师履行职责，规范和约束教师行为，激励教师发展。可见，制度建设是完善角色的重要保障。学校必须完善各项制度，特别是教师培训制度、评价制度、奖励制度。而且要加强制度的执行，让教师有章可循，有法可依，权益得到保护。

（3）政府的支持。

政府作为主流文化的倡导者、文化建设的主导力量，加强文化建设，推动文化事业发展成为政府的不二职责。面对文化多元化趋势，政府应该发挥主导作用，制定相应政策，在发展主流文化的同时承认文化的差异性，不歧视异域文化、民族文化特别是少数民族文化等，构建理解和信任的文化氛围，采取宽容、平等和对话的方式促进文化事业发展。通过政策的推动，方能培养出具有多元文化视野的肩负着传承、研究和创造文化使命的教师。教师也只有在政策的保障下提升素质，提高专业化水平，切实履行职责。为此，世界各国非常重视文化建设，各自依据国情制定出相应的文化政策。

推动文化发展历来是我国政府矢志不渝的追求，我们"始终把文化建设放在党和国家全局工作重要战略地位"，我们的目标之一是"以民族文化为主体、吸收外来有益文化、推动中华文化走向世界的文化开放格局进一步完善"，同时要"积极吸收借鉴国外优秀文化成果"，而且要求"全面贯彻'双百'方针"。充分承认多元文化的存在和意义，并通过平等开放的心态鼓励"百家争鸣"志在融入世界多样文化之中。追求"高素质文化人才队伍发展壮大,文化繁荣发展的人才保障更加有力的"目标,强调"推动社会主义文化大发展大繁荣,队伍是基础,人才是关键",而且要"造就高层次领军人物和高素质文化人才队伍"和"加强基层文化人才队伍建设",足见政府对文化队伍建设的重视。这为教师在多元文化教育中的角色完善提供了政策和制度保障,为其践行角色职责创造了有利空间,为其发挥角色职能搭建了强有力的平台。

无论教师、学校还是政府,在完善多元文化教师角色的使命中发挥着不同的作用,三者缺一不可。教师是角色完善的具体体现者;学校是政策的实施者,是具体制度的保障者;政府是大政方针的制定者,是有力的保障。三者形成合力,承认多元文化,理解多元文化,吸纳多元文化,发展多元文化,实施多元文化教育,才能使教师真正成为多元文化的理解者、本土文化的传承者、多元文化的研究者、创造者和教育公平的实施者。

(三)多元文化教育与大学生能力培养

在多元文化教育视角下,大学生应做好跨文化交际能力的培养。跨文化交际能力是指在特定的交际情景中,具有不同的文化背景的交际者使用同一种语言(母语或目的语)能够顺利进行的交际能力。大学生跨文化交际能力的培养可以参考下列方法。

1.学会自我观察和自我了解

(1)自我观察。

交际中的双方通常不会向对方询问自己的交际风格如何,或要求对方对此做出评价。在这种情况下,想要了解自己的交际风格与情感态度就需要采取自我观察的方法。通过自我观察,交际者不仅可以对自己的交际风格、情感态度形成一个正确的认识,还可以通过对方的反应来进行印证,并在以后的交际中发扬好的方面,改正或避免不好的方面,逐渐提高跨文化交际的能力。

(2)了解自身文化。

每个人都生活在一定的文化之下,这些文化影响着人们对周围事物的评判标准。当人们接触到其他文化时,用本民族的价值观、社会规范和行为模式来加以衡量是一种习惯性的反应。因此,应了解自身文化的特点,尤其是本民族文化的优点与缺点,这有助于冲破本民族文化的围墙,克服狭隘倾向,从而提高跨文化交际能力。

(3)了解自己的交际风格。

交际风格是指交际者在交际过程中所体现出的自身特点,具体包括以下几个因素。一是交际渠道,如言语的交际渠道、非言语的交际渠道等。二是交际形式,如巧妙对答的形式、仪式化的形式、辩论形式等。三是交际者感兴趣的话题种类，如股票、商务、艺术、家庭、职业、文学。四是交际者希望交际对象参与的程度。五是交际者赋予信息的实际内容和情感内容的多少。在交际过程中，人们通常很快就能察觉出对方的交际风格。一个不容忽视的现象是，人们往往很少留意自己的交际风格，这就对交际的顺利展开带来障碍。例如，一个交际者自认为是个开放型的人，但交际对象却认为他是内向型的人，这种情况下，交际很容易出现问题。所以，了解自己的交际风格对交际的顺利开展大有裨益。

（4）了解自己的情感态度。

在交际前，人们往往会产生一种由预先印象或定式带来的情感态度。这种情感态度易干扰交际者的态度，使交际者戴着有色眼镜看人处事，从而导致误解，或使交际者难以做出客观的判断。可见，交际者自身的情感态度也会对交际的质量产生重要影响。若能事先意识到这一点，交际者就可以尽量避免这种先入为主的情感态度，从而降低负面情绪对交际的影响。做到了上述四点，交际者就能更多地了解自己，这对自身跨文化交际能力的提高大有帮助。

2.掌握目的文化的信息系统

跨文化交际的顺利进行首先需要交际者掌握该种文化的信息系统，包括学习语言、认识语言和文化的关系以及掌握非语言交际系统。

（1）学习目的文化下的语言。

语言是交际的工具，也是熟悉对方文化的重要途径。因此，要培养跨文化交际能力首先要让交际者熟悉目标文化的语言。当然，世界上语言种类如此之多，我们不可能全都学会，但学会世界上通用的语言、了解其目的地的日常用语还是很有必要的。英语作为一种国际通用语言，它不仅是大多数国家学校教育中的主要外语，还是国际会议、商务往来的官方语言和通用语言。因此，学习英语是提高跨文化交际能力的一个重要砝码。

（2）认识语言和文化的关系。

语言承载文化，同时也反映文化。这一点在习语和谚语上表现得尤为明显。英语习语的特点是字面意思与习语本身的意思不同，只有了解习语的文化内涵才可能正确理解和使用习语，才能促进交际。另外，交际者的成长环境、教育背景也是影响其理解和使用词汇、习语的一个重要因素，因此交际者必须时刻注意这一点，从而选择合适的词句表达和交际策略。

（3）正确理解和使用非言语符号。

除语言符号外，人们在交际中还经常使用大量的非语言符号，如目光、体态、味道等。这些非语言符号在不同的文化中有着不同的含义，误用或误解非言语符号很容易引起误会或矛盾。因此，跨文化交际者必须正确理解和使用目标文化中非言语符号的含义，以促进交际的顺利进行。

3.学会处理冲突事件

交际中难免发生冲突，而跨文化交际由于文化之间差异更容易产生冲突。要想使跨文化交际顺利地进行下去，交际者就必须学会处理冲突。其中，退避、竞争、和解、折中、合作是处理冲突事件比较好的方法。

（1）退避。

退避是避免冲突的一种常用、简单的方式。这里所说的退避不仅包括心理上的退避，如沉默不语或在预感可能发生冲突时绕开话题等，还包括身体上的退避，如远离冲突。

（2）竞争。

竞争也是处理冲突的一种方法，但这种方法较为强硬，常表现为交际者通过威胁、言语侵犯、胁迫或剥削等方式将自己的意志强加于对方，从而使对方认同、接受自己的行为、观点、价值观等。

（3）和解。

和解和竞争正好相反，它是指交际者放弃自己的立场、观点，接受他人的思想，从而与对方达成一致。这种方法在处理冲突时十分有效，但却意味着交际者本身较为软弱，或要求交际者本身对"谁胜谁负"持无所谓的态度。

（4）折中。

折中介于竞争与和解之间，是指交际双方为解决冲突而找到一个双方都能接受的途径。这种方法虽然能使交际双方都感到满意，但同时也意味着双方都要做出一定的牺牲或让步。

（5）合作。

合作是通过富有建设性的方法来满足交际双方的需要和目的的一种处理的方法。合作不同于折中，它是以积极的态度来看待冲突、解决冲突，以实现交际关系的融洽。

4.注意物理、人际环境因素

（1）习俗。

习俗是文化的一部分，入乡随俗是跨文化交际的一项重要的能力。如果不了解目标文化下的某些习俗，跨文化交际就会出现各种各样的困难。例如，日本人家里很少有沙发、椅子，很多韩国人不睡床，而睡在地板上。在出国之前，了解当地的习俗有助于我们更快地适应陌生环境，更顺利地实现交际的目的。

（2）时间概念。

时间是交际活动中的一个重要因素。不同文化下的人对时间的取向不同，交际风格、过程也就有所不同。例如，单一时间取向文化下的美国人通常严格守时，迟到者有必要向他人表示歉意，做事也很讲究效率，交际风格较为直接。而多向时间取向文化下的人则不那么严格守时。例如，商务合同在2～3小时的午餐休息时间内签署，在会议快结束时才开始谈生意等现象就经常发生。

（3）物理环境。

不同文化下，相同的交际活动有着不同的交际规则。例如在美国，商务谈判通常在会议室举行，谈判双方面对面坐着，气氛比较紧张。阿拉伯人则倾向于避免这种正面冲突，因此多采用圆桌会议或席地而坐的方式来进行谈判，使谈判气氛较为缓和。了解非言语交际中的时空语有助于交际者明了目的文化中的交际规则和交际风格，从而使举止更加得体，使交际行为更加有效。

5.培养移情能力

"移情能力是情感能力的重要组成部分，主要指摆脱民族中心主义的束缚，不以本民族的价值观念看待和评判其他文化，设身处地为他人着想。"沙莫瓦（Samovar）曾将移情的过程分为以下六个步骤。

（1）承认世界的多元性和文化的差异性。

（2）认识自我。

（3）悬置自我。

（4）以他人的角度看问题。

（5）做好移情的准备。

（6）重塑自我。

此外，还可通过营造跨文化的语言文化环境，转变学生长期形成的由本民族思维方式和认知模式带来的思维定势的影响，在多元文化交流和沟通中进行自觉的文化移情。

第二章 多元文化对高校英语教育的挑战

第一节 我国多元文化课程的目标

目标对于多元文化课程有着重要的意义与作用，如果没有对多元文化课程目标的清楚认识，就不会有对多元文化课程的正确理解和把握。理念与目标两者之间有着密切的联系，如果说理念对于多元文化课程，犹如为航行在茫茫大海中的轮船指引方向的灯塔，那么，目标对多元文化课程，则如吸引轮船劈风斩浪、星夜兼程的彼岸港湾。

理念与目标的区别之处在于前者强调的是宏观的内容，而后者则是对学生预期发展的具体描述。如有研究者把多元文化教育的目标分为"广泛的目标"和"具体的目标"，前者指的是"提升多种族、多元文化的理解；建立健康的人类关系和自我观念；改进学校的多元文化氛围；实施并培养多元文化意识和欣赏的新课程"，它更准确的意义指的是多元文化课程的理念。后者指的是"创立一种无威胁的学习氛围，以帮助学生探究创造性的活动并在学校取得成功；帮助学生更有文化素养；为所有学生提供一种机会均等的氛围；培养对多元文化的欣赏并形成对来自其他文化和背景的人的积极态度；减少使学生孤立或促使他们只能从与他们有相同的背景或文化兴趣的人那里获取友谊的社会-心理因素"，它的更准确的意义是指多元文化课程的目标。

一、追求社会的公平正义

人之所以从自然界中开始与其他动物相区别，最根本上是因为人类有了自己的语言，能从事劳动；而人类之所以从蒙昧的洪荒年代演进到物质发达的当代社会，其重要原因则在于人类的社会性。通过社会性的生存，弱小的、分散的人类个体凝聚成团结、壮大的群体，逐渐在与艰难困苦的自然环境的斗争中发展、成长起来。人与社会之间的紧密联系不言而喻，马克思关于人的本质是一切社会关系的总和的论述，也再一次向我们说明这个道理。但人与社会之间并不总是团结统一关系，两者之间的矛盾斗争无时无刻不存在和发展，而对社会公平正义的追求则是这种矛盾斗争的永恒主题。不论是我国先祖对大同世界的期待，还是西方哲人柏拉图对理想国的憧憬，都反映了人们对社会公平正义的向往和追求。可以说，对社会公平正义的理论探讨成为古往今来无数先贤圣哲孜孜以求的重要内容，对社会公平正义的实践也成为无数仁人志士九死一生而无悔的坚定选择。

社会的公平正义具有时代性，它在不同的历史时代表现为不同的主题；同时，社会的公平正义也深受文化因素的制约，它受到文化价值观的指引。这两点论述构成了我们探讨多元文化课程理念的前提条件。这是因为，多元文化课程的兴起是20世纪中后期以来，人们追求社会公平正义这一重要议题的集中体现，这可以从多元文化的历史发展中判断出来。我们看到，多元文化作为社会文化存在的一种形态，具有悠久的历史，并在世界范围内广泛存在。特别是我们中华民族的文化，在长期的历史发展中以多元一体的发展模式取得了灿烂的成就。但作为一个术语，作为一种社会思潮，它的形成和发展则主要集中在20世纪中后期的美国、加拿大、澳大利亚等西方移民国家。起初，它是作为这些国家的移民、少数族裔等弱势群体反对种族主义、争取民主权利斗争的武器而兴起的，它面对西方社会主流文化的同化和拒斥，要求承认和尊重各自种族的文化，要求消除因文化的差异所产生的不平等状况，改善自身的生存发展条件。美国学者詹姆斯·A.班克斯指出："各个西方国家的土著居民和少数民族团体，例如美国的印度裔美国公民、澳大利亚的土著人、新西兰的毛利人、英国的非洲加勒比族人以及荷兰的摩鹿加人，都希望他们本民族的历史和文化能够在他们国家的文化以及中小学、大专以及高校的课程中得到体现。"在回顾西方多元文化课程发展的背景时，他和英国学者詹姆斯·林奇指出了两个因素：一是多元文化教育发生的人口组成上的因素；二是多元文化教育发生的社会运动上的因素。其中，他们所说的社会运动因素，主要指的是上述西方国家于20世纪60年代以来兴起的民权运动。随着这种民权运动的深入发展，它又有了新的内容。今天的多元文化论者主张各种文化都有其独特的价值与意义，都具有平等的生存权与发展权，认为各种文化之间是平等、对话与合作的关系，反对种族歧视、性别歧视、刻板印象等文化偏见与文化霸权。

因此，多元文化课程对社会公平正义的追求是通过承认文化之间的公正平等，传播公平正义地对待他人、对待其他性别、文化、种族和国家的价值与理念，培养具有多元文化理念与精神的学生个体而不断实现的。正如有学者所言，"其实，我们也不难发现，民主的社会，公正的社会，是最安全、最和谐、最有前途和最有活力的社会。这是我们努力要去建设的社会。从哪里开始？可以从教育开始，让公正的观念深入人心"。这就是多元文化课程所追求的全部和所能够做的一切。在如何处理多元文化课程的"多元"与"一元"的关系上，人们常常面临着艰难的选择，实际上，只要把"一元"统一为社会的公平正义，很多问题可以迎刃而解，对此，班克斯认为："统一与多样的巧妙平衡应该成为民主的民族国家的目标，也应该成为民主社会中教和学的目标。当一个民族国家在回应其人口的多样性时，统一应该成为其重要目标。只有当他们以诸如公正和平等这些民主价值为指导统一起来，才能保护少数民族的权利，发挥多样群体的作用。"

二、增强文化的多元共生

文化的多元共生不是今天的产物，它是文化产生发展的基本形态，只是它在日益全球化的当今世界面临着更多的挑战和问题。因此，如何增强文化的多元共生，成为当代世界亟待解决的重要问题。多元文化课程在这个问题的解决中将会发生重要的作用，这是受其目的制约的，即社会的公平正义有赖于文化的公平正义，而文化的公平正义的体现就在于文化之间的平等共存。

"和而不同"是我国传统文化处理不同事物之间关系的一条重要准则，"'和'的主要精神就是要协调'不同'，达到新的和谐统一，使各个不同事物都能得到新的发展，形成不同的新事物。这种追求新的和谐和发展的精神，为多元文化共处提供了不尽的思想源泉"。事实上，这也是我们国家的文化保持旺盛的生命力的重要原因，"万物并育而不相害，道并行而不相悖"是我国传统文化的最高理想，也是在今天的多元文化时代，我们应该继续坚持的重要原则。文化之间的多元共生可以用一个术语表示，即"文化生态"。文化生态原本是文化生态学中的一个核心概念。20世纪30年代美国人类学家斯图尔德提出了"文化生态学"这一概念，并在1955年出版的《文化变迁理论》一书中对文化生态学的基本理论进行了系统阐释。简单地说，文化生态学就是研究文化与环境之间相互关系的理论，随着人们对环境概念的不断深入研究以及文化与环境之间互动关系的持续探讨，文化生态学得以不断发展。如刚开始人们把环境局限为自然生态环境，着力研究自然生态环境对文化发展的制约作用；后来又逐渐认识到社会制度环境和精神环境对文化发展的制约；到20世纪90年代人们又发现了新媒体环境对文化发展的影响。这里的新媒体环境指的是由于人类传播技术的更新，个人计算机、互联网和移动电话等新媒体的普及而形成的新环境。受文化生态学研究的影响，人们倾向于把文化生态理解为对文化与其生态环境之间关系的描述，如有研究者认为："探明文化系统与生态环境系统的耦合关系，即是当今说的文化生态的内涵。"的确，生态环境是文化发展的土壤，没有了生态环境就不会有文化的产生与发展。需要强调指出的是，这里所说的生态环境是包括了上述的自然生态环境、社会制度环境、精神环境以及新媒体环境在内的整体环境。也有研究者把文化生态理解为多种类型文化之间的交互作用，把它理解为对文化多元化发展的另一种表述形式，如"'文化生态'这一观念包含着对多样性、差异性、独特性、个体性和自主性的尊重"，"'文化生态'这一术语力图标识群体成员之间在精神、心理、情感、价值观以及行为等方面的互动关系"。脱离了文化与其生态环境的关系，文化就失去了发展的根本；脱离了文化的多元化，失去了多元文化之间的借鉴、交流与融合，文化发展就失去了其动力。因此，加强和保护文化生态，就是要保护文化所赖以生存的生态环境，就是要保护多元的文化形态、尊重多样的文化价值取向。只有这样，文化才能不断发展与创新。因此，我们认为，以上两者理解都是需要的，而且只有把以上两种理解联系起来分析，我们才能对文化生态有一个正确的定位，才能真正促进文化的多元共生。

三、促进学生的交流合作

多元文化课程所直接面对的对象是学生，因此，促进学生的发展是多元文化课程的理想追求得以实现的最直接途径。同其他课程相区别，多元文化课程对学生的发展的要求是什么呢？

班克斯认为多元文化教育应体现知识、技能、态度与价值观、公民运动4个方面的目标。在知识方面，他认为学生应该学习5种类型的知识：一是个人文化的知识，指的是从学生个人分离出家庭、家人和社区文化经验的概念、解释和诠释；二是大众的知识，指的是在大众媒体和其他机构中，普遍文化的事实、概念、解释及诠释；三是主流学术的知识，指的是在历史行为和社会科学中传统的西方中心的知识、概念、典范、理论与诠释；四是转化的学术知识，指的是挑战主流学术的知识建构、典范、理论、解释与研究方法。在事实、概念、典范和解释的过程中，当转化学术典范取代主流文化时，将发生知识革命，而转化的知识会更为平常；五是学校知识，指的是包含教科书、媒体的知识与解释，以及学生间的言谈、师生的背景与生活经验的概念与解释。

莫里等学者认为，在多元文化背景下，课程目标应该不断修正，并提供适合多元文化内容、观点与策略的课程，归纳起来，其主要目标如下：①为来自不同种族、性别和社会阶层背景的学生，发展属于各级各类学校的基本技能，以便为未来做准备，使学生具有在多元文化社会中发挥功能的能力；②提供一个更完整、适当、多元的观点，以适应更多学生的信息需要；③教导学生去尊重和欣赏他们所拥有的文化资产，以及其他文化群体的文化资产；④了解那些已经造成同时代种族疏离和不平等的社会历史、经济和心理的因素，并克服对于不同种族、性别、宗教、阶层、残障团体等偏见的态度；⑤培养分析的能力，同时，在有关的真实生活中，对种族、性别、阶层和文化问题做明智的决定；⑥帮助学生朝着一个更慈爱、公正、自由和平等的视野去思考，同时，要求必备的知识技能，以促进社会公平与正义。

此外，班克斯提出了"多元文化素养"的观点，它指的是"除了掌握基本的读写能力，处于如美国、加拿大和英国等多元文化民主社会中的有教养的公民，应该发展'多元文化素养'。多元文化素养包含如下技巧和能力：能够鉴别知识的创造者以及他们的兴趣，揭示知识的假定性质，从多种族和多文化的视角看待知识，以知识引导使世界更为人性化，产生更公正的行动。当我们教学生如何去批评世界的不公平时，我们应该帮助他们，使他们改变世界使之更民主、公正的行动更为可行。没有希望的批判会使学生理想破灭，也不会发生效力"。

而我们认为，多元文化课程的目标有其特殊之处，其区别就在于促进学生交流合作能力的发展是其主要追求，特别是在全球化条件下的多元文化时代，学生的交流合作是其未来社会生活的重要通行证。而学生的交流合作是有前提的，即他们要具有以下能力。

第一，对民族文化的认同和接纳。如果我们希望那些在文化、种族以及语言方面处于边缘地位的学生认可民族价值，希望他们变为世界主义者，希望他们致力于促进所在的社会、国家以及世界更公正和人道，那么，我们必须培养、支持并增强他们的认同感。这种认同感首先是对本民族文化的认同。民族文化是一个民族在长期的发展过程中创造和传承下来的宝贵财富，有其独特的价值与丰富的内涵。我们中华民族的文化光辉灿烂、博大精深、源远流长，具有强大的凝聚力和旺盛的生命力，其重要原因在于我们民族文化多元一体的发展模式使中华民族大家庭内的各个民族都保持着特色鲜明的文化传统。学生个体的存在，不仅是一种物质上的存在，还是一种文化的存在，他的生存与发展天然地与本民族文化有着千丝万缕的内在联系。文化对学生而言不是虚幻的，它是实实在在的生活方式和思维方式，是日常所用的语言文字、道德观念、审美体验等。多元文化时代，对民族文化的认同和接纳不是盲从，不是封闭自守，而是一种批判性地继承和创造性地发展。没有对民族文化的认同和接纳，不经过民族文化的习染和熏陶，就不具备合作交流的基础。

第二，对世界文化的理解和尊重。班克斯指出：公民教育应该帮助学生形成对于他们的文化共同体以及他们的民族国家的深思熟虑的、清楚的认同。同样也应该帮助他们形成清楚的全球性认同以及他们在世界共同体内的扮演角色的深刻理解。学生需要理解他们的文化共同体和国家内的生活是如何影响其他国家以及国际性事件对他们日常生活的无可辩驳的影响。全球化教育的主要目标应该帮助学生理解当今世界上国家间的相互依赖，帮助学生澄清对其他国家的态度，帮助学生建立对世界共同体的反思性认同。21世纪，人类已经生活在地球村，国家与国家、地区之间、国际组织之间以及人与人之间的联系日益密切，各种文化间的交流与碰撞频繁发生，特别是面对日益增多的全球问题，加强国际的理解与合作成为必需。因此，培养学生的跨文化交往能力和全球意识，养成以平等态度交流、以和平方式解决争端、以合作方式解决问题的能力具有重要意义。

当然，对本民族文化的认同和对世界文化的理解和尊重之间有着矛盾统一的关系，如何处理他们之间的平衡关系值得思考。"学生应该使文化认同、民族认同以及世界认同形成一种巧妙的平衡。一个疏远、不能包括所有文化团体到它的民族文化的民族国家，有产生疏离感并使团体将注意力放在特定的担心和问题中而不是民族国家的总体目标和政策的危险。为形成反思性的文化认同、民族认同以及世界认同，学生必须掌握那些需要在多元种族、民族、文化、语言以及宗教群体之内和之间都起作用的知识、态度和技能"。

第三，进行批判性思考。现实的社会并不是理想的，它存在许多的困难与问题，即使是多元文化之间也存在种种不足。多元文化的大餐中也不全是美味，鲜花开遍的文化原野中也有杂草，在宽容理解和接受赞许之间还存在着一道界线，面对多元文化我们并没有解构价值判断。因此，它需要培养学生批判性思考的能力，使学生成为反思性的主体，提高学生的文化批判与选择能力，成为多元文化课程的重要目标之一。一个多元化的民主社会的有教养的公民，在联系日益紧密的全球化的世界中，应该是反思性的、有道德的和积极活跃的。他们应该具有为使世界变得更公正和民主而需要的知识、技能以及投入。文化是具体的不是抽象的，是变动不安的，不是一成不变的，是主体不断建构的，不是全然纯粹客观的，因此，文化的不断超越与创新是文化发展的一种方式，也是主体的一种价值追求。而这一切，有赖于学生批判性思考的能力。

第二节 多元文化社会中的英语教师角色

在一个多元文化的社会里，教育应具有多样性，教育要适应不同族群、不同层次人们的多方面的需要。有多元文化教育观的教师，才可能发展适应多元文化社会的教育。多元文化社会中的教育应重视各群体次级文化的价值，以尊重和接纳代替偏见、压制和排斥。相应的，教师不再是知识权威和真理的传授者，教师被赋予新的角色。

一、英语教师的角色

（一）教师是多元文化的驾驭者

教师驾驭多元文化知识的能力直接影响到课程实施的好坏，直接影响到学生的学习情况。多元文化教师应具备多元文化教育观。随着世界的变小，而对文化矛盾，增进各种文化之间的相互理解就至关重要，还要形成反种族主义、性别偏见和一切形式的歧视观。需要强调的是，必须破除与性别、民族、民族群体相关的成见，强调人类的基本相近性。在教学中教师要充分认识到这一点的价值，并建立起道德思考的技能。班克斯认为，教师应"审慎地选择教材，消除有种族歧视、偏见等内容的教材"，"选择课外书籍或视听材料补充教材的不足，增强学生对其他族群的认可"，"尽量选择观点一致的教材，而避免选用一些有冲突认识的材料"，"避免在概念内容教学活动中掺入偏见的成分"。同时，不同群体的学生的文化背景中可能具有不同的语言，因而教师应该根据学生的语言特色，能够具备双语转换的技能，这样不仅有利于教师与学生间的交流，也有利于保存少数民族珍贵的语言财富。

（二）教师是本土知识的传授者

教师不仅仅对其他族群文化要有相当的了解，教师也应该是本土知识的专家，对本土文化中所蕴含的文化特色、价值观和思维、行为方式等要有深刻的认识，作为知识的引导者和文化的传承者，教师有责任以一个真诚的面孔面对学生，将自己的本土文化知识融入课堂教学中，与学生进行平等的交流，可以为课堂教学提供更大的空间，同时有利于构建良好的师生关系。教师应该比其他人更敏锐地感觉到本土知识的存在，更重视保存、保护和发展本土知识的价值，并且懂得如何去发掘和研究学校所处社区的本土知识。在教学过程中，教师应该尊重学生在本土社会中获得的知识，而不是否定和贬抑本土知识的价值。教师可以引导学生比较本土知识和书本科学知识这两种知识体系。理解它们与各自赖以生存的本土社会境域之间的内在关联，培养学生成为能够将各种知识和认识论融为一体，从而创造出新的认识方式和知识体系的人。

（三）教师是多元文化教育环境的创建者

学校与教室的文化环境也可能形成学生的学习障碍。学校作为一种社会化机构，其目标、功能、课程、管理等属于主流文化，如果教师忽略了少数民族的文化，或不知如何塑造多元文化的教育教学环境，则少数学生往往会在"家庭-社区"与"学校"之间的文化断层中找不到平衡点，产生适应困难。所以，教师要致力于创设多元文化的教育环境。首先，教师要建立与学生的信任关系。师生间的人际关系是影响学生成绩的主要原因之一，文化间的差异和教师的偏见易造成相互间的误解和隔阂。一旦这种疏离的关系形成，将对弱势群体学生的自我观念产生负面影响，使学生感到孤立和受到挫折。其次，要营造一种积极的家庭式的氛围。教师要致力于提供关怀和尊重的教育环境，以确保学生的家庭语言和文化。教师要充分理解学生的文化背景，不断寻找相关信息，将其自然地整合到教学氛围和课程中。教师只有是一个多元文化者，才能了解学生所处的文化环境，理解学生的文化价值观。教师只有从多种视角来理解文化，才能提供适合每一个学生的教学策略、动机模式和内容。

二、提高教师的语言素养

有的教师，特别是精读课教师，仍旧采用传统的教学方法。他们讲解课文不甚得法，沿袭三部曲的老路——朗读、释义、翻译。教师成为课堂教学的"主角"；授课没有难点和重点；整个教学活动鲜有启发性的问题供学生思考和讨论；既不讲授语言点，也不讲授文化点；至于文章的中心思想和段落大意更未涉及。课堂产生这种现象，主要有两个原因。

（一）上述对课文的处理我们称之为"只见树木不见森林"的教学方法

这是语言教学的一种积弊，即英语教学过分强调在句子水平上组织教学，忽视在语篇水平上组织教学。我们应该掌握语篇分析的方法。语篇分析是从语篇的整体出发，对文章进行理解、分析和评价。它不但重视语言形式，而且重视语言功能，同时还注重文章涉及的文化背景知识和相关知识，以培养学生的理解能力和分析能力。语篇由若干句子构成，语篇的理解以句子为基础，语篇的整体意义是由其句子意义有机地结合起来的。语篇与句子是互补的关系，而非相互排斥。强调语篇教学并不排斥必要的句法学习，离开了语言用法教学也就谈不上语言使用能力的培养。内容是语言表达的目的，语言是思维表达的手段；重形式轻意义不能达到交际的目的，反之亦然。

（二）教师的教育和教学理念落后

目前我们处在现代与传统外语教育观念的交替过程中。有些教师外语教学观念陈旧，他们仍然自觉或不自觉地认为自己在课堂上的主要角色是"语言讲解者""语言示范者"和"知识传授者"，这不符合现代外语教育所提倡的教师角色的定位。现代外语教育所提倡的教师角色应该是指导学生外语学习方法和培养外语能力。

要培养学生的语言能力，外语教师自身必须具备扎实的专业知识和专业技能。

外语教师必须具备外语语音、词汇、语义、语用方面的知识，同时必须具备较高的外语听说读写的技能。坦率地说，现在部分教师的语言能力还有待进一步提高。

三、提高教师的文化素养

人们把文化分为两类：一类是正式文化，包括文学、艺术、音乐、建筑、历史和哲学等；另一类是普通文化，包括人们的风俗习惯、社会习俗等。现在，语言教学工作者在外语教学上有一个共识，除了对学生进行听、说、读、写四项基本技能训练外，还要加上文化导入。在论及语言与文化的关系时，人们都承认语言是文化的载体。语言与文化有互为影响、互为补充、互为依附的密切关系，因此语言教学离不开文化的传授。文化导入应贯穿英语教学的始终。这样做不仅可以活跃课堂气氛，使学生提高对学习英语的兴趣，同时也使学生不断积累文化的知识，从而能正确理解、准确地使用这一语言。

文化导入有三个层次。这里只谈与大学外语教学有直接关系的第一层次文化导入。第一层次文化导入的目的在于消除外语学习中影响理解和使用的文化障碍。在这一层次里，外语教学以讲授目的语的语言结构知识为主。在教学过程中对有碍理解和交际的词汇、短语和句子从文化的角度尽可能地导入必要的文化知识。国内学者认为，影响语言理解和语言使用的文化因素多半隐含在语言的词汇系统、语法系统和语用系统中，所以，在这一层次的导入过程中要求遇到什么问题，解决什么问题。其重点是导入有关词汇的文化因素和有关课文内容的文化背景知识。

由于语言和文化的密切关系，外语学习就不可避免地要涉及文化学习。英语学习也必然离不开对英语国家文化的学习与理解。由于学习英语的主要目的是交际，英语学习也就自然要涉及不同文化之间的交际，这是一种跨文化的交际。

四、提高日常行为修养

（一）兴趣和信心

在着手培养学生的学习兴趣和自信心之前，教师应该首先反思一下自己对教学工作和教学对象的兴趣和信心：热爱英语教学工作吗？对英语语言文化有足够的兴趣吗？爱自己的学生吗？对学生的爱附加了条件吗？是发自内心地关注学生的成长，还是仅仅把学生当成自己的工作对象？是把自己的工作当成太阳底下最光辉的事业来做，还是仅仅当成谋生的手段来做？面对教学任务和求知若渴的学生，总能出色地完成各种教学任务吗？对教书育人工作有没有持久的热情和追求？对以上问题的不同回答，不仅会对教师的教学带来截然不同的效果，而且会对学生的学习信心和兴趣造成不同的、潜移默化的影响。

（二）积极的情感态度

教学改革的一个重要方面就是要培养学生积极的情感态度。要培养学生的积极情感，教师自己首先要有积极的情感。作为社会的组成部分，教师对人生、社会、工作、学校与他人的一般认识和态度，都会在不知不觉中传达给学生，并对学生情感态度的发展产生巨大的影响。如果一个教师自己的心理世界是灰暗的或是扭曲的，即使主观上再重视学生的情感教育，也不可能收到好的教育效果。教师的积极情感中最重要、对教学影响最大的一点就是是否热爱教学工作、是否热爱学生。教师对学生无条件的关爱和信心，会极大地促使学生的情感朝着健康的方向发展，而且会同时促进学生学业成绩的进步。从"赏识教育"到"理解教育"等种种教育实践，其核心思想是一致的，就是教师用自己的积极情感去感染学生的积极情感，用思想去点燃思想，用爱去催生爱，用信心去激发信心，用个性去创造个性。教师应经常反思：对教师工作和教育现状能正确理解吗？能正确处理与领导、同事的关系以及生活中的各种矛盾吗？在教学工作中面对学生的各种表现，无论是期望的和不期望的，满意的和不满意的，都有公正的理解和评价态度吗？能够做到对所有学生不论学习成绩、家庭背景、性格特征，都能够发自内心地热爱吗？能够正确对待生活和工作中的挫折和不如意吗？能在工作中始终保持良好的精神状态吗？

（三）教学策略和自我发展策略

大学教师的教学是个动态过程。优秀的教师总是善于反思、积累、改革、突破，在不断的探索和反思中逐渐形成自己的教学思想和教学风格。教师不妨经常静下心来想一想自己的教学目标是否明确；是否能根据学生的兴趣、需要和心理特征及时调整自己的教学策略；是否习惯于进行教学反思，并经常做教学日记，进行阶段性总结；能否经常自觉关注与自己工作有关的学术动向和前沿的教学思想，跟上本专业的最新发展；能否经常反思自己教学中存在的问题，并能客观分析、自我调控，找出改进教学策略的途径；是否善于利用期刊、报纸、图书、网络和其他信息手段得到自己需要的资料；是否经常与同行交流；有没有研究与探索的习惯等。此外，教师的自我发展策略中还有一点也很重要，教师不要"述而不作"。实践的东西往往有待于提炼上升到理论后才更系统、更精确，也容易实现更大的价值。被实践证明有效的方法，自己在教学中成功的体会，应提炼出来与别人交流，这是一个双赢策略。大家都这样做，就会形成良性循环，整个教师队伍素质的提高就会较快。

第三节 多元文化视野下课程的价值选择

多元文化背景下课程的主要目标，在于提供全人类真实而有意义的经验，使社会多元共生，在文化的继承与选择中实现人类的进步与发展。生活本身是丰富多彩的，简单的整齐划一带来的可能是灾难。因此，如果课程尊重社会的真实，则课程将是多元的，全人类文化是所有人类奋斗的产物，而不是单一种族所拥有。因为多元文化背景下的课程的对象是全体的学生，课程更应提供社会真实、多元的观点，适应来自不同文化背景学生的需要，引导学生欣赏自己及他人的文化资产，同时也应引导学生打破对于不同种族、文化、性别、宗教及阶层的偏见，建立正向积极的态度，培养分析的能力，协助思考、选择，决定社会行动，其终极目标是导向社会的公平与正义。

一、获得多元文化知识，建立文化多元的概念

多元文化主义认为，世界是由不同的文化群体构成的，各种文化都有其产生与发展的背景，都有不可剥夺的存在理由和不可替代的独特价值。在多元文化背景下，我们应该给学生呈现丰富的多元文化知识，使他们认识到由于现代生活的需要，不同文化群体之间的交流和接触愈加频繁深入，对异质文化的理解与尊重是避免文化冲突，实现平等交往、成功合作的必要条件，倘若对异质文化持排斥、否定的态度，必将导致交往中的文化冲突，对个体的成长、社会的发展都将带来无法弥补的破坏；使学生平等地对待和欣赏本民族文化以及相异的文化，认同国家的主流文化。通过获得多元文化知识，学生可以认识到丰富多彩的世界文化，从而形成文化多元的概念，认识到千差万别的文化有利于形成丰富的经验，使接受新的经验成为可能。

二、培养多元文化意识，发展对异质文化的理解与尊重

联合国教科文组织在1982年的《墨西哥城文化政策宣言》中指出："教育最适合于将国家和世界的文化价值传给后代"，教育有助于培养"尊重他人、社会和国际团结的意识。"在《学会生存》中也指出："教育的一个使命，就是帮助人们不把外国人当作抽象的人，而是把他们看作具体的人，他们有他们自己的理性，有他们自己的苦痛，也有他们自己的快乐；教育的使命就是帮助人们在各个不同的民族中找出共同的人性。"通过课程给学生提供学习各种文化的机会，使他们形成多元文化意识，进而理解和尊重异文化，这已经成为教育中的共识。通过养成多元文化意识，学生可以形成开放、平等的心态和乐于学习、欢迎变革的心态。

在课程中，我们首先应该给学生提供系统学习某一异质文化的机会，培养学生对该异质文化的尊重及深刻理解，获得理解异质文化所必需的基本技能。因为对某一异质文化的深刻理解及获得的积极态度可以使学生移情地尊重其他异质文化，在此间获得的一些跨文化的学习基本技能可以发生迁移，帮助学生更好地理解其他异质文化，这样，实现举一反三，以简驭繁，使学生在有限的学习时间和有限的精力下，达到接纳与尊重所有异质文化的根本目的。对异文化的学习也可以为学生评价本国文化提供一个完整的系统的参考系，通过系统地学习，深入了解异质文化的形成与发展，深刻领会其文化的内涵。

其次，应尊重与接纳所有的异质文化，认识到文化多元的价值。通过广泛地了解多种文化，扩充对人类的认识，发现多种文化所蕴含的共同人性和对美好生活的追求，理解平等与正义的法则，把促进社会的平等与发展视为每一个社会成员的职责；能够运用所获得的方法与技能去探究其他文化的形成与本质，时时以异质文化为镜像，解剖"自己的文化"，促进个人文化的不断成长；以开放的心态去认识世界，认识自我，把多角度考察问题、概念作为一种思维方式，发现文化多元的价值，增进对文化平等的维护。

在这样不断接触与理解异文化的过程中，学生的心灵越来越开放，他们就能够对他人敞开胸怀，去倾听不同意见与观点，去容忍不同的立场，去了解不同的文化的价值系统；对自己敞开胸怀，去挖掘自身的潜能，去开展自己的创造力。

三、发展批判性思维，对本国文化进行反思

就多元文化教育的"多元"二字讲，世界上的文化何止上千种？多元文化的课程体系，再繁杂抽象也无法一一呈现各种文化的特点。因此多元文化教育的重点在于思维训练过程，以思维能力作为工具，去吸取新知识，去处理各种文化冲突。多元文化教育所需处理的问题，因其复杂性，需批判思维的技能作为分析、判断的利器，因其敏感性与争议性，更需持有批判思维的开放、客观、诚实、理性态度，作为两极化的均衡点，进而获得积极的、健康的、建设性的学习成果。

批判思维，指严密的、全面的、有自我反省的思维，它具有分析性、策略性、全面性、独立性、正确性的特点。有学者认为，批判思维是批判态度和批判能力的协同发展的结果。批判态度包括：开放、客观、诚实、怀疑、理性、谦虚等十种要素，批判能力包括：厘清问题、鉴定咨询、正确推理、申辩假设、合理行动五个方面。通过培养批判性思维，使学生形成独立思考的能力与态度，从而做出正确的抉择。

培养批判性思维的一个重要方面是给学生提供包括社会中的政治、经济、教育等方面的丰富的信息和资料，让学生通过辩论、对话等方式，从不同的角度提

出自己的看法，丰富彼此的观点。保罗教授认为，培养批判思维的关键不在于微观的思维技能，而是在于两种或多套的宏观整体经验产生对话，产生了论证交换，产生理性冲突，让学生通过这样一种辩论历程，去修正各自的立场。

　　培养批判性思维的另一个重要方面是对本国文化进行反思，多元文化教育是学校教育的一个组成部分，它与国家的教育目的是一致的，但多元文化课程不是学校课程的全部，它是以单一文化教育的存在为前提，没有一个已有的文化学习，就无所谓异质文化学习，而且，一个国家只有具有和保留自己的独特性，才有可能在国际上占有重要地位，才能对世界的发展做出自己的一份贡献，因此，在多元文化教育中，本国文化课程不但不能削减，反而应该加强。费孝通也曾指出，人们首先认识自身的文化，理解多种文化，才有条件在多元文化的世界里确定自己的位置，与其他文化一起取长补短，共同建立一个大家认可的基本秩序。理解自己与理解他人本身就是一个互相促进的过程，多元文化教育在理解与尊重异质文化的过程中，同时也实现了对自己文化的更深刻的理解及发展。

　　异质文化学习给审视本国文化提供良好的机会，要充分利用多元文化教育的这一优势，促进学生对本国文化的反省，启发学生要用新的视角去看待那些"天经地义"的观点与现象，帮助学生去发现隐藏在文化现象之下的预定性假设，引导学生在文化多元社会里，反思自己的文化形成，确立自己的价值观、信仰、行为方式等，构建个人的文化观。

四、发展实践能力，提高多元文化交往能力

　　多元文化教育的目标是让学生理解和学习如何面对文化的多样性，去接纳和欣赏不同的人具有的差异，也就是培养一个人的多元文化交往能力。

　　培养学生的多元文化交往能力，首先应该解决的是相互隔绝的语言教育问题。语言不仅是交流的工具，也是特定文化的载体，语言还是民族心理的表征、民族认同的标志。通过语言的学习，学生可以从被学习文化的成员的角度，去理解他们的观点，使学习者在自己文化与他人文化的学习中，增强对多元文化的认同感。因此，语言课程在任何一种形态的多元文化教育中都得到了充分的重视。

　　除了语言课程之外，我们还要通过其他学科提高学生的多元文化交往能力。当前学校所开设的学科中，几乎都包含有丰富的多元文化内容，如数学、物理、化学、生物、地理等学科的教学内容中包含来自西方的科学思想、归纳演绎的思维方式、大量的西方人物和事件等，语文、音乐、美术、体育等科目中同样也包含了大量的外国文学作品、外国音乐、美术作品、外国体育人物等的介绍和评价，学习这些知识的过程本身就是一个直接的多元文化教育活动。但在实践中发现，最为有效提高学生的多元文化交往能力的方法是跨学科的综合性的实践活动。这

是一种以外语学科为基础、综合人文学科和科学学科，通过研究性学习和综合实践活动来完成的专题式的多元文化教育活动。它既可以在小学、中学、大学分阶段开展，也可以在每个年级开展。其操作步骤如下：①组织学生获得尽可能系统、全面、深刻的多元文化知识，具体方法有：整理从不同学科所学的外国文化知识，听多元文化的专题知识讲座，与外国学生交往，观看外国电视节目、外国电影等，阅读外国文化的书籍，访问外国网站，参观外国文化展览，观看外国体育比赛等；②组织学生参加有引导的专题讨论，让学生在讨论、甚至辩论中分辨出正确与错误、合理与不合理，判断出我们应该学习外来文化的哪些内容，应该舍弃哪些内容，如何参照外来文化建设自己的文化；③要求学生用文字、电子、音像等形式将自己在综合实践活动中的所见、所知、所思、所得记录下来，并相互介绍。这种活动的关键是进行明确的多元文化教育的指导，启发学生独立思考、懂得合作、重视能力与态度的协同，让学生能够在多样的途径中做选择，在多元的观念中作决策，以不至于在文化相对论、价值相对论、道德相对论面前是非不明，真假不分，人云亦云，莫衷一是。

第四节 多元文化背景下英语教学的发展趋势

一、多元文化课程开发模式

（一）多元文化课程开发的基本问题

对一个问题的探讨要从概念的界定开始。对于多元文化课程开发而言，我们首先要明白的就是对课程开发的理解，然后才能结合多元文化的特殊性，来理解多元文化课程开发。

1. 课程开发的概念

课程开发，就是在长期的课程理论研究和实践中，以哲学、社会学、心理学和文化学等不同的学科为基础，用不同的课程理念与实践规范对课程进行改造与设计，包括课程组织与结构的拟定，课程标准、目标、计划的制定，课程内容的选择和组织，课程的实施与评价等整个活动与过程。概括来讲，课程开发的模式主要包括目标模式、过程模式、实践模式和情境模式等。每一种课程开发模式，都是对某一种或几种模式的批判、矫正或补充，同时，它们又都有自身无法克服的理论和实践局限性。认真审视和剖析这些课程开发模式，在批判与反思的基础上对多元文化课程开发模式的建构有着十分重要的意义。

2. 多元文化课程开发

多元文化课程是实施多元文化教育目标的重要途径，是为实施多元文化教育而设计的课程。在多民族、多文化共生共存的社会背景下，要充分体现各民族的广泛领域的文化，要保证民族群体对自己所属文化的认同与文化自觉，多元文化课程的开发就显得尤为重要。它可以帮助学习者从不同文化视角和民族文化观点来看待"他文化"的概念、价值、观念和实践，同时在参与开放社会的过程中获得所需知识、技能和态度，使不同民族、文化、阶级群体都能平等参与社会，实现真正的理解、宽容与尊重。多元文化课程的开发过程，要考虑多种因素对课程开发的影响，归纳起来主要有3方面的因素：①各民族深层文化心理结构对多元文化开发的深刻影响，它是发展多元文化课程的心理基础；②如何处理各民族地区文化资源的多元性与课程资源选择之间的关系；③如何保持少数民族地区课程的多元与一体的张力。多元文化课程开发要对各民族的政治、经济、教育、宗教信仰、民风民俗、文化历史传统等实际情况进行考察，并在此基础上应用民族学、社会学、教育学、文化人类学、民族心理学等多学科角度对这些问题和情况进行系统的梳理和研究，为多元文化课程的开发提供理论与现实依据，探索适合民族地域特色的多元文化课程模式。多元文化课程是实施多元文化教育的中介，多元文化课程开发就是在多元文化背景下，将各个民族文化中的精华有机融入课程中，以揭示文化多元性与多元价值选择。国外在多元文化课程开发的理论与实践探索中，形成不同的课程开发范式有着重要的借鉴启发意义与价值。

（二）国内多元文化课程开发模式的研究

西方的多元文化课程开发模式，是以西方的社会文化背景为参照建构的一套课程开发模式。鉴于中国是一个多民族国家的客观现实，我们不能完全照搬和移植西方模式，而要在借鉴、批判和反思的基础上建构具有自己特色的多元文化课程开发模式。国内一些学者在这方面做出了有益的探索。

中国是一个统一的多民族国家，各少数民族在政治、经济、文化、教育、生活方面互相影响，并且都和汉族有着密切的联系。各少数民族在其历史发展过程中形成了独具特色的民族文化，形成了自己本民族认同的价值观、社会行为规范、民族传承的象征符号体系，这些都代表了少数民族的文化精神和文化价值结构。多民族的社会，形成多元的文化。在多元文化背景中，如何实现各民族文化之间"各美其美，美人之美，美美与共，天下大同"的"多元一体格局"，帮助少数民族既保持独具魅力的地方文化、民族文化，又能更好地进入主流社会，顺利实现民族现代化，是摆在我们面前的现实问题，多元文化教育是解决这一问题的有效途径。在这方面，国外的有关多元文化课程理论对于建构我国自己本土的多元文化课程体系有着重要的借鉴意义和价值，但不能完全照抄、照搬、照套，因为东西方有着不同的文化背景和历史传统，我国的"多元文化教育"与西方国家的"多元文化教育"应该有着本质上的区别。西方的多元文化教育是西方国家殖民化的结果，是资产阶级的主流意识形态、文化和少数民族的边缘的非主流意识形态、文化之间的矛盾调和的产物；而中国的"多元文化教育"却是长期以来各民族相互依存的结果。中国有着"多元一体"的文化背景，少数民族教育充分享有文化自觉性和独立性，在构建具有中国特色的少数民族多元文化课程体系时我们对此应该有清醒认识。对于构建基于本土文化背景的多元文化课程开发模式尝试做如下探索。

1.自下而上的"草根"模式

课程作为广义的文化的一部分，受到一定时代、一定社会形态条件下的政治因素、经济因素、文化因素的影响和制约。在20世纪50-60年代的新"课程运动"中，许多国家都采用了"中心-外围"的方式进行课程开发，即由某个"中心"编制课程，然后再直接提供给散布于"外围"的学校使用。先由国家组织学科专家与课程专家对具体的学科或课程问题进行研究，并将研究结果设计为新的课程开发方案，然后再下放到学校中推广使用，这种课程开发即所谓的R-D-D模式。

2.双语教育模式

教育从来都是与语言紧密联系在一起，语言是人类交际的工具，是人类文化的重要载体，语言对文化有巨大反作用力。语言是一种特殊的文化现象，语言理解包含着文化理解，语言理解也需要文化理解。我国是统一的多民族国家，在民族文化之间，应确立多元文化主义的理念，在课程开发中，应将多元文化教育理念贯彻始终。所以，针对我国的多民族的多元文化背景，在多元文化课程开发中，应实施双语教育模式，使之成为多元文化课程实施的主要形式。通过双语教育的课程开发模式，在与"他文化"的交流接触中，实现多元文化特点的共生与自生，从而达到对文化的自觉，真正感受到多元文化之美。

当今社会的急剧变革，使任何一个多民族国家社会都面临着"全球一体化与民族文化多元化的冲突与和谐"，"国家一体化与民族多元化的冲突与和谐挑战"，需要我们现有的观念从教育意识形态向教师的文化意识生态转变，寻求"和而不同"的多元文化课程体系，在多元文化中寻求课程的意义。因此，用多元文化的话语解释双语教育的实际意义，在多元文化中寻找双语教育的课程与教学智慧，从普适性的教育转向寻求情境化的教育意义，在今天就显得十分必要。

从世界双语教育发展的历史我们可以看到，由于各国的少数族裔的语言、文化、历史和现实背景的不同，呈现多种双语教育模式和形成各种不同的双语教学理论流派。"他山之石，可以攻玉"，"中华民族多元一体格局"下的双语教育课程开发模式，要善于借鉴别国的优秀传统和经验，构建具有我们民族文化特色的多元文化课程开发模式。

（三）本土化建构模式

所谓多元文化课程开发的本土化建构模式，是以我国多民族多文化国情为基础的课程开发模式，本土知识的建构是多元文化课程开发的基点。20世纪70年代末80年代初以来，"本土知识"才逐渐引起人们重视，它很大程度上改变了人们的知识观念，改变着知识世界的基本格局，使知识形态的多样性日趋明显，促进了人们对于"知识"与"文化"关系的深入反思。

每一个民族在自己的生存、延续和发展过程中都形成了具有独特文化内容与形式的知识体系，也就是本土知识，这是由本土人民共同分享的知识。本土知识对本土人民的生产和生活的发展产生重大影响，是他们共同的精神财富。我国是一个多民族、多元化的社会，在每一个民族内部的本土知识，深刻地反映了他们的民族文化结构，包括一切的信仰、艺术、道德、法律、习俗和个人作为社会成员所必需的能力及习惯。本土知识是本土文化的深层积淀，是文化的核心要素之一，是本土社会文化传统的核心，在本土社会各个方面的建设中起着基础性的作用，担任着本土人民的广泛意义上的教化作用。本土知识为本土人民提供一种他们自己所熟悉的界定问题、观察问题、分析问题和解决问题的视角，也是他们认识世界、走向世界的基础。因此，本土知识传统的重建是本土社会实现可持续发展和独立自主发展的重要条件。一方面，在课程开发中需要十分关注各民族在本土知识基础上建立起来的信仰、价值观和文化心理结构，更新我们的课程哲学；另一方面，我们也需要借助于本土知识，消解以往对本土社会的"核心"-"边缘"体系的刻板印象，建立真正多元和多样的人类发展文化生态。

本土知识是一种重要的文化背景，是课程背景开发的重要组成部分。在多元文化课程开发中，我们要以一种知识和文化多样性以及认识论多样性的视角来重新认识课程、理解课程和设计课程，重建本土的学校课程体系，使之通过本土知识的应用与本土生活发生内在的关联。具有多元文化视野的课程有利于学生在一个比较宽广的视域下对多种文化知识或认识方法论进行比较、鉴别、理解，从而达到多元文化教育的整合。发展建立在基本知识基础上的地方课程体系增强课程的透彻性，有利于学生在此基础上吸纳"他文化"的积极因素，促进自身和社会的发展。除此之外，还要开发与本土文化有关的"校本课程"，使学生在丰富多彩的学校生活中亲切了解本土文化。我国新一轮基础教育课程改革提出："为保障和促进课程对不同地区、学校、学生的要求，实行国家、地区和学校三级课程管理。""学校在执行国家课程和地方课程的同时，应视当地社会、经济发展的具体情况，结合本校的传统和优势，学生的兴趣和需要，开发或选用适合本校的课程。"这些都为多元文化课程的本土化建构，提供了政策上的保障和发展的良好导向。这种以"地方课程"和"校本课程"的形式出现的课程，纳入学校的整个课程计划之中，会加强学生与本土文化社会的密切联系。当然，多元文化课程向本土化建构还需加强开展跨文化心理学、少数民族心理学的理论探讨，充分考虑到各民族的文化多样性，开发乡土课程的开设与乡土教材编写的试点实验和潜在课程的探索，形成一个有机的课程开发体系。

二、多元文化课程的实施

（一）多元文化课程实施的含义及特点

1.多元文化课程实施的含义

当前，关于课程实施的含义具有代表性的说法主要有：富兰认为是使变革成为实践的过程。劳克斯与利伯民则认为是一个新的实践之实际使用情况。另外，谢乐、亚历山大及刘易斯则认为教学过程是课程计划的实施，这个过程通常涉及在教学与学校环境内出现的教师与学生之间的互动。应该说课程实施就是把新的课程计划付诸实践的过程，它是达到预期的课程目标的基本途径。课程实施与教学具有内在的统一性和联系，课程实施内在地整合了教学，教学是课程实施的核心环节和基本途径；而对课程实施与教学的研究具有内在的互补性，教学研究有助于理解课程实施过程中的内在机制，课程实施研究则有助于理解教学的本质，从而为教学设计提供新的视野。成功的课程实施需要丰富而科学的课程观作为先导；需要作为课程实施中介的课程计划的执行；需要一个以教学为主体，以自学及由社会所提供的其他多种途径为辅助的支持系统。

在多元文化教育课程的实施中，要真正使文化间有充分的交融或互动，并不是将所有的少数民族的文化资源纳入已有的课程之中，而主要是将各少数民族的文化精华或特色融入学校现有的课程中通过改革文学课程、语言课程、历史课程以及社会科学课程中的内容来反映多元文化；同时，也可以通过区域性或地方性的课程开设来完成多元文化课程实施的任务。因此，可以认为多元文化教育课程的实施是以包括汉族和少数民族学生在内的全体学生为对象，通过把多元文化融入学校整体课程中，来发展学生认知、技能、情意等方面的能力与态度的一种活动。

2.多元文化课程实施的特点

在多元文化课程实施过程中涉及三个重要的概念，即多元、文化和多元文化教育。

当今所提倡的多元性是指事物所具有的多样性和灵活性，它表征着民主、自由、开放及宽容；张扬着求异、个性和创新。多元主义认为：在高度现代化的社会中，种族群体对个体的社会化是极为重要的，个体能在自己的种族群体中获得语言、知识，形成特定的生活方式及确立自身的价值观。在多元文化课程的建构中应以"育人为本"的课程设计思想为指导。具体表现为：

课程目标构成因素的多元性。课程目标需要转变偏重知识传授或经验获得的单一目的，应建立起包含知识获得、智力培养、个性和谐等多元因素的整体性目标来有效地指导课程编制和实施，从而培养全面发展的多层次人才。

课程设置的多元性。在国家课程为主导的前提下，切实有效地下放权力给各地区、各学校，允许各地区根据本地区的政治、经济、文化特点及人群心理素质倾向，编排符合本地区学生发展的地方课程。

课程内容的多样化。课程内容要根据地区、民族、学校、学生的实际情况进行选择、编排。课程的选择、改革与建构只有正确地反映教育个性化思想，才能更有力地促进教育的现代化和未来化，最终达到人与社会的协同发展。

课程形式的多元性。多元课程的建构是要使课程更好地为促进学生全面素质的提高、个性的发展，改变原有单一课程体系，这就必须有丰富多彩的课程形式作为支撑。

目前，人们认为多元文化教育应使所有学生，不论其性别、种族、宗教、语言、社会经济地位的差异，共同认识和理解社会中的各种文化，包括学生自身所属的文化以及具有普遍性的，为各民族共享的国家主流文化。作为生活方式的文化具有相对性而非绝对性，无论是人的存在、社会实践，还是个人经验，都处于内涵不断变化的状态之中。美国多元文化教育家班克斯认为多元文化教育是一个连续不断的发展过程，它不仅仅是一种政治或教育的理念，也是一项教育的运动。多元文化教育的价值取向是促使每个来自不同社会阶层、不同民族、不同文化和性别团体的学生能够充分享有公平的学习机会，帮助所有学生获得未来跨文化社会中所需的民主价值观、信念、知识、技能和态度。多元文化教育理念从20世纪70年代进入学校领域至今已有30多年的历史，为了检验多元文化教育在不同文化背景下学生的反映和实际的效果，美国多元文化教育的研究者曾于1993-1995年间对不同地区、不同年级的黑人学生进行了大量问卷调查研究，得出的结论是：①学生们普遍认为课程与教学中缺乏对少数民族族群及文化的反映，也就说他们接受的教育绝大多数属于美国白人文化的历史，而缺乏对自身文化相关内容的学习和体验；②学生们普遍认为如果他们在学校中能学到他们自己的文化和别的族群的文化内容的话，学校教育就会对他们更有兴趣和吸引力，就会更加投入地进行学习；③学生们的共同质疑是，为什么我们一定要学习这些主流文化？这些内容与我们有何关系？这些内容对我们的现在和将来有何帮助？他们理想中的教育应该是抛弃偏见和歧视的、与自身文化相关的、富有意义和个性化的活动。

总之,多元文化课程的目标必须为获得适宜的教育环境而建立课程整体战略。它需要改变以往显性课程的统治地位,将正式课程与非正式课程、显性课程与隐性课程加以统整,鼓励民主的课堂和教学实践,从而获得更好的多元文化教育情境。在多元文化课程实施的过程中,学校的教育任务就不仅要使学生获得知识和技能,更重要的是要使学生具有帮助其自身民族在社会中获得平等权利的责任感。因此,课程的改革应有助于促进学生对本民族文化和群体忠诚的认知方式、文化历史、现实经验以及种族群体的愿望等;课程学习材料应当有本民族文化特性;课程目标应当帮助学生在本民族文化内获得最大的成功;课程内容应着重由少数民族的文化观点和他们文化历史上的重要事件所组成。

(二) 多元文化课程实施的步骤

20世纪60年代以后,在课程实施的过程中大致包含了这样3个基本的阶段:第一阶段是课程采用阶段;第二阶段是课程实践或最初使用阶段;第三阶段是常规化和制度化阶段。根据上述划分,在多元文化课程实施中的主要任务表现为对学校课程、教学计划、教材的调整,以反映和适应来自不同民族和文化的学生的学习风格,使他们适应学校的一切环境,并在此环境中接受与本民族历史、文学、语言文字等相关的内容,从内容、方法到评价体系建立一套公正、合理、科学的标准,并大致包含了以下几个环节。

1.多元文化课程目标的确立

课程设计中,目标的确定十分重要,不仅有助于明确课程与教育目的的衔接关系,从而明确课程设计工作的方向,而且有助于课程内容的选择和组织,并可作为课程实施的依据和课程评价的准则。社会各种复杂的需求与课程价值取向的日趋多元化,使得课程目标的确定越来越复杂。但在制定课程目标时一般需要考虑以下几个方面:①范围。课程目标的范围不能过于狭窄,不足以包括有价值的学习经验,而是应该涵盖所有的学习结果,如既要重视认知能力的培养,也不应忽视态度、价值的培养,既要强调专业技能的掌握,也需关注非专业的一般能力;②有效性。设计的课程目标应反映目标所代表的价值;③可行性。课程目标应能在学生已有的知识基础、能力、学校资源及可供的时间内顺利实现;④相容性。课程目标应与其他的目的、目标相互一致,如教育目的、培养目标、课程目标虽表达方式不同,但在总的培养方向和要求上理应相互一致、相互兼容;⑤明确性。课程目标只有定得明确、具体,才能对到达目标的进程有清晰的认识,才能有利于正确地选择课程内容,妥善地组织课程实施,也才能真正地为课程评价提供可检验的依据;⑥通俗性。即目标应是通俗的,能为大家所理解的,以便校长、教师、学生、家长等都能参与学校课程目标的实施。

2.多元文化课程内容的制定

课程内容可被界定为按照课程目标选择和组织的课程基本材料，它是课程的主体部分，其选择、组织和构成必须符合课程目标的要求，以课程目标为出发点，并力求体现出课程内容中基础性和有效性的结合；学生的兴趣和需求的结合；内容与社会现实的结合。詹姆斯·林奇教授认为，多元文化课程内容的选择应从3个维度9个区域来加以考虑，并提出了必须坚持的原则：①课程内容的选择必须重国际性，观点上重全球性；②学生学习的小说、故事及资讯方面，应明显显示多元文化的社会及其多元化的价值准则；③消除对少数民族的刻板印象、偏见、歧视，并让学生接近与此相关的精确资讯；④承认并允许其他文化或民族的价值，改变用主体民族主流文化的标准判断它们的传统。

首先，是人对事物的属性与联系认识的知识。通常人们把知识笼统地划分为四大领域：自然科学、社会科学、数学和人文科学。教育家赫斯特在回答"什么知识最有价值"这一经典课程问题时，提出了7种理解世界的知识形式，即数学、自然科学、关于人的知识、文学与美术、道德、哲学、宗教。同样，美国的费尼克斯认为人类有能力去体验"意义"，这些人类经验的意义具有系统的形式，他以6个不同的"意义领域"作为发展人类能力的主要内容领域，它们是符号学、实证学、美学、存在学、伦理学、统合学。而美国学者泰克西纳把人类的所有系统化了的知识划分为互相联系的12个领域，即艺术领域、信息符号领域、物质能领域、生物学领域、心理学领域、社会学领域、未来领域、演进领域、调节领域、传播领域、探究领域、综合领域。

其次，是不等同于学科知识和教师所从事活动的学习经验，它通常是指学习者与外部环境的互动与交互作用。由于学习是一个主动的过程，学习者是主动的学习个体，他们通过主动的探索生活世界，尝试学习新的内容、发现新的事物。因此，课程设计者在选择课程内容时，不但要确定知识内容，提供学生所面对的事物，还要选择学习经验，提供学生主动学习的机会。

应该说，内容丰富、形式多样的课程资源，是课程资源开发与利用的目标得以实现的重要保证。

三、多元文化背景下英语教学的发展趋势

（一）多元文化与双语教学

多元文化教育是二十世纪六七十年代西方国家民族复兴运动的产物，多元文化教育的实现要立足于文化多元主义，以提高民族、种族意识的课程为特色，引

进双语教学，向学生传授弱势族群的历史与文化。综观国内外双语教学的现状，多元文化背景下双语教学的发展主要有自主化、多样化、整合化和现代化趋势。

自主化。我国少数民族双语教学有民-汉兼通型、民-民兼通型、汉-民兼通型和同民族双语型。这些实施模式表现出了多元文化背景下双语教学的自助化发展态势。

多样化。多元文化背景中双语教学的多样化发展是历史发展的必然趋势。不仅各国双语教学的发展路径不尽相同，而且同一国度中各少数民族双语教学的发展模式也是不尽相同的。如上所述的中国和美国即是如此。根据世界各国存在的各种差异和一国之内存在的地区差异，未来双语教学的模式和方式仍将是多样化发展的格局。

整合化。双语教学不仅是学生两种民族语言的学习，而且还是两种民族文化的习得。双语教学中如何既让学生学会两种语言，又能习得两种文化？这就要求双语教学人员尽量利用各种有效的方法整合课程中的有关种族和族群文化的内容。

现代化。现代社会要求人具有现代化的思想观念、思维方式和行为方式，如具有开放性、创造性、进取心和开拓精神等。双语教学的目的是培养具有现代意识、现代观念和现代行为方式的人，其发展必然要回应现代社会的要求，秉持现代化取向。双语教学现代化的核心是人的现代化。人的现代化有四种最基本的品质，即求变化、尊重知识、有自信和开放性。双语教学作为以两种语言为媒介的教学实践活动，它需要教师、学生具有现代化的思想观念和行为方式，因而人的现代化是双语教学发展的基本前提。

（二）多元文化中的英语教学要实现民族文化传承

实现民族文化的传承是多元文化背景下英语教育的重要目标。要实现这一目标就要增强大学生的民族认同感，培养学生的民族自豪感。首先要让学生了解本国和本民族的文化，实现民族优秀文化的继承和发扬。其次，要培养学生客观、独立和辩证的思维方法，用辩证的眼光看待本族文化和西方文化，养成自觉抵制西方文化侵蚀的能力。同时，要实现民族文化的传承，就要注重培养教师和学生的跨文化交际能力。教师要有意识地进行跨文化知识的学习，在掌握语言专业知识的同时，充分利用新信息技术带来的多元文化环境加强中西方文化知识的学习，并能以身作则，通过加强文化学习和强调文化的重要性来感染学生，完成文化的传授。

（三）英语教学中要突出人文教育的重要地位

人文教育是人性教育，旨在促使学生充分发挥其潜力，实现全面和谐发展的教育。它是通过人文知识的学习、人文精神的熏陶，来培养学生的人文素质。20

世纪70年代中期，忽视人文教育所引发的各种严重后果在全球范围内日益引起关注，恢复人文教育被提上重要的议事日程。为了适应社会发展的需要，尤其为了满足社会对高等教育人才培养提出的新要求，人文教育开始了其现代意义上的复兴。它首先发起于发达国家的高校，旨在使学生在科学和人文互动并举、均衡发展的良性态势中得到和谐而健康的全面发展。现在，加强和重视人文社会科学教育，已经成为我国以及世界其他各国高等教育改革和发展的一个共同趋势。

在我国，人文教育于20世纪90年代被提上重要的议事日程和研究地位，同时高等教育领域开始积极研究和尝试在高校教学中实施人文教育，并在培养目标、教育体制和课程设置等方面进行改革，以普遍提高大学生的人文素养和科学素质。1998年我国制定了《关于加强大学生文化素质教育的若干意见》，成立了高等学校文化素质教育指导委员会，确定在全国普通高等学校建立若干个国家大学生文化素质教育基地，并在实践中追求"三提高"，即提高大学生的文化素质，提高教师的文化素养，提高大学生的文化品位与格调。在此基础上，高校英语教育和人才培养方面实施人文教育的研究主要涉及以下几个方面。

一是在高校英语教学中实施人文教育的理念及思想研究。于根元先生在谈到"语言的人文性"时曾说：所谓通人性主要包括两个方面的含义。第一，是指研究应该高度关注语言本身的人性，人文性、文化性、社会性。第二，语言学研究应该与使用语言的人，与语言所赖以生存发展的社会环境和文化背景密切结合，与其他人文社会科学密切结合，要使语言学这门学科通人性。胡美云在《高校英语教学中的人文教育理念》一文中，在简略分析了东西方人文教育的历史渊源和现状的基础上，提出培养学生人文素质的关键是更新教育工作者的观念，提高教师人文素质，在教学内容、教学方法与手段、教学评价等方面贯穿人文教育理念，不断提高学生的语言和文化综合素质。

二是在高校英语教学中实施人文教育的必要性研究。其中包括：潘文国《文化语言学中国潮》（1995），胡文仲、高一虹《外语教学与文化》（1997），陈坤《外语教育中的文化教学》（1999），顾嘉祖《语言与文化》（2005），还有一些关注文化教育和人文素养在外语教学中的现状进行实证研究的硕博论文，这些研究成果都从不同的角度探讨了语言与人文教育的关系，倡导培养学习者的文化意识和人文素养的必要性。

三是高校英语教学中实施人文教育的途径和策略。主要有应云天在《外语教育语言学》（1999）一书中提出了颇有新意的外语教学原则，包括系统原则、交际原则、认知原则、文化原则、情感原则。储春艳在《高校英语教学中开展人文教育的途径》提出教师要通过授课的基础内容深挖主题开展人文教育、通过高校英语课堂活动小组进行人文教育渗透、通过老师自身的实践和表率等作用开展人文教育。

四是在高校英语教学中实施人文教育的模式探索及可行性分析。例如，徐亚辉在《高校英语人文教育创新研究》中提出高校英语教学中实施人文教育的新模式。此外还有针对高校英语教学中实施人文教育的现状的调查研究及提出相应的对策的实证研究的论文等。

多元文化背景下的高校英语教学要实现健康发展，必须重视人文教育的重要作用，探索多元文化背景下人文教育的内涵和实现路径，实现英语教学的人性化，从而能够丰富学生的人文知识，提升学生的人文素养，确立积极进取的人生态度，使学生的语言和文化综合素质得到提升，成为综合素质全面发展的完整的人。

第三章　多元文化视域下高校英语教育教学的新标准

第一节　重视全人发展

中国外语教师能不能突破长期习惯的外语教学定势和误区，接受并实践先进的外语教育观、教师观、学生观、人才观和教学质量观？在由教师、学生、教材和教学活动组成的语言课堂上，教师怎样当好导演，成功地组织出生动活泼的语言学习与运用的活剧？即使有了符合现代外语教学的科学性和交际性的新教材，在你所组织的课堂教学中是否就一定能达到预期的效果？

20世纪80年代以来，国际上先进的外语教育观、教师观、学生观、人才观和教学质量观等都发生了革命性的变化。这些理念和原则的变化不同程度地反映在优秀的现代外语教材里，这对使用教材组织教学的教师无疑是一个全新的挑战。

语言课堂由教师、学生、教材和教学活动四个方面组成。它们就像一个剧团和舞台，其中教师是导演，学生是演员，教材是剧本，教学活动是演出。导演若对剧作理解不当，必然指导有误。演员若演绎与演技不当，演出自然失败。这种情况的出现，不能怪剧本不好，所以在文艺界和文学界，常常有人将文学原作与搬上舞台或拍成影视的作品进行比较性评论。从这个意义出发，符合现代外语教育理念和原则的教材精品在付诸实践时，同样有一个理解和应用是否得当的问题。这等于对现代外语教材赋予一个新的功能——教师培训。这样，当今社会背景下的英语教师背负了更大的责任。

在英语教学中，每位英语教师的教育理念应该是人本主义，充分发挥学生的主体作用，注重学生的全面发展，让学生具有持续学习的能力，为学生终身学习打下基础。

在知识经济时代，新的知识层出不穷，原有知识迅速更新。我们在生活与工作中会面临更多复杂的问题。全球一体化使我们人际交往的范围扩大，频率增加。我们的学生要能在如此变化万千的社会中生存与发展，必须具备良好的素质，能灵活地运用学到的知识有创意地解决各种问题。同时，自己又必须不断地学习，不断地完善自己。与其他学科教学一样，英语教学必须为培养这样的人才而努力。要着眼于学生的全人发展，英语教学的首要定位就是人的教育。在教学中，我们要注意激发和培养学生的学习兴趣，帮助学生树立自信心，形成有效的学习策略，养成良好的学习习惯。

多年来，我们在英语教学中总是把帮助学生掌握英语知识放在首位，而忽视学生的精神世界。实际上，学生的社会责任感、严谨的治学态度、积极的情感都直接影响他们的英语学习。作为教师，在英语教学中要尊重学生，注重情感教学。

尊重学生，就是我们应该相信，每一个学生都蕴藏着极大的学习潜能，每一个学生都有自己丰富而独特的内心世界。英语教师应该与学生相互沟通，成为他们的朋友。今天的学生在很多方面比以前的学生更具独立性，他们在许多问题上的思考都有独特性。如果我们和他们平等相处，通过改进教学，为他们提供充分发展潜能的机会，英语教学就会取得更大的成效。

尊重学生，就是我们也承认，学生之间是有差异的，有个性的。我们应该给每个学生提供平等的学习机会，针对他们的差异性提供切合他们实际的学习指导。哈佛大学教授霍华德加德纳博士（Howard Gardner）在他的《智力结构》一书中提出了"多元智慧论"（Theory of Multiple Intelligences）。他将人的知识分为8种类型：语文智慧、逻辑-数学智慧、空间智慧、肢体-动觉智慧、音乐智慧、人际智慧、内省智慧和自然观察智慧。这种智力结构分类，对于我们认识学生的差异很有帮助。我们有的教师在实际教学中，参考国外的有关资料，把学生分为三大类，即认知学习型、情态学习型和生理环境反应学习型。不同类型的学生有不同的学习特点，这就要求我们在教学中采用不同的对策。实际上，在英语教学中，我们也会发现学生在英语学习中表现出来的差异，例如女生长于记忆单词、规则，男生长于阅读思考。例如有的学生口头表达能力很强，有的学生长于书面表达。作为教师，在教学中就要根据所教学生的不同特点进行指导。

尊重学生，就是要充分发挥学生的主体作用。学生主体是指能动地参与教学活动的处于发展中的学生个体。学生主体和哲学意义上的一般主体在本质上是一致的，但它比一般的主体有着更丰富、更具体的内涵。在英语课堂教学中，教师要为每一个学生创造表现自己的活动环境，使每一个学生都积极地参与到教学活动中来，让学生在学习活动中发展个体的学习能动性、创造性、自主性和独特性。

尊重学生，是我们在英语教学中实行情感教学的前提。实行情感教学，最关键的就是形成和谐的课堂气氛。有专家指出，和谐的课堂交际气氛在某种意义上来说比好的教学方法更重要。课堂教学就是人的交际过程，有效的交际取决于和谐的课堂气氛。

要创造和谐的课堂教学气氛，首先要爱学生，给他们以成功的机会。作为英语教师，应该改变中国传统的重教师轻学生的师生关系。要以人本主义的思想，重新审视与调整师生关系。在教学中，教师要尽可能地提供学习空间，让不同的学生在学习过程中获得乐趣，获得满足感与成功感。当学生在课堂学习中能不断收获自己学习的成果时，他们的学习兴趣与积极性就会与日俱增。

要创造和谐的课堂教学气氛，还要注意情感交流。在课堂上英语教师应该表现出自己是一个强者，始终处于乐观向上的高昂的精神状态中，对教学一往情深，对学生满腔热情，用这种态度引起学生的积极情感。我们不是提倡要运用"期待效应"吗？有位英语教师板书一道习题后对学生说："这道题很难，你们恐怕都做不出来。"显然这句话中暗示出教师对学生缺乏信心。专家们认为，如果这位教师这样说："这道题有些难，但我相信你们能做对。"这样的话效果会显然不同。研究表明，学生学习的好坏至少部分取决于教师对学生能力的信心。

要创造和谐的课堂教学气氛，要提倡宽容。中国学生学习英语，犯各种各样的错误是难免的。过去，我们过于强调精确，学生在说英语时的每一点差错都会被教师及时打断而更正。正是这种过于"严格"的要求，使我们的学生对英语学习产生了畏惧感，这亦是许多英语课气氛沉闷的原因之一。在英语教学中，我们应该教育学生多使用英语，不要有错必纠。提倡宽容，还表现在对课堂教学中处理学生的突发事情上。在一次上课时，一位校足球队的队员在睡觉，利用全班同学在默读课文时轻轻地摇醒他，对他说："我知道你清早5点钟就起来练球，很辛苦，你现在去宿舍里睡一下，我以后给你补课，好吗？"这个同学看了看我真诚的眼神，马上离开了教室。我以为他去睡觉了，但出乎意料的是，5分钟后他又回来坐在座位上，十分精神地听我讲课。事后，他告诉我："老师，谢谢你的理解，我去洗了个冷水脸，又来上课了。"看来，宽容、理解是多么重要。

第二节　注重综合语言能力培养

英语教学的目标是要培养学生的综合语言运用能力。当然，对于小学、初中、高中、大学这四个不同学习阶段来说，这个目标是有层次性的。而目前英语教学的一大误区就是，不少教师仍然把英语课作为纯知识课。课堂传授知识多，能力训练少。有血有肉的课文情节被分散的语音和词汇教学所掩盖，对话教学也成了纯句型教学。这种现象甚至蔓延到了小学英语教学中，于是许多小学生过早地被一些语法规则所纠缠，无法品尝英语学习的趣味。

在新一轮课程改革中，国家推出的新的《全日制义务教育普通高级中学英语教学标准（实验稿）》对英语教学内容和目标做了如下表述：基础教育阶段英语教学的目标是培养学生的综合语言运用能力。这种能力的形成建立在语言技能、语言知识、情感素质、学习策略以及文化意识等素质整合发展的基础之上。

一、掌握语言技能是语言学习的目的

所谓语言技能包括听、说、读、写四个方面的技能以及这四种技能的综合运用能力。听和读是语言的输入，也就是吸收的技能，说和写是语言输出，也就是表达的技能。一个人运用语言的能力必须在吸收信息与表达自己的交际过程中得到提高。在英语教学中，听、说、读、写既是学习目的，又是学习手段。所以，我们在英语教学中，一定要引导学生通过大量的听、说、读、写的实践，提高综合运用英语的能力。

二、学习必要语言基础知识是形成能力的基础

我们反对把英语课上成语法课，并不是说我们就不必学语法。中国人学习英语掌握必要的英语语言基础知识是必要的。语言基础知识是语言能力的有机组成部分，是发展语言技能的重要方面。问题是不要把学习语言基础知识作为课堂教学的唯一目的，不能把英语课上成语言知识课。目前的认识误区之一便是一提到培养学生的运用英语的能力，有人就认为是不学习语言基础知识，把知识与能力对立起来，这种认识显然是不对的。

三、学生运用语言能力与心理因素和学习策略相关

心理因素不仅是影响英语学习的重要因素，也是人的发展的一个重要方面。英语教学一定要注重心理因素。一个人只有对英语学习抱着积极的情感，主动参与，善于配合，乐于进取，才可能把英语学好，才可能对英语学习保持一股持之以恒的热情与动力。即便在他离开学校后，都能用已经形成的良好学习习惯与求学精神去不断完善自己。学生学习英语的首要心理因素是学习动机，而促使学生产生英语学习动机最核心的因素是对英语学习的态度、兴趣和情绪。学习态度是指学生对英语的评价及其相应的学习行为倾向；学习兴趣是指学生在英语学习中表现出来的积极探究的认知倾向；学习情绪是指学生在英语学习过程中所具有的心理体验。因此，在英语教学中，教师一定要激励学生的动机。同时还要指导学生选择正确的英语学习的策略。中国人凡事讲究策略。在TOEFL考试中我国学生之所以成绩优异，秘诀之一就是在准备考试的过程中，很好地掌握了命题规律与应试技巧。学习方法（包括应试技巧）就是充分运用智慧和智谋，也就是讲究学

习策略。现在我们的教学提出以学生发展为本，提出要教给学生学习方法，实质上就是要讲究英语学习策略，以便在英语学习的过程中提高学习的效率。

第三节 充分利用IT技术

IT技术（Information Technology）信息技术。信息技术包括传感技术、通讯技术、计算机技术和控制技术。近年来，IT技术的迅速发展，极大地拓展了人类生存与发展的空间，极大地提高了人类利用和征服自然的能力。不同地域的人们之间的联系与交流变得十分方便。IT技术已极大地改变了人类社会生活的方方面面。同样，IT技术也引起了教育的极大变革。利用IT技术改革传统的教学模式，让科学的教育理念和先进的教学手段走进课堂，是教育发展的必然趋势。在英语教学中，许多教师都认识到了IT技术的重要性。他们利用IT技术，正在实现英语课堂教学中教育理念、教学内容和教学方法体系上的全面突破。那么，IT技术在英语教学中应用的基本理念应该是什么？仅仅是追求教学方式层面上的变化吗？答案远非如此。我们认为，IT技术在英语教学中应用的基本理念应该包括以下几方面的内容。

一、增强课堂活力

IT技术使课堂成为充满活力与创意的学习场所，使学生成为主动学习者。这里包括两方面的问题：一是课堂教学技术层面上的问题；二是学生在英语学习中的主体作用问题。

多媒体技术、网络技术的普及为我们的课堂教学改革提供了契机，注入了活力。英语教学应着力在培养学生运用英语的能力上。如果能将学生置于一定的语言环境中（哪怕这种语言环境是人为的），让学生在一定的语言环境中去领悟语言，操练语言，运用语言，效果一定会更好。传统的教学方法由于人力、物力、时间等方面的限制，无法充分地做到这一点。而运用IT技术，则可能把英语学习的情景设计得生动活泼，富有创意。我们利用IT技术制作的光盘，图文声像并茂，形式活泼，学生在英语学习的过程中，各种感官受到刺激，更有利于他们语言能力的提高。

运用IT技术，更能调动学生的学习积极性，发挥他们的主体作用。我们尽可利用计算机的动像演示和学生的实际操作，发展学生的探究性学习，拓展学生思维的广阔性与独特性。例如，我们可以制作这样的课件：设计一间小房子，和诸如树、花、狗等物，让学生用鼠标拖动事物，放在房子内外的某个位置，让初学者通过自己创设的情景练习There be... 句型。在这种练习中学生充分地自我表现，其抽象思维能力与形象思维能力得到了同步发展，创新意识也孕育在他们的实际操作中。

外语教学的最终目的是把学习者培养成为成功的语言交际者和跨文化交际者。英语语言交际能力和技能的获得，必须通过大量的反复的语言实践。而一般的中国学生学习英语，缺乏真实的语言环境，缺乏充分的语言输入。

多媒体外语教学可以创设或模拟真实学习情景，学习者可以通过虚拟课堂讨论、角色扮演、游戏、实际实习和反馈等多种手段模拟现实课堂中亲和方便的人际交流方式。而网络更是可以提供一个完全真实的语言环境。比如我们可以通过网络上的外语电台来进行英语听力训练，与外国人进行直接交谈，利用搜索引擎选择合适的英语精读与泛读材料，通过电子邮件与国际笔友进行交流等。真实的语言环境可以使学生在英语学习过程中尽量减少对母语的依赖，培养英语思维能力，引发自身的表现力和创造力，进行大量的语言输入和输出的活动，从而有效地增强英语的实践能力。

二、鼓励学生个性发展

我们常说面向全体学生，实际上，我们面向的全体学生是由不同特点的个体所组成的。我们又常说课堂教学要"面向中间，照顾两头"，实际上，这三类学生的划分都是以书面测试成绩为依据的。在以往的教学中要真正做到因材施教是有一定困难的，故注重的多是"齐步走"。运用IT技术，则使因材施教，发展学生的个性有了更大的空间。

首先，IT技术的运用，使英语课教学的空间形式发生了变化。我们注意到，不少学校的英语课都在专用的电脑室上课。在这样的教室里，学生课桌的摆放不再是传统的式样，而是成若干小圆形排列。教师巡回路线则是环绕学生，以利于指导。同时，教师从学生的后面或侧面与学生交谈，减少了师生面对面交流的距离感。学生没有坐在传统教室里的那种束缚感，其学习的主动性和个性特点更能在宽松的空间环境中得到发挥。

人机交互的特性是计算机独有的。多媒体计算机的人机交互方式更是丰富多彩。这样的人机交互方式使学习的过程不再呆板，不再枯燥，而是妙趣横生。学生学习英语的兴趣被极大地激发起来，他们强烈的学习愿望形成了强大的学习动机。学生在利用多媒体计算机学习的过程中，能充分地发挥认知主体的作用。他们可以根据个人的基础或根据教师和计算机测试后提出的建议，自主地决定个体的学习进程，可以自由地选择各自的学习策略。学生学习英语的过程不再是一个被动接受的过程，而是一个主动参与的过程。浓厚的学习兴趣与主动参与，形成了学生优化的内部心理过程。这种心理过程与优化的外部刺激相互作用，就能使学生在学习英语的过程中根据各自的特点获得不同的成就。

三、培养学生迅速处理信息的能力

目前，教育部已将信息技术课列入了课程计划。的确，IT技术的迅速发展给人们的生活方式与思维方式带来了巨大的变化，对教育的冲击更是前所未有的。当今的学生，如果不及时掌握IT技术，绝对适应不了未来的时代。克林顿早就提出，在美国，12岁的孩子要学计算机，18岁的年轻人要上网。邓小平早就说过，电脑要从娃娃抓起。因此，又有了IT教育一说。那么，IT教育是不是仅仅是信息技术课的任务呢？显然不是。IT教育不仅仅是信息技术课的任务，而是应该体现在各门学科中，体现在整个教学过程中。只有这样，才能使IT教育取得成效，使我们的学生成为适应未来的IT人才或能使用IT的人才。所以，我们认为，英语教师在课堂上使用IT技术，并不仅仅是为了帮助学生学习英语，更重要的是培养学生的一种意识，让学生掌握运用IT技术的能力，特别是运用IT技术迅速有效地处理信息的能力。

语言是在不断发展和变迁的，当我们学习一种语言时，只有学习到它最新最现实的语言，才能理解和融入这个社会，才能更好地交流沟通。传统的英语学习是以固定教材为主，而且为了保持教材的稳定性，往往一般使用几年，甚至十几年，语言和内容上都比较陈旧。而多媒体和网络的应用有可能在相当程度上缓解社会迅速发展而学习内容过度滞后的矛盾。多媒体教学软件可以不断地进行更新换代，而网络上的语言与实际的语言发展同步。我们可以很容易地读到当天的英美电子版的报刊，像《纽约时报》《伦敦邮报》《今日美国》《时代》等。其他如专题讨论组、电子邮件中用的语言更是最新的语言。这样，我们就有可能在保证课程的基本结构和性质相对稳定的同时，洞悉外部世界的新变化，不断丰富、更新教学内容，以能反映时代精神和需求的内容达到令人满意的学习效果。

四、让学生养成良好学习行为

IT技术的运用，使学生的学习方式发生了改变。在改变的过程中，教师特别要注意引导学生形成良好的学习行为。在这里，我们主要指运用IT技术进行学习的良好行为，特别是以下两点。

一是主动学习的精神。对于具有终身学习观的人来说，主动学习的精神和善于学习的方法是不可缺的。我们利用IT技术进行英语教学时，必须明确，电脑等设备都是工具，都是为人类服务的，我们要主动地利用这些工具进行学习。互联网是世界上最大的资源库，也是获取资源、推广资源、交流信息的最好工具。它具有开放性，每个人都可以使用；具有发散性，能一点对多点；具有发展性，技术与网络带宽不断变化，网络资源呈几何级数增长。在英语教学中，我们如能指导学生使用好互联网这个工具，运用其丰富的英语教学资源及相关资源，便能激发学生主动学习，有效地培养他们探索信息、选择信息、管理信息、分析加工信息的能力。

在技术、经济、结构、组织都在不断发生变化的环境中，任何人都很难具备工作的安全感。要想取得工作安全感，唯一的方式就是跟上时代的步伐，不断学习新的劳动技能，而终身学习是达到这一目的的唯一途径。英语语言交际能力和技能的获得，必须通过大量的反复的语言实践。但中文环境下英语流损现象严重，再加上不少大学生带有急功近利的想法，其英语学习缺少深度，如果停止学习，其英语水平会迅速下降。而多媒体和网络的存在为实现终身学习提供了巨大的便利。对于那些必须穿梭于正常工作、家庭生活和继续学习之间的成年人来说，各类多媒体教学软件、网络提供的远程教育成为他们实现终身学习梦想的最佳选择。特别是通过网络，学习者可以在自己方便的时间、用自己习惯的学习方式和节奏选择下载自己喜欢的课程，选择自己喜欢的教师。网络无处不在的穿越时间和空间的能力，使得教育这一最易受传播媒体影响的领域能够冲破校园的围墙，轻松地在校园之外进行，从而使人们终身学习的愿望成为可能。

二是合作精神。一位香港同仁曾对我们说，在进行英语教育时，要防止人性的机械化。这句话是提示我们，在使用IT技术时，我们要特别注意学习过程中的非智力因素的问题，注意情感，讲究合作。这也是学会做人必须具备的。有人曾说过，中国学生个人研究能力不错，一旦进入研究集体后，集体效能马上下降。这是在批评我们的学生不会合作。我们利用计算机网络的一体化，可以有效地培养学生的协作精神与合作能力。计算机网络可以把多个终端连在一起，实现资源共享。这种一体化的特征使英语教学既可实施个别化教学，又可实施协作式教学。实行协作式教学要求给每位学生提供同一问题或情景进行不同观点或不同角度的观察、比较、分析与综合，利用协同、伙伴、角色扮演等形式互相补充，集思广益。在学习过程中，要使每个学生积极参与，主动交流，相互吸收，使他们学会合作，学会共处。

有研究者在香港中学考察时发现，香港学校的IT教育中很注意合作精神。不仅学生之间合作，师生之间也相互合作。许多教学软件的制作都是师生共同完成的，有的学生还是自己老师的"老师"。

多媒体和网络的使用给大多数学生提供了自主学习的机会，锻炼了他们的创造性和主动性。但也有少数学生因过去太过依赖于以教师为主导的课堂教学，较长时间不能适应这种由自己掌握学习进度和学习内容的学习形式。具体体现在：相当多的大学生认为多媒体课件上学习内容繁多，网络学习内容松散无序，分不清学习的主次和先后；网上信息浩如烟海，不知道如何检索英语学习所需的辅助资源，访问与学习内容有关的网站，常常耗费大量时间却收效甚微；缺乏持续有效的监督和管理，致使有些学生或因懒惰，或因沉迷于其他网络活动，忽视了语言的学习和巩固，无法完成规定的学习任务。

多媒体和网络给大学生的英语学习创造了一个完全自由、自主的空间，同时，也对他们的自控能力和自学能力提出了更高的要求。它促使大学生要培养良好的学习自觉性、自主性和创造能力，了解语言学习的特点，注意科学安排和循序渐进。否则，其结果就有可能与我们的良好初衷背道而驰。

如果在英语教学中使用IT技术时注意了上述四方面的问题，就能使学生不仅在学习英语中有所得，更重要的是，对于他们适应新世纪的要求将会打下良好的基础。

第四节　科学运用评价方式

一、传统评价方式单一

在英语教学中，我们多年来采用的评价方式是单一的，主要是笔试。近年来，随着素质教育的深入及考试改革的发展，在高考和中考中开始了听力测试，但就全国大面积而言，平时及期终考试都是笔试的一统天下。就笔试（书面测试）的命题而言，侧重考察语言知识的现象十分普遍。教师总是注意语言点的方方面面，他们对语言知识、语法条目了如指掌。命题时在书面辨音、句型转换等纯知识题型上下足了功夫，而对于学生的语言能力测试应达到什么目标、应怎样进行测试则不甚清楚。

我们往往强调考试的选拔作用，试图通过每次考试都将学生分成三六九等，最后的结果往往是大部分学生都是失败者。而且这样的考试往往会造成学生心理上的伤害，不利于发展学生的合作精神，也不利于建立和谐的师生关系。

我们注重终结性评价的结果，却忽视了对学生的学习过程的评价。这样我们就没有及时掌握学生学习过程中出现的问题，适时调整自己的教学。

我们往往都是由英语教师对学生的学习进行评价，而忽视了英语教师对自己的教学和学生对教师的教学的评价，忽视了学生的自我评价和小组评价。所以，华东师范大学教科院院长陈玉琨教授指出："我们外语教学实用性不强，效率不高，与我们的外语教学评价有关。我们评价的方法比较单一，评价的观念比较落后，从而必然会制约外语教学，制约外语高素质人才的培养。"他同时提出，"我们有必要深入研究外语教学评价的问题，通过评价的改革促进整个社会进步。"

二、改变教育观念是前提

教学评价是对教学活动的一种价值判断。有什么样的教育价值观就会产生与之相关的评价方法。多年来，我们在英语教学中之所以注重知识的传授而忽视语言能力的培养，实质上是知识本位的价值观。我们总是认为，只要把英语的基础知识讲深讲透，精讲多练，就会帮助学生学好英语。于是我们英语教学中出现的弊病也就越来越多。

在21世纪的今天，我们的教育价值观正在发生极大的变化。我们提倡学生发展本位的教育价值观。作为英语教师关注的是学生的发展，要以学生的发展需要作为教学的导向。学生发展的需要反映了当今时代发展对我们英语教学的要求。知识经济时代的到来，现代社会多元特征的形成，特别是我国社会主义市场经济体制的建立和发展，使经济增长与社会发展、人的发展紧密联系起来了。在社会发展过程中，人处于核心地位。中国加入WTO，要求我们培养更多的掌握英语的人才。

三、实施英语教学评价的目的

实施英语教学评价的目的是为了对英语教学效果进行监控，获取英语教学的反馈信息，以改进教与学，促进学生素质的全面发展。

四、实施英语教学评价应遵循的原则

（1）多元化原则。在英语教学中，建立新型的评价体系必须体现多元性，它包括评价目标多元、评价主体多元、评价工具多元。其中，评价主体多元尤为重要。以前，我们总是把教师作为唯一的评价者，而他们的评价对象也仅是学生。实际上，教学的管理者（包括教育行政部门、教研部门和学校的教学管理者）、英语教师、学生和家长都应该是评价的参与者。上述参与者都担负着评价对方、自我评价与合作评价的任务。这里我们不妨以英语教师为例。一个英语教师在教学过程中应该对教材的使用及学生的学习作出评价。在让学生接受评价时，一定要注意调动学生的主观能动性，不能让他们处于被动的状态。同时，教师本人也要善于利用评价的反馈信息指导自己的教学，并加以改进。这种反馈信息不仅来自所教学生，还来自教学的管理者（即通常我们所讲的上级）和家长。现在，我们还要提倡教师之间与师生之间进行合作评价。通过合作评价，教师对课程设计、教材使用、学生发展会有更准确的把握与了解，从而提高教学效果。

（2）激励性原则。实施评价的目的是为什么？是为了学生的全面发展。由于教育观念的偏差，以前我们把评价与考试等同起来，特别是与高考、中考等同起来。结果，学生从开始学英语就不得不卷入残酷的分数竞争。学生没有从考试中看到自己的成绩与进步，没有成功感；教师也没有真正发现学生在学习过程中出现的情感、方法上的问题。"考，考，老师的法宝；分，分，学生的命根"，便是此情景的真实写照。现在，我们要实施科学的英语评价体系，一定要体现评价的激励作用。多元评价的目的，就是了解学生的学习状况，激励学生的学习热情，调整教学。以往我们的教学评价是为了选择最好的学生。现在我们教学评价的功能发生了很大变化，评价的目的是为了发挥每个人的特长，为学生提供最大的发展空间。

（3）情感原则。情感与教学有着密切的联系，情感与科学的教学评价同样有着密切的关系。以前我们在英语教学中进行评价时，关注的是一次考试的结果，是分数。而现在，我们提出情感原则，理由也很简单。因为语言本身就是表达感情的工具。语言与人的心理发展、文明发展相联系。另外，教师与学生从事教与学，都是带着情感的，而这种情感差异也导致了教与学的差异。我们一直强调情感教学，也就是因为英语教学脱离不了情感。在进行英语教学评价时，我们更要注意情感，要注意人的心理体验。评价学生时，不仅看他是否掌握了必要的英语基础知识，更要看他是否会用英语来表达自己的丰富感情。同时，在评价学生时，教师要带着积极的情感来工作，关注学生的进步，善待学生，让学生从评价中获益，而不是受罚。

第五节　学生认识能力提升

大学英语教学已经历了由知识性教学向技能实践型教学的转变，突出了语言作为社会交际工具的本质特征。但我们认为，英语教学既是获得交际所需要的语言技能及相应的语言知识的过程，同时也可以是发展智慧和培养认识能力的教育过程，而且英语教学对于培养认识能力有着特殊的意义。

一、英语教学中提高认识能力的意义

（一）语言与思维的关系

文化语言学认为，语言既是思维的物质载体和构思的工具，同时也是思维得以发展的媒介，语言能力的发展和思维能力的发展是相互促进、协调发展、辩证统一的。

语言是人类文化的"活化石"，它不但凝结了人类文化的全部成果，也把各个地区的文化心态、价值观念、审美情趣及思维方式等以词语概念组合排列等结构

形式表现出来。如通过语义场的比较和价值分析我们发现，印欧语系的许多语言中，用以表达亲属关系的词语比汉语少得多，但概括力却大得多。如英语中的 brother 既表达"哥哥"也表达"弟弟"的意思。uncle 则涵盖旁系亲属上一辈的所有男性。cousin 一词囊括了旁系亲属同辈的所有男性和女性，汉语中用以表达亲属关系的词汇远比英语丰富，却找不出与上述英语词完全对应的词。这反映了两种不同的社会历史背景及相应的不同的思维方式。

中国几千年的封建社会体制是以家庭为中心的等级制度，这可以从"君君臣臣父父子子"的说法中窥见一斑。而以英语为国语的西方社会，由于进入资本主义社会时间较长，提倡个人解放，崇尚个体独立意识，而家庭观念逐渐淡化，因而表达亲属关系的词汇相应地就要少得多，而表现个人意识的词汇和表达方式就比汉语丰富。如 privacy 一词，在英语国家的观念中被视为是神圣不可侵犯的，而在汉语中却并非如此重要。进而言之，学一种语言，也就是进入一种新的文化视野，经历一种新的思想观念的冲击，接受一种新的思维方式的诱导和影响。如果英语教师能够充分意识到这一点，便能在大学英语教学中有意识地发展学生的思维能力和认识能力，使学生通过学习英语来获得认识世界和感受世界的新的心理机制和思维方式。

（二）母语与英语的关系

大文豪歌德曾指出，只有当你学习了外语之后你才能真正懂得自己的母语。道理很简单，有比较才有鉴别。"不识庐山真面目，只缘身在此山中"。

没有学过英语的人，对母语的使用可能非常娴熟，得心应手，但对母语的认识却往往十分有限。学过英语的人大概都有过这样的体会：对许多母语词语的理性认识往往是在学习外语的过程中才获得的，在此之前是"只知其然而不知其所以然"。语言上的局限也是思维上的局限。

我们的知识大都是通过母语获得的。学习英语不仅仅是获得猎取知识的另一种手段，从语言教学的文化取向上讲也是获得一种新的认识方式和认识能力，大学英语教育应充分认识教授英语的这一价值。曾流行于苏联的自觉对比教学法，就是特别强调通过母语和外语的对比来提高学生的整个文化素养和发展他们的智力水平。总之，对认识工具的掌握和认识能力的提高应该是同步的、一致的。换言之，我们应该超越语言来教授语言，不仅仅将语言学习当作知识之学和技艺之学，应挖掘其深层的教育价值。

二、英语教学中提高认识能力的途径

语言能力的提高与认识能力的提高不是必然的，也就是说，要在英语教学中求得发展认识能力的效应,就要选择合理的教学途径和教学方法。

(一)以话语为中心展开教学

英语教学经历了以词本位教学(翻译法),到句本位教学(听说法),再到话语本位教学(交际法)的发展历史。话语(discourse)是基本的言语交际单位,因为话语包含有语境和词语之间的衔接连贯等因素,更体现语言的整体性。这是从交际教学法的角度来看。从语言与思维的关系上看,词是概念的表达形式,句子是判断的表现形式,而更体现智力本质的推理活动则由大于句子的言语形式即话语来表现。语言与思维统一于话语。无论是词本位教学还是句本位教学都是脱离思维活动来教授语言的,使语言学习成了机械的模仿记忆和重复性活动,同时也把语言形式与思想内容脱离开来,学生的智力得不到锻炼。

话语分析和篇章语言学的兴起为话语型教学提供了理论基础和具体的分析方法,使通过语言训练来训练思维能力的教学活动系统化和科学化。因此,英语教师应掌握这些理论,并使之与具体的教学活动结合起来。

(二)坚持"文道统一"的原则

"文以载道""读书明理"这些古训给我们的启示是:语言与思想、与文化是密不可分的,语言教学与"达理""明志"的思想教育活动应该统一起来。外语教学一向有重形式轻内容、重技巧轻智能的流弊。语言是工具,但语言教育的目的是超越工具范畴的,它应以完成更高层次的教育目标为宗旨。坚持"形意结合""文道统一"正是全面实现语言教育目标的最好途径。

阅读教学应深入到文章的层次结构,究真穷理,引导学生把文章中最有价值、最富文化意蕴的东西挖掘出来,使学生在学习语言的同时,情感受到真善美的陶冶,心灵受到激荡,人格得到升华,既提高了认识能力,也受到了品格的教育。《大学英语(全新版)》综合教程等的编者在编写此套教材时坚持"文道统一"的原则。

在大学英语教学中提高学生的认识能力,还有一个条件,就是教师自身的素养和努力程度。教育上有一条规律,叫"自理同构律",即教育者寄希望于被教育者的每一种素质和能力,教育者都应先于受教育者而具备之。这就导出了"以智育智""以情启情""以美立美""以行导行"等一系列教育原则。因而,要有效地发展学生的认识能力,教师首先要在备课中进行"智力投资",先经历一次情思感发的智力体验,然后才可能在课堂上、在学生身上再实现这一体验。"以其昏昏"绝不能"使人昭昭"。

我国英语教育家许国璋先生生前一贯倡导学外语的人应该是文化人,应该经常体验到智力增进的快乐。我们可以把许先生的话做进一步的解释,那就是:学外语的人应该是具有跨文化领悟力的聪明人，而学外语的过程则是接受另一种文化的熏陶、接受一种特殊的智慧磨炼的过程。在"知识爆炸"的今天，仅仅掌握知识是不够的，而且也越来越不可能让受教育者掌握足够适应当今社会发展的知识，虽"皓首"却难以"穷经"，每一门学科的知识都无法再用"汗牛充栋"的词语来形容了。教育应致力于培养人掌握知识和创造知识的能力，即培养人的认识能力和创造能力。只有这样，才能解决知识的无限增长和人获得知识的有限时间和精力之间越来越尖锐的矛盾。

由此可见，提出"认识能力"的问题及如何培养"认识能力"的问题对于实现由知识型人才观向智能型人才观的转变和由灌输接受型教育观向激发创造性教育的转变，具有十分重要的意义。

第四章 多元文化视域下的高校英语教师的重新定位

第一节 注重语言文化素养提升

英语教师的素质和发展是眼下讨论较多的一个话题。归纳起来，其视点主要集中在两个方面：一是合格的英语教师应该掌握和驾驭哪些学科知识和教学技能；二是合格英语教师的理想模型。但是，对教师在日常教学行为中应该以什么样的具体实践去实现这样的理想却很少谈及。目前的教师培训和教师研究中，关注的中心多是在专业理论学习和教学法培训上，一个最基本的问题却一直被忽视：教学大纲和课程标准中要求学生掌握的知识和技能、希望学生达到的教育目标，教师自己是不是真的已经做得很好了？

一、提高教师的语言素养

有的教师，特别是精读课教师，仍旧采用传统的教学方法。他们讲解课文不甚得法，沿袭三部曲的老路——朗读、释义、翻译。教师成为课堂教学的"主角"；授课没有难点和重点；整个教学活动鲜有启发性的问题供学生思考和讨论；既不讲授语言点，也不讲授文化点；至于文章的中心思想和段落大意更未涉及。课堂产生这种现象，主要有两个原因。

（1）上述对课文的处理我们称之为"只见树木不见森林"的教学方法。这是语言教学的一种积弊，即英语教学过分强调在句子水平上组织教学，忽视在语篇水平上组织教学。我们应该掌握语篇分析的方法。语篇分析是从语篇的整体出发，对文章进行理解、分析和评价。它不但重视语言形式，而且重视语言功能，同时还注重文章涉及的文化背景知识和相关知识，以培养学生的理解能力和分析能力。语篇由若干句子构成，语篇的理解以句子为基础，语篇的整体意义是由其句子意义有机地结合起来的。语篇与句子是互补的关系，而非相互排斥。强调语篇教学并不排斥必要的句法学习，离开了语言用法教学也就谈不上语言使用能力的培养。内容是语言表达的目的，语言是思维表达的手段；重形式轻意义不能达到交际的目的，反之亦然。

（2）第二个原因尤为重要。目前我们处在现代与传统外语教育观念的交替过程中。有些教师外语教学观念陈旧，他们仍然自觉或不自觉地认为自己在课堂上的主要角色是"语言讲解者""语言示范者"和"知识传授者"，这不符合现代外语教育所提倡的教师角色的定位。现代外语教育所提倡的教师角色应该是指导学生外语学习方法和培养外语能力。

因此，我们应该不断学习，了解外语教学发展的趋势。现今，外语教学研究发展的一个重要趋势是研究的对象从客体逐渐过渡到主体。客体指的是语言、教材、教法等；主体就是学生。近百年来，语言工作者着重研究语言本身（特别是对语言的描述）和教学方法。语法翻译法统治外语教学几个世纪，其理论根据是传统语法对语言的概括和描述。20世纪四五十年代，美国产生结构主义语言学，听说法应运而生。60年代的交际法与功能语言学有关。美国风行一时的全身反应法、沉默法、暗示法、自然法等教学法则与心理学和行为理论息息相关。对语言研究的背后可能有一种假设：只要把语言描写好了，教和学就不成问题了。对教学的研究背后可能也有一种假设：只要方法对了，任何人都能学好一门外语。实践证明，其实不然。语言描述得再清楚，学习起来是另一回事。不论用什么教学法，总有一部分学生学得很好，也总有一部分学得不理想。后来人们才发现：语言、教材、教法等都是外因。为什么不研究一下内因呢？为什么不看看学习者本人起什么作用呢？为什么不看看学习外语时大脑中发生什么变化呢？这时人们恍然大悟，于是开始了两个方面的研究：1）学习外语的心理过程；2）优秀学习者具有什么特征（也叫个人差异研究）。基于这种观点，传授语言知识和训练语言技能的教师应该是教学活动的组织者（organizer）和参与者（participant），是学生掌握语言知识和发展交际能力的促进者（facilitator），是学生语言学习动力的鼓舞者（inspirer），是学生语言学习的咨询（consultant）和评价者（assessor）。另一方面，学生不再是语言形式的消极接受者，而是学习过程中的主体。因此，两者协调配合便可促成外语教学的成功。我们应该明确外语教学发展的趋势，顺应潮流，做好教师角色转变的工作。

要培养学生的语言能力，外语教师自身必须具备扎实的专业知识和专业技能。外语教师必须具备外语语音、词汇、语义、语用方面的知识，同时必须具备较高的外语听说读写的技能。坦率地说，现在部分教师的语言能力还有待进一步提高。例如有的教师把 in no time 误认为是 at no time（前者的意思是"立即"，后者的意思是"不论什么时候都不,决不");有的教师英语口语基础较差,用英语组织课堂教学的能力不够;有的教师给学生的短文加评语时,谓语动词单数第三人称的一般现在时不加 S;有的教师板书不规范,字迹潦草,学生无法辨认。这些情况说明我们的基本功还不扎实。教师自己的基本功不扎实,又怎样去要求学生,又怎样培养学生的语言能力呢?

这里还有个学风问题。好的学风主要体现在"严谨"和"求是"上。两者均来自严肃的治学态度。实践证明,凡是学风好的地方,必然有好的教风,反之亦然。学问这东西来不得半点虚假。我们应该在"严谨"和"求是"上狠下功夫。特别是年轻教师一定要克服急功近利、不求甚解、自我感觉良好的陋习。要少一点浮躁,多一点沉稳;少一点急功近利,多一点踏踏实实,做一名合格的外语教师。

以高职高专英语教学为例,高职高专教育培养的是技术、生产、管理、服务等领域的高等应用性专门人才。高职高专学生学习英语,不是为了进行科学研究或学术交流,而是为了从事有关的涉外业务工作,故其英语教学不仅应打好基础,更要注重培养实际使用语言的技能,特别是使用英语处理日常和涉外业务活动的能力。教育部高等教育司颁布的《高职高专教育英语教学教学基本要求》中明确指出:"高职高专教育英语教学的教学目的是:经过180-220学时的教学,使学生掌握一定的英语基础知识和技能,具有一定的听、说、读、写、译的能力,从而能借助词典阅读和翻译有关英语业务资料,在涉外交际的日常活动和业务活动中进行简单的口头和书面交流,并为今后进一步提高英语的交际能力打下基础。"它以培养学生实际运用语言的能力为目标,突出教学内容的实用性和针对性,强调以业务英语为核心的语言应用能力。

如果我们拿这张交际范围表的技能目标逐项对照来考核英语教师,未必所有教师都熟悉并掌握与业务知识相关的英语。这些目标如果教师自己都不能很好地做到,在教学中就很难有说服力,教学效果就难以保证。所以,面对新的要求,每个教师首先应从知识和技能方面对自己提出更高的要求,切实加强语言文化修养,给学生做出好的榜样。

二、提高教师的文化素养

人们把文化分为两类:一类是正式文化,包括文学、艺术、音乐、建筑、历史和哲学等;另一类是普通文化,包括人们的风俗习惯、社会习俗等。现在,语言教学工作者在外语教学上有一个共识,除了对学生进行听、说、读、写四项基本技能训练外,还要加上文化导入。在论及语言与文化的关系时,人们都承认语言是文化的载体。语言与文化有互为影响、互为补充、互为依附的密切关系,因此语言教学离不开文化的传授。文化导入应贯穿英语教学的始终。这样做不仅可以活跃课堂气氛，使学生提高对学习英语的兴趣，同时也使学生不断积累文化的知识，从而能正确理解、准确地使用这一语言。

文化导入有三个层次。这里只谈与大学外语教学有直接关系的第一层次文化导入。第一层次文化导入的目的在于消除外语学习中影响理解和使用的文化障碍。在这一层次里，外语教学以讲授目的语的语言结构知识为主。在教学过程中对有碍理解和交际的词汇、短语和句子从文化的角度尽可能地导入必要的文化知识。国内学者认为，影响语言理解和语言使用的文化因素多半隐含在语言的词汇系统、语法系统和语用系统中，所以，在这一层次的导入过程中要求遇到什么问题，解决什么问题。其重点是导入有关词汇的文化因素和有关课文内容的文化背景知识。

由于语言和文化的密切关系，外语学习就不可避免地要涉及文化学习。英语学习也必然离不开对英语国家文化的学习与理解。由于学习英语的主要目的是交际，英语学习也就自然要涉及不同文化之间的交际，这是一种跨文化的交际。

美国语言学家海姆斯（Hymes）曾提出交际能力的四个要素，即语法性（possibility）、可行性（feasibility）、得体性（appropriateness）和现实性（actually performed），后两个因素直接和文化有关。得体性主要是讲在谈话的对象、话题、场合、身份等不同的情况下，要能够使用不同的得体的语言。这里就涉及文化背景的问题。现实性主要是指要使用真实、地道的英语。这已经不是靠语言知识就能解决的问题了。因此，教学必须包括文化知识的传授，教师要帮助学生了解世界和中西方文化的差异，拓宽视野，培养爱国主义精神，形成健康的人生观。

过去，英语教师非常重视英语语言知识的灌输，却常常忽略了跨文化意识的培养，结果使我们的学生成了做题的机器、中式英语的传播者。语言是文化的载体，语言是文化的反映，学习语言的同时必须注重源语文化的学习。英语教师要有较强的跨文化意识，使源语文化贯穿于长期的教学活动中，否则英语教育和文化脱节，这种语言教育是不完整的教育，是有缺陷的教育。

第二节　强化日常行为修养提升

课程改革的核心理念是全面实施素质教育，强调促进每个学生的充分、全面、多元的终身发展和最优发展。除了基础知识和基本技能的学习和掌握，它更加突出强调以下几个方面：激发学生的学习兴趣和自信心；培育学生各方面的积极情感态度；发展学生有效的学习策略；提高学生的自主学习能力和综合实践能力；培养学生的合作意识；培养学生的创新意识；奠定学生终身学习和发展的基础。以前的好教师可能是能够把学科知识高效地传达给学生的教师，但现在仅做到这一点已经远远不够了，除了传道授业，教师还必须加强多方面的自身修养，言传身教，从一言一行中给学生做出具体榜样，逐步实现教师角色新的转变。

一、兴趣和信心

在着手培养学生的学习兴趣和自信心之前，教师应该首先反思一下自己对教学工作和教学对象的兴趣和信心：热爱英语教学工作吗？对英语语言文化有足够的兴趣吗？爱自己的学生吗？对学生的爱附加了条件吗？是发自内心地关注学生的成长，还是仅仅把学生当成自己的工作对象？是把自己的工作当成太阳底下最光辉的事业来做，还是仅仅当成谋生的手段来做？面对教学任务和求知若渴的学生，总能出色地完成各种教学任务吗？对教书育人工作有没有持久的热情和追求？对以上问题的不同回答，不仅会对教师的教学带来截然不同的效果，而且会对学生的学习信心和兴趣造成不同的、潜移默化的影响。

二、积极的情感态度

教学改革的一个重要方面就是要培养学生积极的情感态度。要培养学生的积极情感，教师自己首先要有积极的情感。作为社会的组成部分，教师对人生、社会、工作、学校与他人的一般认识和态度，都会在不知不觉中传达给学生，并对学生情感态度的发展产生巨大的影响。如果一个教师自己的心理世界是灰暗的或是扭曲的，即使主观上再重视学生的情感教育，也不可能收到好的教育效果。教师的积极情感中最重要、对教学影响最大的一点就是是否热爱教学工作、是否热爱学生。教师对学生无条件的关爱和信心，会极大地促使学生的情感朝着健康的方向发展，而且会同时促进学生学业成绩的进步。从"赏识教育"到"理解教育"等种种教育实践，其核心思想是一致的，就是教师用自己的积极情感去感染学生的积极情感，用思想去点燃思想，用爱去催生爱，用信心去激发信心，用个性去创造个性。教师应经常反思：对教师工作和教育现状能正确理解吗？能正确处理与领导、同事的关系以及生活中的各种矛盾吗？在教学工作中面对学生的各种表现，无论是期望的和不期望的，满意的和不满意的，都有公正的理解和评价态度吗？能够做到对所有学生不论学习成绩、家庭背景、性格特征，都能够发自内心地热爱吗？能够正确对待生活和工作中的挫折和不如意吗？能在工作中始终保持良好的精神状态吗？

三、教学策略和自我发展策略

大学教师的教学是个动态过程。优秀的教师总是善于反思、积累、改革、突破，在不断的探索和反思中逐渐形成自己的教学思想和教学风格。教师不妨经常静下心来想一想自己的教学目标是否明确；是否能根据学生的兴趣、需要和心理特征及时调整自己的教学策略；是否习惯于进行教学反思，并经常做教学日记，进行阶段性总结；能否经常自觉关注与自己工作有关的学术动向和前沿的教学思想，跟上本专业的最新发展；能否经常反思自己教学中存在的问题，并能客观分析、自我调控，找出改进教学策略的途径；是否善于利用期刊、报纸、图书、网络和其他信息手段得到自己需要的资料；是否经常与同行交流；有没有研究与探索的习惯等。此外，教师的自我发展策略中还有一点也很重要，教师不要"述而不作"。实践的东西往往有待于提炼上升到理论后才更系统、更精确，也容易实现更大的价值。被实践证明有效的方法，自己在教学中成功的体会，应提炼出来与别人交流，这是一个双赢策略。大家都这样做，就会形成良性循环，整个教师队伍素质的提高就会较快。

以"学生为中心"的教学方法越来越受到人们的重视，这一趋势纠正了以往传统教学中以教师为中心、忽视学生的主观能动性和语言创造力的倾向。但是，我们不能因此而低估教师的作用。英语教师要想充分发挥一个"组织者"的作用，其个人素质是完成教学任务的保证。联合国教科文组织对外语教学质量提高提出了"五个因素和一个公式"。五个因素指国家对外语教学的环境、学生的来源和质量、教材的质量、教学环境与条件、教师的素质。一个公式是：教学质量=【学生（1分）+教材（2分）+教法（3分）+环境（4分）】×教师素质。从公式中可以看出，教师素质的分值越大，乘积越大，教学质量则越高。在影响教学质量的诸因素中，教师素质起着举足轻重的作用，因此，可以说提高外语教师的整体素质是提高外语教学质量的关键。要激发和培养学生学习英语的兴趣，教师应该首先具备英语学习策略知识，帮助学生学会学习，为他们的终身学习打下基础；应具备较为扎实的语言素质的本体知识；应具备实现有目的的行为中的课程情景知识及与之相关知识的实践性知识；应具备了解教育学和心理学知识的条件性知识；应具备跨文化意识以及教师的自我反思能力。

四、自主学习和实践能力

教师不仅要以发展的眼光看待学生，还要以发展的眼光看待自己，不断充实和提高自己，实现自身的持续发展。教师希望提高学生的自主学习能力和实践能力，但是教师自己是不是也在自主学习？教师自己的实践能力又如何呢？是否在不断进修，不断探索，自我加压，自我监督，不断提高业务水平？能不能把所学教学法知识、教育心理学知识、学生心理发展知识以及教学策略和教学技巧等理论不断地应用到教学中来？能不能在教学中不断检验这些理论的可靠性？能不能提出自己的一些见解？下面将介绍几种在教学中必需的知识类型，以有助于英语教师们在授课时融入进去。

（一）学习策略知识

学习策略是指学生在发展第二语言或外语技能中，促进学习而使用的具体的行为步骤或技巧。研究表明，成功的语言学习者有一些共同的特点：他们是积极的语言实践者和运用者，对语言使用具有强烈的愿望；他们不但注意语言的形式，同时也重视语言的意义；能利用语言知识对自己的语言表达进行监控，发现错误会去改正；他们有自己的学习策略，不是见到不懂的语言就束手无策，而是能通过各种语言线索去猜测意义，解决矛盾，创造性地学习。这种策略训练符合现代教学理念，从"以教师为中心"转到"以学生为中心"，从重视教师的教转到重视学生的学。如果我们的外语教师将那些成功的语言学习者所采用的学习策略归纳总结出来，并以适当的方式将这些策略传授给其他学习者，会有助于他们改进学习方法，提高自主学习的能力，并获取良好的学习效果。

Oxford指出，第二语言学习行为的策略系统包括以下几个方面：1）元认知策略（诸如集中注意力、有意识地寻找练习机会、制定学习计划、自我评价学习的进步以及监控错误等）；2）情感策略（如减低焦虑、自我鼓励等）；3）社会策略（如质疑，与目标语的本族语者的接触和文化意识等）；4）记忆策略（如归类和意象等）；5）一般认知策略（如推理、分析、概括和操作等）；6）补偿策略（如根据上下文猜测意义以及迂回表达法等）。Oxford认为，"语言学习策略是学习者采用的一种行为或行动，从而使语言学习更成功，自主意识更强，学习过程更为其乐无穷"。

尽管学习是人类生存很自然的一部分，但自主学习和策略的使用是一种有意识的技能，必须通过训练才能提高。如果语言学习者期望达到一个相当水平的交际能力，需要采取积极主动的姿态，而不是靠被动的填鸭式的灌输。要想使学习者的策略得到训练，我们的外语教师首先应具备学习策略知识。研究表明，了解学习方法可以使教师更好地把握教学方法的有效实施。

（二）本体知识

本体知识是指教师所具有的特定的学科知识，如语文知识、数学知识等。对英语教师而言，本体知识就是语言技能和语言知识。听、说、读、写是学习和运用语言必备的四项语言基本技能，是学生进行交际的重要形式，是形成综合语言运用能力，即培养用英语这一重要载体获取信息和处理信息的素质的重要基础和手段。语言技能包括听、说、读、写四个方面的技能以及这四种技能的综合运用能力。语言知识是指语音、词汇、语法、语调等英语知识。教师的语言技能和语言知识在英语教学中相辅相成，相互促进。教师应帮助学生通过大量的专项和综合性语言实践活动，形成综合语言运用能力，为真实的语言交流打基础。根据英语教学的目标和内容，英语教师在听、说、读、写、译等方面应具有较高的水平，力求语音纯正，词汇丰富，语法正确，语言得体；应具有较强的语篇理解能力和分析能力。扎实的语言基础更是有效英语教学所必需的。任何一种语言都是一种符号系统，它由形式和意义两部分组成。形式反映意义，意义通过形式得到体现。两者的结合构成语言系统，语言系统内部又由语义、语法和语言等分支系统组成。各分支系统既相互独立又相互依赖，其中语义系统是核心，它通过语法系统以语音系统中的语音形式得到体现。语言是一个按一定规则组成的复杂的系统网络，整个语言系统离不开语言规则，即语言中客观存在的规律性。因此，精通外语的系统结构，掌握外语的语言规则，是外语教师专业素质的标志之一。

（三）实践性知识

实践性知识是指教师在面临实现有目的的行动中所具有的课程情景知识及与之相关的知识，具体地说就是教师积累的教学经验，专业化教师必须具备的从事教育教学工作的基本技能和能力。在关于教师技能和能力的研究中存在着诸多的概念表述，如教师基本功、教学技能、教学技巧、教学能力、教学才能等。这些概念有的在意义上非常接近，有的则在层次上有所差异。

不同的人对教学技巧有不同的分类。一个具备有较高素质的教师应具备下列技巧。

（1）动力技巧。包括加强学生行为，多样化刺激，鼓励学生参与，接受并支持学生的感受，表达温暖热情以及认识并满足学生的需求。

（2）讲授及交流技巧。包括解释，戏剧化，阅读，使用视听教学辅助器具，终止，使用沉默，鼓励学生反馈，澄清，表情，速度，以及有计划的重复。

（3）提问技巧。包括反复集中与指导，引导，高难问题，歧异性与多样性问题，以及激发学生主动性。

（4）小组个人辅导技巧。如组织小型小组工作，培养独立学习能力，咨询，鼓励合作活动，以及学生间的相互作用。

（5）培养学生思考技巧。如鼓励探索性学习，指导发明，制定概念，使用刺激手法，使用角色和游戏刺激思维，培养学生解决问题的能力，鼓励学生进行评价与判断并培养其批判性思维。

（6）评估技巧。包括认识与评价学生进步，确定学习困难，提出补救办法，鼓励自我评估，以及组织评估讨论。

（7）课堂管理与纪律。包括认识专心与否的行为，监督课堂小组工作，鼓励以任务为目标的行为，给予指导并解决多重问题。

(四) 条件性知识

条件性知识是指教师所具有的教育学和心理学知识。一个教师如果仅仅具有本体知识和实践性知识而缺乏条件性知识，那么他很难成为一个具有较高素质的教师。一个具有较高素质的教师应该了解和把握学生的心理变化过程，注重情感教学。解决情感问题有助于提高语言学习的效果，消极情感如焦虑、害怕、羞涩、紧张、愤怒、沮丧等都会影响学习潜力的正常发挥。如果学习者受消极情感影响太大，再好的教师、教材、教学方法也无济于事。与此相反，积极情感如自尊、自信、移情、动机、愉快、惊喜等能创造有利于学习的心理状态。另外，解决情感问题也是促进人的发展的一个重要方面。从这个意义上说，情感已经不是语言教学的问题，甚至不是教育本身的问题，而是人的发展的问题。英语教学的任务之一就是培养学生的爱国主义精神，形成健康的人生观。

教学工作是一种培养人的专业工作，仅通晓本学科并非能必然地使他成为该学科的好教师，学者未必是良师。一个教师要成功地扮演好自己的角色，在所教学科知识够用的基础上，更重要的是具有教育科学方面的知识，教师的专业领域毕竟是教学，而不是其任教的学科。

五、教学工作中的合作意识

大学教师的合作意识表现在上下级合作、同行合作、与学生的合作等几个层面。合格的教师应该以主人公的身份主动与校长和各级领导合作，主动承担工作，及时沟通、主动参与并对学校的发展和教学工作提出建设性的建议和意见，而不是简单地执行指令、完成任务。同事之间的合作要求教师能够调整好自己的心态，积极促进同事间既竞争又合作共进的良好关系的形成，养成经常互相听课评课、研究切磋、取长补短、实现资源共享的习惯。同事合作的延伸形式是对外交流。好的教师不应闭关自守，而要有开放的眼界，经常把自己的教学心得与校外的同行切磋，经常阅读学术刊物，积极参加学术研讨会、观摩会、交流会。在对外交流受到条件限制的情况下，善于充分利用本校或者兄弟学校教师之间的合作，也可以达到同样的效果。优秀教师的课要听，一般教师的课也要听；本学科的课要听，其他学科的课也要听。后者往往被忽视，比如英语教师完全可以在语文课上甚至数学课上得到很多启发。教师之间的真诚合作可以使教师的整体教学水平水涨船高，实现互助双赢。此外，教师的教学合作中还有一点需要强调，就是教师要善于与自己的学生合作。道理很简单，学生是教师工作的目的和归宿，而学生又是有着自己思想情感的能动个体。教师的工作能否生效，与学生在整个过程中是否主动配合直接相关，所以教师需对传统的师生关系进行调整。要以学生为中心而不是居高临下，共建民主大家庭而不是一言堂，做学生的朋友而不是权威。

六、教学创新

要发展学生的创造力，教师首先就要有创新意识。虽然教师的创新不是发明创造什么产品，但教学中有没有创新意识，对学生的影响是不一样的。很多教师的课堂教学模式和程序是多年不变的，想当然地认为自己的课就应该这么上。这种格式化的思维定势对教师的成长是个极大的障碍。一个长期用同一种方法处理教学内容的教师就不容易让学生养成创造性的思维习惯。教师是不思进取、满足现状，还是不断地对自己的教学提出更高的要求？能否创造性地理解和改善师生关系？能否创造性地组织教学？能否创造性地使用教材，并立足实践需要对教材进行删减、增补和调整，创造性地开发课程资源？能否探求新的教学途径，尝试寻找更有效的方法？能否创造性地对学生进行测试评价？所有这一切都直接影响着教学效果、学生的成长和教师自身的发展。

创造需有冲破传统的自信和勇气。拿教学法来说，迄今为止世界上没有哪一种教学法是公认最好的、最有效的，某一种教学流派中的具体教学方法，如功能法、任务教学法等，不同教师在实践中的具体操作也不尽一致，甚至相去甚远。人们习惯于按照自己的理解和需要对相关的理论和技术进行改造，以适应具体的需要，这本身就是理论联系实际的一种表现。许多教学法都是从普通教师的教学实践中汲取营养逐渐凝练而成的，所以教师在教学创新时大可不必担心自己的做法没有理论依据、不够经典。其实只要实践证明是有效的方法，应该说就是好的方法。今天的成功实践就有可能成为明天的经典。当然，创新也需要有立足实践的严谨态度，也不是无目的无方向地随意乱来，一定的理论指导和预先计划总是必要的。

七、终身学习的意识和实践

终身学习首先应从教师做起，教师应率先成为终身学习的楷模。一个人不是从师范院校毕业就可以成为一名合格的教师的，合格的教师需要不间断地实践、反思、学习、提高。学生要终身学习，教师也要终身学习，教学内容、教学方法常年不变的教师很难受到学生的欢迎。就是那些成熟型教师，如果停滞不前，不经常更新知识、调整策略，过一段时期后也会变得不再适应学生的要求。随着教师职业专业化程度的提高，教师的行业准入门槛也会相应提高，这就要求教师时时更新学科知识，不断学习新的教学思想、教学方法和教学技术，只有这样才能适应教学目标和学生需要的新变化。我们常说的"教学相长"，里面也有这样一层含义，合格教师是一个动态发展的概念。

教师素质和教师发展是一个宏大的课题，涉及的因素远不止这些。从学科和专业修养到相关学科的知识储备，从教育学、心理学的基本原理到学科教育学、学习心理学、发展心理学、认知心理学等相关学科的一般知识，从学科教学法的研究到课堂教学策略的实践，从教学的组织调控到各种教学技术和方法的运用，从学生个性特征的把握到教师自身教学行为的反思，从教学实践和教学研究到教育创新，从教师的教育哲学和教育史的修养到个人教育思想的形成等，都可以成为教师发展研究中的课题。教师发展是一条有起点没有终点的路，这里涉及的只是这条路的起始阶段。路是没有尽头的，所以终身学习才有必要。

在对自身知识结构进行完善时，教师还应多对自己的课程情况进行反思。教师的反思是指教师在教育实践中，对自我行为表现及行为依据的"异位"解析和修正，进而不断提高自身教育教学效能和素养的过程。其主要特征，一是实践性，指教师教学效能的提高是在具体的实践操作中；二是针对性，指教师对自我"现行的"行为、观念的解剖分析；三是反省性，指教师对于自身实践方式和情境的反思，立足于自我以外的多视角、多层次思考，是教师自觉意识和能力的体现；四是时效性，指对当下存在的非理性行为、观念的及时觉察、纠偏、矫正和完善，意即可以缩短教师成长的周期；五是过程性，一方面指具体的反思是一个过程，要经过意识期、思索期和修正期，另一方面指教师的整个职业成长要经过长期不懈的自我修炼。传统的教师只是一个技术员，是用别人设计好的课程达到别人设计好的目标的知识传授者，而反思性教师不仅具有课堂教学知识技能等，而且还具有对自己的教学方法、教育内容进行反思、研究、改进的能力，具有对教育的社会价值、个人价值等更广阔的教育问题进行探究、处理的能力。

第三节 支持英语教学改革

21世纪是国际化、信息化的时代，经济和社会将以更高的速度向前发展。英语作为吸收和传播世界文明成果、对外开放和搞活经济的重要工具，在21世纪将起着特殊而重要的作用。因此，我们必须从时代和国际竞争需要的高度来思考大学英语教学改革问题。

近几年来，全国上下重视英语，大学英语改革的呼声四起。2002年8月教育部在北京召开了大学英语教学改革座谈会，教育部副部长周济出席会议并作了专题讲话；全国大学英语教学研讨会在南京召开，发出同样的呼声：大学英语教学改革迫在眉睫。

为了促进大学公共英语教学改革，进一步提高大学生的英语实用能力。教育部决定采取以下三项措施：

（1）在公共英语教学中广泛采用先进的信息技术，推动基于计算机的英语教学改革。

（2）改革单一的大学英语教学大纲，由过去的以阅读理解为主向综合实用能力为主转变，研究并制订适应各学科门类的大学英语最低教学要求。

（3）在以上工作取得进展的基础上，进一步改革大学四、六级英语考试，充分发挥其引导高校英语教学改革的作用。

综合以上信息，大学英语教学的改革方向为实用英语教学，提高大学生英语综合能力。随着高等学校的不断扩招，在校学生人数剧增，而大学英语教学的课时少了，班级人数多了，因此，大学英语教学的改革势在必行。教师的教学重点应由知识传授转变为学习方法上的指导，将有限的课堂时间用来解疑答惑，帮助学生解决在学习方法上遇到的疑惑和问题。要达到这一目标，首先要使学生的学习态度由被动接受转变为主动学习，学习方式由知识输入为主转变为输入、输出并重。这对大学教师提出了更高的要求。教师不能再简单地依照传统的方式进行"填鸭式"教学。如果仅满足于学生课堂认真听讲，教师讲什么，学生就听什么；离开教师讲解，学生就不知做什么，那么，既无法培养学生的学习技能和解决问题的能力，又阻碍了学生主观能动性的调动和发挥。这种脱离实践、脱离实用技能培养的教学，显然是与当今教学改革和社会人才培养的要求是格格不入的。

大学英语教师是教学改革的具体实施者。教师对大学英语教学工作的认识水平，关系到能否顺利实施教学活动。完成教学任务需要教师具有较高的综合素质，要求教师将各种知识和各种能力进行有机的组合。

一、大学英语教学改革需纠正的错误观点

要顺利地进行大学英语教学改革，首先必须纠正以下错误观点。

第一，教学方法不是越时髦越好。"教无定法"，各种教学方法都有其优势和不足。大学英语教学有其自身特点和规律性，作为教师，应根据实际教学条件和教学环境寻求最佳的教学方法，以期取得最佳教学效果。第二，教师课堂讲解不是越多越好。课堂讲解的多少应根据教学实际来决定，教师的课堂应以学生为中心。杰里默·哈默（Jeremy Harmer）认为在第二语言教学中，教师应尽量减少三T（Teacher's Talking Time），即教师讲课的时间。第三，课堂板书不是越多越好。传统教学大多以教师为中心，教学模式为教师讲学生记，由此形成了学生被动接受的模式。大学英语课堂中的学生应是活跃的、积极的和主动的，应该让他们通过自己的手、耳、口、脑并用来学习和掌握语言。第四，应试训练不是越多越好。教学与考试的关系：教学是中心，是根本；考试是教学的反馈，是调节教学的手段。后者应为前者服务。只有注重能力培养才能取得好的考试成绩。由此可见，那种脱离能力培养的应试教学是无根之木、无源之水。第五，课堂教学语

言不是一概用目标语为好。课堂上学生听不懂、听不进教师的讲解是课堂教学的一大失误。因此大学英语课堂教学语言应在学生所能接受的前提下不断增加新内容和提高目的语的难度,以激发学生的学习兴趣、学习积极性和学习热情。

教学语言不仅具备知识传授的功能,还具有语言的使用的示范功能,因此应尽量靠近目标语,尽量避免双语的互相干扰。

对教学活动的科学认识,是教学改革实施的基本条件,改进大学英语教学的方法和手段则是推动教学改革迈上新台阶的必要环节。

当前,制约英语教学质量提高的一个重要的因素就是教学方法改革滞后。如果不能大面积地改进教学方法,提高英语教学质量就很难落到实处。把知识、能力、素质协调发展、综合培养作为大学英语教学的目的,必然要求教学方法与之相适应。因此,优化教学方法是目前大学英语教学改革的重点之一。教学手段现代化对提高教学质量起着重要的作用,当今以推行多媒体为主的现代化教学已成为英语教学手段改革的标志,而完善教学手段更重要的还在于人,现代化的教学手段离不开熟练掌握现代教育技术的大学英语教师。在实际的教学中,教师应非常了解学生现有的知识水平,那就是:学生的英语水平普遍偏低,且部分学生的学习目标不明确,没有意识到学习的重要性,学习方向不明确。解决这个问题,需要教师的引导和学生的配合。就目前的教学状况来说,教师通常采用的是传统的讲授方式,方法单一,不能调动学生的积极性,真正用到多媒体教学的时候并不多。这与学生希望的多媒体授课方式有出入。因此,在引导学生自主学习的同时,我们也应积极采取多媒体授课的形式。合理利用信息资源,不仅可以扩大课堂教学的信息量,增强教学的直观性、形象性,还有利于激发学生的学习激情,培养他们的学习兴趣,使学生学到更多的知识。

实施素质教育,进行大学英语教学改革是当前课堂教学系统改革的主旋律。课堂教学素质化以面向全体学生,发展学生全面素质,让学生主动、生动活泼地学习为主要特征。教师的课堂教学设计决定着课堂教学的行为,从某种程度上讲,有什么样的教学设计,就有什么样的课堂教学行为。落实课堂教学的素质化必须从课堂教学设计入手。课堂教学设计包括教学目标、教学重点和难点、教学策略、教学媒体等因素,课堂教学不能仅限于扩大学生的语言知识,应注意加强和提高学生的语言应用能力,培养自主学习能力。为此,必须着力改变多年来英语传统教学中形成的"黑板+粉笔+录音机"的枯燥、单一的教学环境,尽量让学生置身于一个英语世界中,从而激发学生的兴趣,最大限度地调动学生学习的积极性和主动性,达到较好的学习效果。兴趣也是一个人追求和扩充知识的一种精神力量,对个体能力的发展十分重要。一个人在掌握了2500个单词之后的外语学习是一个很困难的过程,因为能力提高的速度很慢,很不明显。大学英语恰好处在这个阶段,如何在教学过程中激发学生的学习动力与兴趣便成为教师必须探索和解决的问题。在教学中,教师要营造一种有利于英语学习的气氛,尽量运用多种方法,如幽默故事、轶事以及例句、名言、谚语等,促使学生产生浓厚的兴趣,激发他们的学习热情。另外,营造良好的气氛、协调师生关系也是非常重要的。在学习方面,最重要的因素就是一种积极的态度。如果我们在教学实践中满腔热忱地组织教学,注意调动学生的学习积极性,让学生感受到真诚的关怀和挚爱,感受到热切的期待和赞许,感受到可亲的信赖和鼓舞,他们就能愉快地接受教师的指导和教诲,教学便可以达到以情导知、情知相融的境界。

注重用英语进行教学是维系英语教学系统中的主体(学生)、客体(英语)和环境三要素的纽带。在教学过程的一切活动中,英语是媒介,教师与学生使用英语正好构成了最基本的课堂英语环境。浓厚的英语气氛能更好地调动学生的学习积极性和激发学生的学习兴趣,有助于学生在课堂这个小环境中养成用英语交流的习惯。用英语教英语还有利于化解训练的矛盾。教师的讲,实际上也是学生练(听)的实践。在教学实践中,教师应使用简明易懂的英语,辅之以适当的非语言手段,围绕教材分阶段地进行听、说、读、写、译的全面训练。同时要研究学生的情商因素,关注大学生关注的热点问题,精选课堂谈话主题,根据不同的课堂教学内容适当采用"情景教学法",设计典型谈话场景,科学分组,让每个学生都参与模拟角色对话,使教学生活化,让学生在运用中体会到学习的乐趣,唤醒学生的学习欲望,以求取得较好的教学效果。

建设一支具有较高素质、相对稳定的大学英语教师队伍是提高英语教学水平、保证大学英语教改顺利实施的关键。英语教师观念落后,知识老化,教学手段陈旧是摆在教育战线面前的严峻现实。同时,各高校英语教师数量严重不足,教学任务十分繁重,教师工作超大负荷。当然,广大英语教师也应积极加强专业知识的继续教育,通过报考助教进修班、定向研究生、在职研究生、在职申请学位等多种途径,全面提高自身素质和业务水平。此外,应强化网络教学意识,充分利用计算机和网络的特性,弥补英语常规教学的不足,让计算机辅助语言教学成为掌握英语这门语言的最有效手段。综上所述,英语教师进行教学改革必须具备信息时代所要求的各种能力:对教学活动有科学的认识;注重培养较强的教学能力,包括向学生传授知识的能力、培养学生学习技能的能力、指导学生掌握学习方法和学习技巧的能力、组织学生学习和运用英语的能力、帮助学生进行自主学习的能力;在教学中注重创造性和表现力的发挥。我们可以预期,有了英语教师的勤勉努力,在不久的将来,大学英语教学能够走出"费时低效"的怪圈,取得良好的效果。

二、提倡的做法

未来人才流动的全球化、人才标准的国际化将日益明显，市场对人才的要求也因此不断提高，能否运用流利的外语与外界交往成为考察工作能力的必要指标。高等学校作为人才培养的主要基地，外语教育备受人们的关注，而英语作为国际通用语言更使其教学成为人们关注的焦点。随着教育环境的不断开放，高校英语教学将面临新的压力和挑战，这无疑给高校英语教师提出了新的要求和新的挑战。时代的发展要求高校英语教师审时度势，转变教学观念，更新教学思想，创新教学手段，培养时代所需的高素质的英语人才。

（一）审时度势，更新教学观念

（1）建立平等互重的新型的师生关系。在教育创新时代，当我们以新的眼光来看待"师者，所以传道、授业、解惑"时，难免会想到，传统意义上的师生关系不仅仅是教育者与受教育者的关系，而且是领导者与被领导者的关系。与创新教育相适应的新型的师生关系的核心则是把教师和学生看成是价值平等的主体。教师要更新教育观念，就要彻底摒弃把知识储藏与传授给学生知识比之为"一桶水"与"一滴水"的陈旧观念。师生在共同活动中都要有一种主人翁的地位和意识，平等相处。学生不仅是"教育的主体"，更是有创造性的权利主体，教师不仅要使学生学到更多的知识，更重要的是开发学生的潜在能力，要以培养学生的创新能力为己任。

（2）遵循以学生为主的教学原则。高校英语教师应当树立培养学生能力的教学思想，树立以学生为中心的教育？观念，一改"翻译式""灌输式"的课堂教学方式为"启发式""诱导式"和通过解决问题来学习的"研究式"。提供学生运用语言的机会，鼓励学生发散思维、创新思维，最终超越具体结构和功能，创造和丰富语言的深刻内涵。高校英语教师应当指导学生成为语言学习的主体，不断启发、引导学生积极运用英语交流，积极思维。教师对教学活动的设计既要结合培养目标又要考虑学生兴趣，同时也给学生提供参与教学设计的空间和机会，改变"填鸭式"的教学方式，使学生变被动吸收为主动参与，形成以学生为中心的民主性学习局面。在整个学习活动中，教师只是一名顾问，一名交换意见的参加者。教学内容是教师"带着学生走向知识"，而不是"带着知识走向学生"。这样，学生学习起来身心愉悦，才能为创造性思维提供可能的机会。促进学生的创新思维，教师应首先有创新意识，善于创设开放的教学情景，营造积极的思维状态和宽松的思维氛围，并调动学生的非智力因素，尽力培养学生对英语学习过程本身的兴趣。教师的角色不要总是当"裁判"，而要做交际活动的组织者、合作者和调控者。只有在充满激励与自信的气氛中,教师才能从学生的思维火花里发现创造的苗头。

(3)"应试教育"向"应用教育"模式转变。中国加入WFO后,同世界各国的经济合作与贸易往来日趋增多,高校英语教学中培养出的"应试型"人才已经不能满足社会的实际需要。因此,我国高校英语教学必须适应社会发展的要求,从"应试教育"模式向"应用教育"模式转变。高校英语教师应摒弃把考试视为英语教学终点的错误观念,用开放的思维和眼光来看待和迎接教育的变革,树立全新的教育思想。注重向学生灌输国际竞争意识,培养其参与国际合作与竞争的能力;注重培养学生的自主创新精神,转变重考试的教育观念为培养全面发展、自主创新的人才;重视学生的非语言思维和形象思维,培养学生的发散思维和非逻辑思维。同时,人才培养还必须立足于全球化市场,高校英语教师在树立创新的教学观念过程中,要更新传统的教学模式,重新调整知识结构,把高校英语教学的重点由传授语言知识转变到语用能力的培养,即实际运用英语语言进行交际的能力培养上来。

(二)更新教学方法,创新教学手段

(1)充分利用多媒体教学手段。传统的"一枝粉笔、一本书、一本教案"的陈旧教学模式已落后于时代,远远满足不了当今学生求新求异的要求。教师可以充分利用录音机、实物投影机、电脑、语音实验室等现代化电教媒体,编制计算机辅助教学课件,创造出图文并茂、生动、逼真的教学环境,创造出超越时空的课堂。教师可参与网上课程讨论区的讨论、辅导、答疑甚至批阅作业。多媒体现代化的教学手段有利于培养学生主动获取知识和运用知识的能力,激发学生学习兴趣。

(2)营造良好的课堂外英语学习氛围。教师除了要求学生在课堂上用英语交流,用分组讨论、短剧表演、背景简介等形式为学生提供锻炼机会之外,还应特别注意营造良好的课堂外英语学习氛围,使英语教学从单一的班级教学转移到以校园为主的英语学习的大课堂,形成一个学习氛围更浓厚、范围更广大、参加人数更多的英语学习环境。教师应引导学生充分利用图书资料和网络资源,学会独立获取知识、分析问题、解决问题的能力。教师一定要加强对学生课外学习和实践活动的组织和引导,鼓励学生多参加英语角、演讲赛、辩论赛等课外活动,多形式、多渠道、多手段地提高学生的英语学习兴趣,锻炼和展示英语语言的应用能力。学生的课外学习和课外实践活动对于培养学生的综合素质和创新能力有着重要的意义,是课堂教学的延伸和扩展。课外实践活动是培养学生的组织能力、交际能力、思维能力和创新能力的极好机会,应鼓励学生人人参加。

(三) 与时俱进，提高自身素质

新时期高校英语教师肩负着培养跨世纪人才的重任。为了使自己掌握的专业知识和技能更有效地转化为学生的能力，教师应未雨绸缪，从提高自身素质入手，不断充实自我，改进教学方法，积极应对变化，只有这样才能不断完善英语教学，为教育事业的发展作出自己的贡献。在瞬息万变的信息时代，知识也在以前所未有的速度更新。即使受过高等教育，教师也要时刻意识到，在知识经济时代，如果不精通专业知识，不掌握学科的新动向、新发展，就不能有效发挥教学中的主导作用，也无法指导学生解决实际问题。

因此，教师必须与时俱进，随时随地充实自己，做到"活到老，学到老"。另外，英语教师应努力提高自身素质和修养，将英语教学看作是一门艺术，除了需要精通英语，掌握它的基本规律，科学钻研自己的教授方法，做到口语流畅、纯正、地道，同时还应该具有文学、历史、艺术等多方面的修养，对英语国家的文化、历史背景有较为全面的认识。也就是说，一名优秀的英语教师需要具备较高英语水平和良好教学方法的完美结合。目前对中学英语教材的修订使大学生的入学水平不断提高，特别是最近根据教育部新出台的规定，几年之后大学生入学时的英语水平将达到现在大学四级水平，这无疑又为高校英语教师树立了更高的目标。现代的教师不再是"教书匠"，除了要具备扎实的专业知识外，他们还要考虑自己是否敬业、尽职、关爱学生、善于教学相长；是否能有效地策划、分配、组织课堂活动；能否可以做到随机应变，解决教学中的疑难问题、学生的提问等。这使教师处于一种极富挑战性的环境之中，教师所掌握的知识和技能也不会持久不衰，如果光是吃老本、停留在数年以前的水平上就会在教学中力不从心，很难得到大的提高。因此，教师应有一种"不进则退"的紧迫感，有意识地去接受各种培训。只有自身素质得到提高，才能使知识犹如源头活水，也才能使学生的水平得到相应的提高。

教育是全社会创新的先导和基础，教育创新已是教育改革历史发展的必然和新时期教育的必然抉择。高校英语教师一定要打破传统教学观念的束缚，不断探索、尝试论证新的教学理念，实现知识创新、方法创新，以优异的素质主动适应创新教育，以丰富多彩的教育实践培养学生的创新能力，迎接新时代的挑战。

第四节　英语教师教学的必备要素

近年来，国内外外语教学与研究的发展有了很大的变化，其主要趋势表现为：在课程总体目标上，从以单一的学科教育为目标向以全人教育为目标转变，从升学教育向终身教育转变；同时，从重视外语学习策略和能力的传授向语言知识与语言技能并重转变，特别强调交际能力的形成和培养。在教学模式与方法上，从以教师为中心的教学模式向以学生为中心的教学模式转变，强调学生的参与和体验，强调采用多种形式的教学活动。在课程评价上，从单一的针对语言知识掌握程度的知识性测试向关注学生综合语言运用能力的多样化评价方式转变。在教育焦点上，从教什么向如何教转变，从学什么向如何学转变。在这种新趋势下，英语教师只有具备良好的素质，才能成为新时代需要的合格的英语教师。

一、有效地传递教学信息

短短的一节英语课，仅有几十分钟，作为教学信息传递者的教师，为了有效地与学生一起完成教学任务，应做到以下几点。

（1）具备较高的教学能力。教学能力是教师为达到教学目标、顺利从事教学活动所表现出的一种心理特征。它由一般能力和特殊能力组成。一般能力是指在英语教学活动中所表现出的认识能力，如了解学生英语学习情况和个性特点的观察能力，预测学生发展动态的思维能力等。特殊能力指教师从事英语教学的专门能力，如把握教材、运用教法的能力，深入浅出的语言表达能力，教学的组织管理能力，完成英语教学必备的诸如听、说、读、写、译的能力等。研究表明，教师的表达能力、组织能力、诊断学生学习困难能力以及授课的条理性、系统性、合理性与教学效果有密切关系。

（2）具有独特的教学风格。教学风格是教师在教学过程中体现个人特点的风度和格调，是教师教学思想、教学艺术特点的综合表现。有的教师循循善诱，巧于设疑；有的语言风趣，富有幽默感等。教师教学的独特风格，可给学生留下深刻印象，对学生各种心理的发展具有潜移默化的作用。

（3）具有一定的教学艺术。教学艺术是教师达到最佳教学效果的知识、方法、技巧和创造能力的综合表现。它是教师运用教育学、哲学、社会学、心理学、美学以及语言艺术的综合体现，表现在教师不仅能传播知识，还能通过自己的语言艺术和激情，激发学生的求知欲、学习兴趣和思维的积极性，把形与理、知与情结合起来，使学生的知识、能力、情感、意志和思想品德得到和谐发展。

（4）具有真挚强烈的情感。情感是有效传递知识的关键，没有真挚的感情，教师就不可能把课上得成功。教师的感情，犹如一切艺术家强烈的创作欲望，他对每节课付出感情，产生灵感，激活课堂气氛，以便产生最佳教学效果。教师走进课堂，就像演员走进摄影棚一样，立刻进入角色，用自己的热情，对学生的关心，对知识的热爱，对教学的责任感，去激发学生相应的情感，使他们以良好的情绪去学习英语知识，这样的学习效果也特别好。所以，情感是学生乐学、爱学、勤学、巧学的内在动力。

因此，教师在组织课堂教学中要注意教学各组成部分之间的前后衔接，教师只有讲得引人入胜，学生才能听得津津有味。

二、正确运用体态语言

体态语言亦可谓教师在课堂教学中使用的非语言手段，是教师本人在学生心目中直观性和表率性最强的整体形象。服装整洁、仪态大方、洒脱自如、温文尔雅、精神饱满、动作从容、可亲可敬，这是教师给学生的直接感受。亲切的目光、含蓄的微笑、轻松的表情、和蔼的态度，是每位教师须具备的取胜武器。教师的一举一动乃至一个眼神都应表达出对学生的喜爱、关心、信任和期待。因此，体态语言是教师内心修养的外在表现，在很大程度上，决定着学生对英语教师和所授课程的喜爱与否，直接影响教学的成败。研究表明，相互沟通通过各种方式的大致比例为：语调（38%），表情（55%），语言（7%）。由此可见体态语言的重要性。

教师语言是教师的教育、教学语言。教师在传授知识和进行思想品德教育时，语言的运用直接影响教育、教学工作的效果。高超的语言艺术是课堂教学取得成功的重要因素。语言是英语教师完成教学任务的主要手段，每位英语教师要自觉地注重自己对语言表达能力的训练，使自己的语言做到准确通俗、逻辑性强，要追求语言的艺术性。教师要善于运用自己的语调，准确、生动地表达自己的思想和感情，令学生赏心悦目，在潜移默化中受到陶冶、激励和鼓励。教师要善于用艺术化形式和方法将语言诉诸学生的感观，使其入耳、入脑、入心灵。课堂上，教师要多用礼貌用语或委婉语体，如 Please, Thanks, Sorry 和 Could you...? Would you...? 等。诸如此类的表达方式能给学生以文明礼貌的感染和对美好人际关系的体验。

三、调节教学过程

教学过程是师生在共同实现教学任务中的活动状态变换及其时间的流程，它由相互依存的教和学两方面构成，是教师指导下学生的一种特殊的认识过程。在课堂教学中，教师要有高度的灵活性，能敏捷、果断地处理问题；有高度的智慧，能巧妙、精确、发人深省地给人以引导、启示和教育；要善于根据课堂情况变化进行创造性教学。教师要在教学过程中选择能够在规定时间内最顺利地解决既定任务的教学方法、手段和组织形式，采取区别教学和个别教学方法对待差生、优生和所有其他学生，随时调整和校正教学过程的进程。如课堂教学活动进度快，学生就会跟不上；进度慢，学生就会感到厌烦。因此教师应根据学生实际情况，及时调整课堂教学计划，随时发现问题，及时进行调整与弥补，扎扎实实，一步一步向前进。

课堂气氛是师生在课堂上共同创造的心理情感和社会氛围，是课堂教学中师生所呈现的一种心理状态。它要求师生情感交融，产生更多的相互作用和影响，学生对学习表现出极大的兴趣和愉快，无紧张和畏惧感，有更多的表达机会等。教师的作风和行为对形成一定的课堂气氛具有重要的作用。研究表明，具有指令、命令或持否定态度行为特征的教师，易引起学生的敌视、畏惧、冷淡和攻击性行为，甚至可以引起学生情绪分裂。具有接纳、肯定等行为的教师，易使学生减轻焦虑、行为统一等。因此，好的课堂气氛应该是：教师精神饱满、生动传情，学生情绪高涨、注意力集中，师生都沉浸在一种轻松愉快的气氛之中。一堂课应有疑问、有猜想、有惊讶、有笑声、有争议、有沉思、有联想，师生积极开启智能的机器，共同探索知识的奥秘。

四、巧用教学微技能

教学微技能指教师在课堂教学中采取的教学手段，主要包括启发与演示、操练与强化、设疑与解难和创造教学情景等。

（1）启发是指教师在课堂教学过程中，强调学生是学习的主体，在学生掌握知识、技能、技巧的同时，发展其智力与能力，注重教的方法和学的方法结合。因此，在教学中，教师要充分调动学生学习的自觉性、积极性，引导他们通过独立思考获得知识，发展能力。具体要求：1）引起学生的学习动机；2）激发学生的积极思维活动；3）使学生学会思考问题的方法；4）发扬教学民主，形成良好的师生关系、生动活泼的课堂气氛。

演示是教师通过展示实物、模型、图片、幻灯、录音等直观、电化教学手段，使学生获得直观性知识和标准的英语语音语调。演示总是与讲述介绍相结合，也经常作为问答等练习的辅助手段，以及用作教师讲解课文、生词、语法等语言知识的手段。真实的形象和图画有助于学生充分理解语言内容。

（2）操练与强化是指教师在课堂教学中，根据不同的教学内容和不同年龄学生的特点，采取多样化的方式，有效地进行训练。要培养学生综合运用语言的交际能力，就必须采取听、说、读、写共同发展，使学生善于发现错误并明白错误出在何处，培养学生的自我鉴别能力，使其学会在口头表达中做到语言准确。注意加强教师的主导作用，坚持以学生为主体进行训练。训练中，教师要尽量让学生多参与，学生是演员，而教师作为导演要随时把握训练的进程，随时注意学生的学习状态，采取有效的办法引导学生按教师的计划进行训练，切不可使训练放任自流，虽满堂热闹却收效甚微。

（3）设疑是指课堂提问，是启发式教学的一种重要形式。学生的学习过程实际上是一个不断提出问题和解决问题的过程。课堂提问有设问、追问、互问、直问和反问五种类型。教师在提问时，要注意问题的科学性，要有助于学生思维的发展，要遵循量力性原则（针对不同水平的学生提出不同深度的问题）、阶梯性原则（问题由浅入深、由简到繁）、整体性原则（围绕课文中心，提出相辅相成、配套贯通的问题）、学生主体性原则（引导、鼓励、欢迎学生善于发现和提出问题，发表创新见解）、精要性原则（提问要精简数量、直入重点）、趣味性原则（提问要有情趣、意味和吸引力，使学生在愉悦中接受教学）、启发性原则（学生回答机会均等，防止偏向）、激励性原则（说一些赞扬的话，如 Good，Well done 等，加以鼓励）。只有这样，课堂提问才能启发学生领会教学内容，检查学生掌握知识的情况，培养学生的创造思维，调动学生的积极性。

难点是学生感到不好理解、难以掌握或是唯独英语有而汉语没有的现象。对于教学难点，教师要采用灵活多样的教学方法，帮助学生克服种种困难，8LSL 实实地学好语言知识，为进入更高阶段的学习创造成功的条件。如在词汇学习中，学生普遍感到英语单词最难掌握，单词难记，词义难学，词汇难用。教师应始终将词汇作为重点来抓。

（4）创造教学情景是教师运用具体生动的场景以激起学生主动学习英语的兴趣、提高学习效率的一种教学方法。它是以口语为基础，借助环境氛围、动作表演等使学习内容与相应的情境相结合，有助于学生从整体上感知和把握学习内容。它要求教师认真细致地备课，匠心独具地安排，以诱导学生进入情景中，使学生对所学知识易于理解，印象深刻，做到学以致用，更好地提高听、说、读、写、译的能力。在教学中，教师要尽量设置情景，借助实物、图片、动作、表情等非语言手段创造较为真实的语言环境。这不仅可以帮助学生理解语言知识，做到学用结合，还可大大活跃课堂气氛，提高学生的学习兴趣，产生良好的教学效果。

第五节　优秀大学英语教师教学案例

中央电视台"希望英语"栏目强劲推出"职场人生"（Career Insight）节目，该节目现场直播主持人与当今中国高薪热门职业中成功人士的交谈，使现场和电视机前的观众亲身体会到特邀嘉宾们的成功秘诀。这些成功人士都有令当今大学生羡慕的职业：外企高级管理人员，导游，大学教师，同声翻译，广告设计等，并且在每次节目结束之前，主持人都会要求每位嘉宾用简单的词汇给观众写出成功的秘诀。抄录其中部分词语：good command English；comprehensive qualities；positive manner；creative；hard working；innovator；personality and team work；communicative；responsible；negotiation；caring 等。其中出现频率最多的关键词是：good command English and computer；hard working；creative；team work。短短的几个词语却见证了成功人士应具备的共同素质：基本技能（英语，计算机）、刻苦、创新、团队精神。不同于从前，成绩优秀的大学毕业生找不到工作的现象已屡见不鲜。对企业用人标准，索尼（中国）有限公司人力资源部的刘先生认为，优秀的学生并不单纯指高学历或者学习成绩优异者，更重要的是要具有创新、实干的意识。重庆力帆集团负责人才招聘的王女士在接受记者采访时表示，企业每年都要招聘大批的大学生，对于他们的选择标准主要有几个：1）首先要喜欢自己的职业（这样才能存在巨大的潜力）；2）要注重团队精神（因为很多工作要求员工通力合作，特别是现代企业讲求集团式的经营，更需要团队合作精神）；3）敢于担风险；4）善于与自己竞争。优秀人才更要注意提高自己的工作能力，而不是考虑怎样击败对手。大多数优秀人才关心的是怎样按照自己的高标准努力。另外，我们还要根据所需要的职位来考虑应聘者能否胜任，在考虑综合素质后，就是看谁更适用，并不只是单看成绩表。

　　创新是一个地区的灵魂，是一个国家兴旺发达的不竭动力。当前经济全球化趋势加速发展，以经济、科技和人才为主要内容的国家之间的综合国力的竞争日趋激烈，对人才综合素质的要求越来越高。优秀人才的培养与大学教师的角色定位越来越引起社会的关注和重视，尤其是大学英语教师的角色定位。由于分级教学盛行，大学英语教师教授的对象是由不同专业的学生组成的大班，因此大学英语教师角色的正确定位对当今大学生的素质培养有着举足轻重的作用。那就是说大学英语教师不仅肩负着对学生英语知识的正确合理输入，同时要求注重培养学生适应社会需求的综合素质。"师者，所以传道，授业，解惑也。"而当今大学生最大的困惑就是如何找到一份适合自己专业的工作，、家长们也希望经过多年的经济及精神上的付出有所回报。但如何在有限的课堂上摆正自己的角色呢？首先我们要认清自己的模糊角色概念及其带来的不良后果。其次要摸清学生的思想意识状态、学习的动机和存在的矛盾，找出切实有效的方法，合理定位自己的角色。

一、英语教师角色模糊带来的不良后果

　　改革开放以来，在《大学英语教学教学要求》出台之前，我国先后产生了两个英语教学大纲，即1986《大纲》和1999《大纲》。前者明确规定："大学英语教学的目的是培养具有较强的阅读能力，一定的听说能力，初步的写和说的能力，使学生能以英语为工具，获取专业所需要的信息，并为进一步提高英语水平打下较好的基础。"后者的修订工作从1996年开始。同年5月，大学外语教学指导委员会成立了"面向21世纪的大学英语教学内容与课程体系改革研究与实践"项目组。经过广泛的社会调查，提出了"大学英语教学改革和教学大纲的框架设想"，

并于1998年12月下达通过了修订的《大学英语教学大纲》，即1999《大纲》。《大纲》规定："大学英语教学的目的是培养学生具有较强的阅读能力和一定的听、说、写、译的能力，使他们能用英语交流信息。大学英语教学应帮助学生打下扎实的语言基础，掌握良好的学习方法，提高文化素养，以适应社会发展和经济建设的需要。"

这里我们不评论大纲的完整性及正确性，大纲就是指挥棒，不仅指导大学学生的英语学习，而且指导大学英语教师的英语教学工作，定位大学英语教师的角色。虽然每位教师在上岗前都经过岗前培训，学习并通过《教师伦理学》《教育学》《伦理学》的考试，但是大多数大学英语教师对自己的角色概念还相当模糊，即使《大纲》中明确规定的内容和精神，许多大学英语教师也没有吃透，在教学过程中片面贯彻《大纲》精神。大多数大学英语教师只是重视培养学生具有较强的阅读能力，在有限的课时内简单完成听说课本内容。在语言技能的训练中往往强调模仿记忆，却忽视了学生思维能力、创新能力、分析问题和独立提出见解能力的培养，极少进行启发和拓宽教学。至于学生是否能用所教授的英语进行交流信息，也没有明确的考核模式。严格区分英语专业和非英语专业的教学工作。"没有一个学校有这样的教育资源能够用培养专业英语学生的方法来培养非专业英语的学生。当然这并不妨碍向非专业英语学生提出和专业英语学生相同的听说读写综合能力标准、提出相同的准确和流利的要求。"更不用说担负培养学生综合素质的教师角色。教育部高教司司长张尧学指出："转变思想，把由培养学生阅读能力为重点转变到提高学生综合性实用上来。"《大纲》明确指出："提高文化素养，以适应社会发展和经济建设的需要。"明显的是许多大学英语教师没有领会这个精神的要求。"问题在于我们现在有些人把语言知识的传授看成了语言教学的目的和全部任务，无休止地打基础。"

许多大学英语教师认为自己的课堂角色就是狭义的，缺乏与学生的交流和沟通，只完成教案里的教学内容，按部就班地在四、六级考试之前搞好考前培训，在时间、设施允许的条件下给学生放一放英文电影、歌曲来培养学生学习的兴趣。四、六级通过率的多少成了大多数大学英语教师的奋斗目标。因此在这种模式下培养出来的学生不可能具有完美的综合素质，更不可能适应社会发展和经济建设的需要。这种问题的出现不仅与大学英语教师的角色模糊有关，同时与学生的基础、大学英语教学现状及四、六级考试也有着不可分割的关系。由于年年扩招，大学英语教学师资贫乏，教师知识更新困难重重，语言实验室供不应求，学生基础参差不齐。从调查、取样的34所大学来看，一个大学英语教师平均要承担130个本科生的教学任务，其中班级人数在41 59人的占37.6%，60 79人的占18.8%，80人以上的占5.9%。虽然重点大学比如清华大学（35人/班）、南京大学

（35人/班）、中国人民大学（30人/班），小班授课已成为可能，但在短期内在全国推广大学英语小班授课是不可能的。因此在现有的基础上，大学英语教师如何正确定位自己的角色，对大学英语教师又提出了新的要求。如果大学英语教师一直对自己的角色模糊不清，不能准确定位，带来的不良后果也是不言而喻的。

在课堂上继续传授语言知识被学生认为是高中英语教学的延续，戏称为"高四"。从另一方面讲，如果只强调打基础，强调阅读语言输入和积累，不展开交际，不进行输出，就会影响学习的兴趣和动力。据调查，在这种学习模式下，大学生学习英语的兴趣下降，厌学情绪、逃课现象相当严重。有位学生向另外一位学生传授睡觉的秘诀："如果晚上睡不着，我就看英语书，不出10分钟，我就会睡着。"听后让人哭笑不得。因为成绩好的学生已经具有一定的阅读水平和语言水平，渴望交际。而扩招的学生基础又差，对于全英文的大学英语教师的授课模式极不习惯，上课的目的极为简单——获取一定比例的平时成绩，即便到了课堂也是"身在曹营心在汉"。

由于缺乏与英语教师的沟通和配合，课堂上没有轻松愉快的气氛，学生呆板的被动的学习状态处于主导地位，不仅学生的创造性和批判性思维得不到有效的培养，相反学生学习的逆反心理加重，再加上过级考试的压力，学生的心理就会产生不健康的因素，综合素质的培养也就是纸上谈兵了。

二、学生思维状态、学习动机的矛盾

大学英语教师如果想正确定位自己的角色，培养具有综合性素质的人才，则必须了解学生的思维状态、学习动机和存在的矛盾。当然，我们很难对目前的大学生的思维能力的发展情况做出准确的描述，但根据高等教育心理学，大学生思维的一般特点基本表现为：1）抽象逻辑思维进一步发展，理论思维逐渐占主导地位。2）创造性思维有了明显的发展。3）思维的独立性和批判性进一步增强。4）思维的广阔性和深度性显著提高。5）思维的灵活性和敏捷性也在迅速提高。但"有相当一部分教师对提高学生思维能力的重要性认识不足，对思维能力的内涵了解不透，对如何结合专业课程来提高学生的思维能力的教法不够熟悉。"以教高中的方法来教学生显然不合适。因为不同年龄阶段的个体有不同的心理特点：小学阶段以形象思维为主，中学阶段以逻辑思维为主，大学阶段以逻辑辩证思维为主。不同的思维，学习的动机也不同。

大学生的学习动机是多样的。有关研究表明，大学生的学习动机主要分为四大类：第一类是报答性和附属性学习动机，如为了报答父母的养育之恩，为了不辜负老师的教诲，为了取得其他同学的认可和获得朋友的支持等；第二类属于自我实现和自我提高的学习动机，如为了满足荣誉感、维持自尊心、发展认知兴趣、满足求知欲等而努力学习；第三类属于谋求职业和保证生活的学习动机，为了获得一个理想的职业，为了获得满意的物质生活而学习；第四类属于事业成就的学习动机，如希望自己在专业上有所建树，希望自己能对社会有所贡献，感到自己有振兴中华的使命感、责任感和义务感。但求职、高薪和报答父母的学习动机占了绝大多数。

随着社会的发展，对人才的要求越来越高，学生学习的动机越来越复杂，学习的矛盾也越来越尖锐。主要表现在：1) 如何协调和分配专业和英语的学习时间。信息时代的特点就是知识更新快，如何在有效的时间里取得最好的学习效果，获取更新的专业知识并且不影响外语的学习，几乎成了每个大学生追求的目标。但是事实并非如此，往往是英语成绩上去了，专业成绩落后了，专业成绩有所进展，英语又陌生了。如何协调这种矛盾是大学生渴望从大学英语教师获取学习方法的动机之一。2) 如何协调应试学习和语言能力培养的矛盾。由于公外学生的英语水平通常低于其思维能力，语言能力跟不上思维能力，因而难以回答教师课堂上的英语问题，也不能组织好课堂英语对话。再加上过级考试带给教师和学生的压力以及课堂学习时间的局限性，大学英语教师的应试教学和大学生的应试学习逐渐替代了语言能力的练习和培养，也就违背了《大学英语教学大纲》的精神和要求。语言知识只有在不断的使用和交际过程中才会消化吸收并内化为活的语言机制。形象地说，只有通过听、说、读、写、译才能盘活语言知识。不交际、不运用，不可能学好语言。现在出现的高分低能、开不了口的现象在某种程度上就是重考试轻交际的结果，与大学英语教师的导向和教学有着很大的联系。

三、如何正确定位自己的角色

大学英语教学面临不可改变的现状：师资不够，大班授课，分级教学。面对现状，大学英语教师如何定位自己的角色呢？首先要了解学生的思维状态，充当心理及语言教师的角色。"关于中国大学生英语学习动机与自我认同的社会心理研究"表明，"研究的实践意义在于能够拓展英语教育工作者的视野。从而将语言知识和技能的学习与人的整体'素质'的培养结合起来"。不仅要传授语言知识，符合教学大纲的要求，同时肩负着培养学生的抽象逻辑思维、创造批判性思维以及思维的广度和深度的任务，以达到培养学生的综合素质的目的，符合时代的要求和需要。

毋庸置疑，创造性和批判性思维是综合素质的重要组成部分，但是，创造性和批判性思维的产生和发展都离不开一定的环境和思维的对象。进大学后，可以说几乎每一个学生或多或少都有一种失宠感，部分学生为了保住自己在中学时的优势，废寝忘食，除了学习自己的专业课，还自学一些社会急需的课程，再加上辅修专业的学习，计算机、英语过级考试的重压，他们处于超负荷的运转中，长期处于紧张的临战状态，压力很大，学习效果不佳，长此下去，神经紧张、失眠、考试怯场等多种焦虑并发症就相继出现了。而部分学生则感到考入大学如释重负，认为船已靠近码头，即使感受到竞争的危机、就业的压力，也提不起真正努力学习的劲头。如果我们合理开发学生的创造性和批判性思维，给他们充足合理的思维环境和对象，培养学生浓厚的学习兴趣，学生的学习能力和学习效果一定会有效地提高，心理和学习压力自然会降低，随之产生健康的英语学习动机和心理。其实，无论是哪种教材都给学生提供了创造性和批判性思维的环境和对象，关键看英语教师的理解和把握。教材的框架都是经过精心安排和设计的。《全新版大学英语》编写的指导方针是：立足本国，博采众长，即充分吸取我国在外语教学中长期积累起来的行之有效的经验和方法，同时认真学习、借鉴国外的教学理论和方法，并根据我国当前的教学需要和现有条件，视其可行性，有选择地加以消化、改造、吸收。因此大学英语教师应当对教材进行精心研究，有效地消化、改造、吸收，为培养学生的综合素质找到合理的题材和方法。创造性思维和批判性思维不是与生俱来的，是经过后天培养可以获得的，所以需要大学英语教师为此付出很大的努力！充分利用分级教学、专业不同的优势，使同一个语言背景可以得到不同专业环境的理解和升华，拓宽学生思维的广度和深度。

　　社会不仅对大学生提出了更高的要求，同时对大学英语教师的要求也越来越高。外语教师不仅要有扎实的外语知识，全面的语言运用技能，而且还要加强与其他学科的融合，必须掌握外事、经济、贸易、金融、法律、信息、科技和旅游等行业的基本应用知识。因此大学英语教师在充当教师角色的同时，也要充当学生的角色。由于分级教学，大班的学生是由不同专业的学生组成，学生的知识组成内容也不同。为了赢得学生的尊重和爱戴，大学英语教师应该扮演好自己的学生角色，了解和学习不同专业的知识和内容。当今英语教师应当转变角色。正如联合国教科文组织在《学会生存——教育世界的今天和明天》中所指出的："教师的职责现在已经越来越少地传授知识，而是越来越多地激励思考，除了他的正式职业，他将越来越成为一位顾问，一位交换意见的参加者，一位帮助发现矛盾论点而不是拿出现成理论的人，他必须集中更多的时间和精力在去从事那些有效的创造性活动：互相影响、讨论、激励、了解、鼓励。"大学英语教师应当把自己当作一个学习者，与学生一起探讨和交流问题，虚心向学生学习有关专业问题，真正做到教学相长。

　　为了更好地与学生交流和沟通，大学英语教师同时要扮演好朋友的角色，及时真实地了解学生的思想动态和学习动态。师生之间彼此尊重，相互友爱。所谓"敬人者人恒敬之，爱人者人恒爱之"。如此善于与学生交流，了解学生的学习矛盾，不断调整教学进程和方法，就能使学生的学习积极性提高，兴趣广泛，能独立思考，并和教师默契配合，培养起团队精神和奉献精神。

为了生动有效地组织课堂教学活动，大学英语教师还要做好主角和配角，即"演员"角色。对教师的移情可能会导致对该教师所教学科的移情，一位仪表端庄、口语纯正、说话幽默、爱好广泛的英语教师是很有可能获得学生的偏爱而使学生产生对英语学习的兴趣。因此大学英语教师应具备演员的素质，在课堂上根据需要及时扮演好主角和配角，调动学生的学习兴趣，使他们能用英语交流信息，掌握良好的语言学习方法，提高文化素养，以适应社会发展和经济建设的需要。因此，一位称职的大学英语教师的角色应是多角色的，即老师、学生、朋友和演员这四种基本角色，当然也不排除其他角色。

准确地定位大学英语教师的角色，不仅会清除当今许多大学英语教师模糊的角色概念，而且为大学生综合素质的培养提供了一定的环境和师资；不仅使大学生掌握大学所要求的英语知识和英语交流能力，同时在良好的学习环境中提高了文化素养，为服务社会和建设社会打下良好的基础。

第五章　多元文化视域下的高校英语教学新方法

第一节　探究式学习

探究式学习（Enquiry Learning）由美国学者施瓦布（Joseph Schwab）在20世纪50年代提出的。探究式学习不是让学生漫无目的地自由学习，而是在教师指导下学生通过自主参与以探求答案，从而获得知识的一种新教学方法。

一、探究式学习的理论基础及主要特征

（一）探究式学习的理论基础

1.心理学理论基础。

探究式学习的开展基于著名心理学家皮亚杰（Piaget，1896-1980）、维果斯基（Lev Vygotsky，1896-1934）等人提出的建构主义理论，其内容主要包括以下几个方面。

（1）每个人受经验已经对经验的认识不同，对于世界的理解也是不同的。因此，学习是学生自主构建知识的过程。

（2）学习的过程同时也是新旧信息的重新建构过程：一方面，是对原有经验和认知的改造和重组；另一方面，是对新信息意义的建构。建构主义强调学习者在学习过程中形成对概念的理解应建立在自身经验的基础之上，只有这样，才能在面临新的情境时，原有的经验和认知会因为新的信息进入而出现调整和变化，并以此为基础，形成新的建构。

（3）语言文字赋予知识外在形式，但学生对知识的理解不是建立在语言文字之上，而是建立于自身的经验之上。

（4）对同一事物的认识，不同的人有不同的建构。这就需要在教学过程中，学生之间加强合作，在吸收他人不同观点的基础之上，使自己对事物的认知更加丰富。

（5）教师应当引导学生以原有的经验、知识为基础，形成新的认知。建构主义认为：教学不是知识的传递，而是知识的传递与转换。

（6）教师在教学中应起到主导作用。教师由知识的传授者、灌输者转变为学生主动建构意义的帮助者、促进者。强调学习过程中学习者的主动性；教师的辅导性。

2.教育学理论基础。

探究式学习的教育学理论基础来自美国实用主义教育家杜威（Dewey，1859-1952）。他针对传统教育的缺陷，提出了"经验中心""儿童中心""活动中心"的新"三中心论"。

在批判传统教育的过程中，杜威形成了"儿童中心主义"。传统教育体系中，"学校的重心在儿童之外，在教师，在教科书以及你所高兴的任何地方，唯独不在儿童自己即时的本能和活动之中"，在传统教学中，儿童只能收到"训练"、"指导和控制"以及"残暴的专制压制。"如何去除这种弊病？杜威认为要实现教育重心的转移，从教师、教科书那里转移到儿童的身上。在《民主主义与教育》中，杜威提出了教育过程的5个步骤：教学法的要素和思维的要素是相同的。这些要素就是：第一，学生要有一个真实经验的情境；第二，在这个情境内部产生一个真实的问题，作为思维的刺激物；第三，他要占有知识资料，从事必要的观察，做出解决疑难的假定；他必须一步一步地展开他所想出的解决问题的方法；第五，他要有机会通过运用来检验他的想法，使这些想法意义明确，并且让他自己去发现它们是否有效。总之，杜威所主张的以"探究"为基础的认识论批判了传统的"二元论"的认识论，突出了探究主体在认识活动中的重要性，为现代教育重新认识知识的作用和学生个体的活动提供了思想基础。

（二）探究式学习的主要特征

探究式学习主要有发展性、真实性、主体性、问题性四个特征。

1.发展性。

探究式学习具有发展性特征，主要有两个原因：其一，探究式学习的评价采取类似于纵向评价的方式，鼓励学生不断超越之前的自我而获得新的发展。学生通过不断进步而拥有越来越多的自信，也就能迎来新的成功，进而提高了内在驱动力。其二，探究式学习是在活动的模式下进行的，而活动的这种开放性让学生可以充分发挥自由的权利，表现学习的主体性，从而促进个体发展。

2.真实性。

英语学习具有真实性特点，因为英语学科的内容大都来自日常生活，与学生的真实生活较为贴近。探究式学习的真实性不仅体现在内容上，还体现在过程上。在探究式学习中，学生将自己的知识、情绪、态度和兴趣等真实地表现出来，对学习中出现的真实问题进行信息加工。

3.主体性。

探究式学习主张学生不断挖掘自己的内在潜能，只要智力正常，都可以通过学习提高自己的创新能力。探究式学习常常是多人参加的过程，这既是探究式学习本身所要求的，也是为了适应学习型社会。它注重个体体验，将知识的学习看成是认识、情感和人格的综合结果。学生在这种学习活动中都能获得一种主人翁的感受，学生不是被动地接受教师传递的知识，而是自己控制探究式学习的进度。学生也不把教师分配的任务看作一种外来压力，而是看成自己学习的契机。它鼓励学生充分发挥自己的主观能动性、积极参与探究活动，形成多方面的学习交流，从而创造一种开放、民主的学习氛围。

4.问题性。

探究式学习就是一种发现问题、提出问题进而解决问题的过程，这也是一条通往创新能力提升的道路。人类的进步和社会的发展正是由问题开始的。问题和学习是相辅相成的关系，问题越多，产生的学习活动就越多；产生的学习活动一旦多起来，问题也会自然而然多起来。也就是知识越多，越能发现问题的原因。问题是学习的线索，由问题入手，才会激发学生的好奇心，才会有深刻而全面的思考。

二、多元文化教育与探究式学习实施的意义

大学英语学习者常常来自不同地区，不同家庭，他们有着多样性的特征。在大学英语课堂教学中，教师应引导学习者进行不同议题的探究，让学习者学习更多关于不同的文化知识与观点，实现多元文化教育知识建构的理念。多元文化教育与探究式学习实施的意义具体表现如下。

（一）面对并欢迎各种差异

教学课程应当面对、包容，甚至欢迎各种差异。在课堂中教师可与学习者分享其不同的文化经验及对事件的看法，促发学习者也能分享自己的文化和观点。课堂应是一个民主的场所，各种不同的观点都应被重视，并使学习者获得技能和态度，检测各种知识的正当性及适切性，以便适应复杂的社会。

（二）每位学习者拥有发言权

能够促进成人学习者发展的课堂应对赋予每一位学生发言权，课堂是一个合理的沟通情境，每一个人有权为自己的社会文化知识与历史发声，发言的权力是平等的，不因成绩高低、文化、阶级、性别而有不同。教师应引导学生尊重每个人的发言权，鼓励同学间进行对话，除了针对学习内容进行对话，还能觉知自己所说的话，并能清楚地说出自己的想法，进而对其他同学发言的内容，进行深入的思考，了解其想法，吸取别人的优点。

（三）提供心理安全的学习环境

在语言课堂中，有些学习者由于学习经历、社会地位及经济状况在学习过程及课堂中缺乏心理安全感。探究式教学积极鼓励学习者发言，并期望他们能很自在地进行学习，因此，教师能够营造一个安全的教室气氛，学习者不会因为自己和他人不同，招致异样的眼光，不会因上课发音及发言内容的问题被同学取笑。每一位学生都应被尊重，包括他的家庭、文化、思想等，每一位学生除了展现自身的文化，也应尽可能去理解他人的文化，进而彼此尊重、包容。

三、大学英语教学中探究式学习的实施

（一）大学英语教学中探究式学习的实施原则

1.组织形式原则。

探究式学习一般按照个人独立探究、小组合作学习和班集讨论相结合的组织形式。个人独立探究需要学生个体具备一定的理论知识和初步地判断分析能力，因此这种组织形式适宜在高年级使用。在小组合作学习中，小组成员利用课后对收集的信息进行汇总、分析，找出难点和解题思路。集体讨论在实践中使用的较多，教师事先要根据教材内容提出问题，由学生课后搜集相关信息并归纳整理，然后在班上集体讨论，这种组织形式适宜在课堂上使用。

2.因材施教原则。

教师在引导学生探究学习中要细致入微地观察、了解学生，考虑到年龄、家庭背景、生活经历等因素，因人施教，实施匹配策略。如对具有学习主动性的学生可以采用有意识策略，使其主动掌握某些学习方法，较快提高英语水平。对英语学习存在困难的学生则宜采用针对性较强的个别指导策略，帮助他们树立学习英语的信心。

3.课程性原则。

大学英语课程涵盖了口语、听力、阅读、写作等课程，教师应针对不同课程的特点采用相应的教学原则。口语教学以训练学生的交际策略和补偿策略（借助

补白词、体态语等）为主，提倡听说结合，尽可能给学生提供使用语言的机会，如背诵、复述、描述图片、演讲、就某一主题陈述观点等；听力课的目的在于培养学生听力理解的能力，将认知策略和元认知策略交叉训练可以提高其教学效果；阅读课要训练学生略读、寻读、预测、猜测生词意思、识别指代关系的策略，以及预测文章内容、辨别内容要点和重要细节、分析推论文学内容以及评价阅读内容等阅读技巧。写作课侧重训练学生背诵、造句、构思、语篇衔接等写作策略，开展句子重组、故事重组、平行写作、框架写作等课堂写作活动。

4.阶段性原则。

在探究式英语教学中，策略意识贯穿着教学过程的始终，因此在不同的阶段要运用不同的策略原则。

（1）进入情境阶段。

探究式教学的核心是"问题"，通过问题的发现和探究来激发学生的求知欲和创造意识。教师要创设问题情境，如讲座、提供资料、介绍国内外的研究成果（特别是最新研究动态），以做好背景知识的铺垫，激发学生的好奇心，诱发其研究探索的主动性。现行教材包含了相当丰富的文化主题，教师可从其中挖掘出各种各样的话题供学生进行探讨，以建立起一种以学生为中心，以话题讨论为基础的课堂模式。

（2）实践体验阶段。

在学生了解了所提问题的背景知识和相关信息后，教师要提出研究课题，布置研究任务，并引导学生对问题进行探究。首先，为学生提供探究的机会，使学生既有个体独立探究的时空，又有小组内交流、相互切磋的机会，以使学生获得亲自参与探究的体验，逐步形成参与研究、努力求知的心理倾向，为终生学习产生深远影响。其次，指导学生学会利用社会调查、网络资源等去收集资料，通过筛选、探究，获得所需信息，以此拓展学习空间，培养其自主学习和自主解决问题的能力。再次，通过情境体验策略、习得与操练策略或成果交流策略等，引导学生独立思考，对关键词语和疑难句型在新的情境中加以操练，以巩固基础知识；通过组织讨论，锻炼学生在规定时间内有组织、有条理地陈述个人观点，交流成果。

（3）评价检验阶段。

探究教学的结果是多角度的，其评价也应该是多元化的。教师应把定性描述与定量计分相结合，将形成性评价有效融入探究教学的全过程，多给予学生正面、肯定的评价，让学生在自我反思中总结经验，提高学习效率。

（二）大学英语教学中探究式学习的实施步骤

探究式学习的步骤主要是明确任务→分配工作→教师指导→汇报结果→科学评价。

1. 明确任务。

在学习之前，为了使学生完全理解要求，英语教师应当明白清楚地告诉学生学习重点、学习目标。

2. 分配工作。

明确任务以后，教师就可以分配工作了。首先，教师要将全体学生分为若干小组，然后，指定分别制定小组长、记录员、汇报员，其任务见表5-1。

表5-1 小组长、记录员、汇报员的工作任务

职务	任务
小组长	要求有领导才能，能带领全组学生有条理地展开交流，进行探究学习
记录员	负责记录本次探究学习的重要内容
汇报员	将探究学习的情况概括地向全班交代清楚

3. 教师指导。

开展探究学习，教师必须全程进行指导，在整个活动中起到导航、指路的作用，同时也应该给学生清楚描述学习的整个过程。需要特别留意的是，学生始终是学习的主体；在整个学习过程中，教师不能代替学生去做，而应该处于从属地位，在每个阶段都要给予学生建设性的意见，辅助、指导他们顺利地完成学习。

4. 汇报结果。

探究学习快要结束时，学生必须反思整个学习过程，总结不足之处和做得好的地方，然后还要与和全班同学分享学习成果。可以通过抽签的形式决定汇报的顺序。汇报结果有两个好处，一是锻炼学生的语言表达能力，二是其他学生极有可能从汇报中注意易犯的错误并学到一些成功经验。

5. 科学评价。

进行探究学习，英语教师应该掌握可靠的、科学的评价体系。学习评价是有关教师的教学质量以及学生学习成果等的信息。在探究学习中，根据评价结果，学生可以不断调整学习过程，达到理想的学习效果。英语教师应当根据学习目的确定评价标准，灵活选择评价主体、评价方式和评价手段。为了帮助学生更全面、更真实地认识探究学习，不断改变学习方法、改进学习态度等，英语教师应当结合学生互评、自我评价、定量评价、定性评价等，适当表扬做得好的学生，给予各种正面的强化措施。

（1）评价主体。

有多元的评价主体，评价才能取得良好的效果。可以使自我进行评价，教师对学生进行评价，也可以是师生之间、生生之间相互评价，当然，还可以邀请社区人士和家长进行评价。需要注意的是，评价结果要有秘密性，以维护大学生较强的自尊心和自我意识。

（2）评价方法。

方法很多，如测验法、问卷法、观察法、访谈法。测验法主要涉及题目的选择，要选择生活化、难度适中的题目；使用问卷法时，可不设置唯一答案而采取开放性答案；使用观察法时，必须做好观察记录，尤其是重要细节不能遗漏；使用访谈法时，就要事先准备访谈提纲并且让每组学生回答的问题相同。

（3）评价方式。

最完善的评价方式应该是将质性评价和形成性评价相结合。相对于量化评价（以简单的数字为呈现形式），一般表现为文字性描述的质性评价，更能传达出优劣等信息。探究学习时进行形成性评价（也叫过程性评价），能够及时在学习过程中发现问题，从而进行适当的改进、调整。

（4）评价目的。

评价目的是将评价作为学习的一种鞭策手段，不应该是根据成绩好坏将学生分类、分等级。不能使学生因评价结果不好而出现长时间的情绪低落。

三、大学英语探究式学习的评价原则

（一）鼓励性原则

由美国著名心理学家罗森塔尔和雅格布森在小学教学上予以验证提出的皮格马利翁效应（Pygmalion Effect）的意思是指，"说你行，你就行，不行也行；说你不行，你就不行，行也不行。"它告诉我们，鼓励在生活中会产生巨大的作用。尽管学生在探究性学习的工程中暴露出许多问题，教师的评价也应以激励为主，对于出现的问题及时指出并帮助学生共同解决，以肯定的方式激励学生的学习兴趣。

（二）过程性原则

探究式学习的重点在过程，当然我们需要看到最终的结果，但是一旦结果出现偏差，师生心理可能也会随之偏差，对探究性学习的实践效果产生怀疑，这时最好的办法是寻找实践过程中的问题，师生共同讨论问题的妥善解决办法，促进问题的有效解决。

（三）独创性原则

语言不是一成不变的，由于每个学生的文化背景、知识构成等方面都存在着巨大的差距，加上英语本身表达的丰富性，我们应该尊重学生的思维的独创性，不可盲目追求千篇一律。

第二节 合作学习

合作学习（Cooperative Learning）是20世纪70年代初由美国著名教育家David Koonts首先创新和使用的，并在70年代中期至80年代中期取得实质性进展的一种教学理论与教学策略。具体来说，合作学习是一种结构化的、系统的学习策略，由2 6名能力各异的学生组成一个小组，以合作和互助的方式从事学习活动，共同完成小组学习目标，在促进每个人的学习水平的前提下，提高整体成绩，获取小组奖励。

一、合作学习的理论基础及主要特征

（一）合作学习的理论基础

合作学习的理论基础主要是选择理论、动机理论、教学工学理论、社会互赖理论、凝聚力理论。

1.选择理论。

选择理论（choice theory）原称控制理论（control theory）。1996年哥拉斯（Glasser）将自己1979年就倡导的控制理论改称为选择理论。哥拉斯指出："我过去把选择理论称为'控制理论'，是因为它告诉我们，人的行为只有我们自己才能控制。我发现'选择理论'是一个更好、更积极和更完美的名称。"由此看出，选择理论与控制理论是同一种理论。

哥拉斯指出："控制论是建立在这样的事实基础上的，即我们是被内在动力所推动的，是被我们的各种需要所驱使的。这些需要如同我们的胳膊和腿之连于我们的生动性结构一样，也建立于我们的生物性结构之上。我们一出生，就必须去奋斗。我们为生存，为获得一些爱、一些力、一些乐趣和自由，我们只有靠争取，别无选择。这些需要，我们经常能满足到什么程度，也就是我们控制自己生活的效力能达到什么程度。"哥拉斯认为："我们都被潜伏于基因中的四种心理需要所驱动，它们是：归属的需要、力量的需要、自由的需要和快乐的需要。与我们必须靠食物和住所来生存一样，我们也不能忽视这些需要。满足其中的一种或几种需要都会使人感到愉快。实际上，快乐的生物目的就是告诉我们一种需要得到了满足。痛苦则告诉我们目前我们的所作所为无法满足我们非常想满足的那种需要。我们之所以苦恼，原因就是我们无法找到怎样才能满足这些需要，如果这种失败的痛苦持续不断，几乎可以肯定地说，约翰（实际上是指学生）两年内就会离开学校。"他还指出，虽然今天的学校教育过于压抑，不够愉快，但这不是问题的焦点。学生懂得在一个群体情境中不可能让他们自行其是，需要遵循规则和纪律。另一方面，如果有了归属感和影响力，愉快也是自然而然的事。所以问题就集中到了归属的需要和影响力的需要。

总之，选择理论是一种需要满足理论，它认为，学校是满足学生需要的重要场所。学生到学校来学习和生活，主要的需要就是自尊和归属等。按照选择理论，不爱学习的学生，绝大多数不是"脑子笨"（硬件问题），而是他"不愿学习"（软件问题）。只有创造条件，满足学生对归属感和自尊感的需要，他们才会感到学习是有意义的，才会愿意学习，才有可能取得学业成功。许多学生正是因为在课堂上得不到认可、接纳和表现出对别人的影响力，才转向课外活动、校外小团体等寻求满足自己需要的机会。可以说，"只有愿意学，才能学得好"是选择理论最为通俗的一种表述。

2.动机理论。

动机理论（motivational theory）主要研究学生活动的奖励或目标结构。道奇（Deutsch，M.）曾界定了三种目标结构：合作性结构、竞争性结构和个体性结构。从动机主义者的观点来看，"合作性目标结构（与竞争性相反）创设了一种只有通过小组成功，小组成员才能达到个人目标的情境。因此，要达到他们个人的目标，小组成员必须帮助他们的成员做任何有助于小组成功的事，而且，或许更为重要的就是要鼓励同伴们去尽最大的努力"。

动机主义者在批评传统课堂组织形式时指出，课堂中的竞争性评分和非正式奖励制度导致了学业努力相对立的同伴规范。由于一个学生的成功会削弱其他学生成功的可能性，学生们就可能形成这样一种规范（norms），即谁得高分就是为了"出风头"，或者是想成为老师的"宠儿"。"竞争性的计分标准造成一种同伴常模，这种常模不利于调动学生努力学习的动机"。另外，这种阻碍和限制工作的规范在工业上也是人人皆知的。如工作中的"快手"就会受到其工作同伴的讽刺和排斥。然而，当学生们为了一个共同的目标而一起活动时，在合作性奖励结构下，他们学习的努力有助于同学的成功。学生们在学习上会因此而相互鼓励，强化彼此在学业上的努力，并且能形成有利于学业成绩的规范。

约翰逊等人认为，学习动机是借助于人际交往过程产生的，其本质体现了一种人际相互作用建立起的积极的彼此依赖关系。激发动机的最有效手段就是在课堂教学中建立起一种"利益共同体"的关系。这种共同体可以通过共同的学习目标、学习任务分工、学习资源共享、角色分配与扮演、团体奖励和认可来建立。小组成员之间形成"休戚相关""荣辱与共""人人为我，我为人人"的关系是动机激发的一个重要标志。

3. 教学工学理论。

教学工学（classroom instructional technology）理论认为，影响课堂学习质量及社会心理气氛的因素主要有三个：任务结构（task structure）、奖励结构（reward structure）和权威结构（authority structure）。斯莱文（Slavin）博士认为："课堂教学工艺学可以描述为三个要素：任务结构、奖励结构和权威结构的统一体。"

具体言之，任务结构包括：教学方式方法，如讲解、提问、课堂讨论、作业练习、实验操作等；教学组织形式，如全班教学、分组教学或个人自学。在分组教学中，又有同质分组和异质分组之别。合作学习在任务结构方面利用小组合作，异质性小组团体，采用各种不同方式的学习活动来进行学习。

奖励结构一方面是指运用何种方式来强化学习行为的结果，它涉及：奖励类型，如分数、表扬或物质性鼓励；奖励频数，如奖励间隔时间的长短、奖励数量的多少等；奖励的可接受性，如直接奖励或间接奖励；奖励的对象，如面向全班、小组或个人。另一方面，奖励结构是指人际间奖励的互赖性。合作学习是合作的奖励结构，因为一个学生的成功同时可以帮助别人成功，合作学习利用这一正性（positive）的互赖关系来激发和维持学习活动。

权威结构主要是指在课堂这一社会系统中，教师或学生控制教学活动的程度。任何社会都必须有社会控制，这样才能维持社会秩序并满足社会需要，课堂这一社会系统也是如此。在课堂中，控制可能由教师个人、学校行政人员，其他成人，学生自己，同伴团体、班长等来承担。在传统的教学体系中，通常是由教师个人以奖惩和分数来控制学生的学习及各种行为表现的。学生的努力和用功只是为了避免教师的处罚并为自己赢得某种利益，这是无法满足开放社会要求的，也无法使学生真正地张扬个性，获得最佳发展。合作学习则不同，它要求学生利用自己的内在动机及同伴的激励来控制自己的行为，去努力进行学习，最大限度地获得学习上的成功。

从表面上看，合作学习似乎只是改变了课堂内的社会群体结构，但在实际上，课堂上的任务结构、奖励结构和权威结构也都发生了很大的变化，这是值得注意的。在以上三种课堂结构中，合作学习首先将任务结构中的教学方式方法从传统意义上师生之间的单向交流或双向交流，拓展为各教学动态因素之间的多向交流。其次，合作学习还将分组教学作为教学的基本组织形式确定下来，分组的观念一改以往能力分组中所强调的同质性，而是主张将小组成员按学业成绩、能力水平、个性特征、性别比例、家庭社会背景等因素进行合理搭配，形成一个微型的合作性异质学习团体。在奖励结构中，合作学习把以往表面上面向全体学生，实际上却鼓励人际竞争的奖励形式改变为面向小组全体成员的合作性奖励。在权威结构中，合作学习强调的是学生自我控制活动为主，教师指导协助为辅，用约翰逊的话来讲，就是"从旁指导"（a guide on the side）。

4.社会互赖理论。

关于社会互赖理论（social interdependence theory）的研究可以追溯到20世纪初。格式塔学派的创始人考夫卡（Kafka, K.）曾经指出：群体是成员之间的互赖性可以变化的动力整体。考夫卡的同事勒温（Lewin, K.）对上述观点进行了阐发：第一，群体的本质就是导致群体成为一个"动力整体"的成员之间的互赖（这种互赖通常由共同目标而创设），在这个动力整体中，任何成员状态的变化都会引起其他成员状态的变化。第二，成员之间紧张的内在状态能激励群体达成共同的预期目的。

勒温的弟子道奇（Deutsch, M.）在20世纪40年代末提出了合作与竞争的理论，这对合作学习的发展产生了直接的影响。道奇认为，在合作性的社会情境下，群体内的个体目标表现为"促进性的相互依赖"，也就是说，个体目标与他人目标紧密相关，而且一方目标的实现有助于另一方目标的实现。而在竞争性的社会情境下，群体内个体目标则体现为"排斥性相互依赖"，虽然个体目标之间联系紧密，但一方目标的实现却阻碍着另一方目标的实现，是一种消极的相互关系。

道奇的学生戴卫·约翰逊（Johnson, D.W.），同他的兄弟荣·约翰逊（Johnson, R.T.）一道，将道奇的理论拓展为"社会互赖理论"。社会互赖理论假定：社会互赖的结构方式决定着个体的互动方式，依次也决定着活动结构。积极互赖（合作）产生积极互动，个体之间相互鼓励和促进彼此的学习努力。消极互赖（竞争）通常产生反向互动，个体之间相互妨碍彼此取得成绩的努力。在没有互赖（个人努力）存在的情境下，会出现无互动现象，即个体之间没有相互影响，彼此独立作业。这就是约翰逊兄弟所提出的社会互赖理论的要义。据此，约翰逊兄弟明确地指出课堂中存在着合作、竞争与个人单干三种目标结构，并由此构成三种不同的教学情境。在合作的目标结构下，个人目标与群体目标是一致的，个人目标的实现取决于群体其他成员目标的实现，个人目标的实现与群体的合作相联系；在竞争的目标结构下，个人目标的实现与群体目标的实现是负相关，若某一成员实现了自己的目标，其他成员就不能实现自己的目标；在个人单干的目标结构下，个人的利益与他人没有关系，个人目标的实现不影响他人目标的实现。

从社会互赖理论的角度来看，合作学习的理论核心可以用很简单的语言来表述："当所有的人聚集在一起为了一个共同的目标而工作时，靠的是相互团结的力量。相互依靠为个人提供了动力，使他们互勉，愿意做任何促进小组成功的事；互助，力使小组成功；互爱，因为人都喜欢别人帮助自己达到目的，而合作最能增加组员之间的接触。"

5. 凝聚力理论。

与动机论有些联系的另一种观点认为，合作学习对于学习成绩的影响在很大程度上是以社会凝聚力（social cohesiveness）为媒介的。实质上，学生们在学习上互相帮助是因为他们相互关心并希望彼此都获得成功。这种观点与动机观的相近之处就是它强调从动机而不是从认知上解释合作学习的教学效果。

动机理论家们认为，学生们帮助小组同伴是由于他们自身的利益要求这样做。相反，社会凝聚力理论家们则认为，学生们帮助小组同伴学习是由于他们关心集体。社会凝聚力观点的一个重要标志就是突出合作学习小组的组建活动，以及小组活动过程之中和之后的小组自我评价活动。社会凝聚力理论家倾向于不接受动机理论家视为根本的小组奖励和个体责任。他们认为，"如果学习任务是挑战性和有趣味的，如果学生具备充分的小组过程技能，那么学生们就会于集体工作过程本身体验到高度的奖赏性——永远不要对小组成果中的个人贡献进行评分或评价。"沙伦与阿朗逊（Sharan, R., & Aronson, E.）等人的研究就主要是以社会凝聚力理论为依据的。他们在其创设的合作教学方式中，学生都承担着一定的角色。在阿朗逊的"切块拼接法"中，将4或5个课题分配给小组成员，学生们分别学习一个课题的材料。他们在"专家组"中与其他小组学习同一课题的学生开会交流信息，然后再回到各自的小组中去轮流讲解所学的课题；在沙伦的"小组调查法"中，各小组承担全班学习的某一单元内的各个课题，然后在小组内再进一步将课题分解为各项子课题。学生们共同探讨某一课题，最后将他们的研究成果向全班介绍。

"切块拼接法"和"小组调查法"都要求将学习任务专门化（task specialization），这样做的目的就是要在小组中创造一种相互依赖性。在约翰逊兄弟的方法中，这种相互依存性是通过让学生们担任"检查员""记录员""观察员"等不同角色来实现的。约翰逊兄弟的研究似乎对动机主义和社会凝聚力的观点都持赞成态度。

凝聚力理论家们认为，小组建设、小组评议及任务的专门化，不但可以使小组的成员协调工作，而且还使全班作为一个整体发挥整体功能。每个人不管其能力大小，都能给小组任务及全班任务的完成做出独特的贡献。

（二）合作学习的主要特征

合作学习的主要特征表现为：以异质小组为基本形式，以小组明确的目标达成为标准，以小组成员相互依赖的合作性活动为主体，以小组总体成绩作为评价和奖励的依据。

1. 以异质小组为基本形式。

从合作学习的组织形式来看，它打破了传统教学中教师始终面型班级全体授课的形式。全班的学生被分成若干个小组（这种组与传统意义上的一排或一列为一组有本质的不同），在整个学习过程中，都以小组活动作为主体。通过学生在组内的充分交流与合作，自主探究，最终完成教师布置的学习任务。

2.以小组明确的目标达成为标准。

在传统的教学中，教师只关注自己所教的知识能否被学生所掌握，目标可以说非常单一。合作学习至少有两个目标体系：学术性目标及合作技能目标。首先，教师要明确本部分的内容通过学生的合作学习可能会掌握得更好，至少比其他形式更好的达成教学目标。其次，在合作学习中，学生很明确自己小组的目标是什么，以及具体到自己又是什么。最后，教师还应清楚，通过这些知识的学习，可以发展学生的那些合作或社交技能。

3.以小组成员相互依赖的合作性活动为主体。

合作学习是一个创设的学习环境，它强调通过调动学习共同体各因素间的合作性互动来推进学生的学习。这种互动不单是指师生之间单向或双向的交流互动，而是指教师与教师、教师与学生、学生与学生之间展开的多向互动，要在教师与学生彼此影响的基础上挖掘同伴之间的影响力，利用每个学生不同的知识背景及多元的个性，让他们在不断的交流与合作中建构知识。

4.以小组总体成绩作为评价和奖励的依据。

合作学习把"不求人人成功，但求人人进步"作为追求的一种境界，同时也将其作为教学评价的最终目标和尺度，把个人之间的竞争变成小组之间的竞争，把个人记分改为小组记分，把小组总体成绩作为奖励或认可的依据，形成组内合作、组间竞争的新格局，使得整个评价的中心由鼓励个人竞争达标转向大家合作达标。

上述特征中，"以小组成员相互依赖的合作性活动为主体"是合作学习区别于传统班级教学最本质的特征。而通过创设"组间同质，组内异质"的小组形式则改变了传统班级教学结构。

（三）合作学习的意义

1.有利于学习者维持健康的心理。

合作学习能够维持人们健康的心理，从而提升幸福感、增强人体免疫力。良好有效的合作学习不仅可以使成员形成较高的自尊心，而且可以提高成员对所处情景和其他成员情绪的观察力与敏感度。自尊心、观察力和合作精神在相互联系的社会网络中，一直都是人们维持自身心理健康的重要因素。

2.有利于学习者形成积极的人际关系。

人际关系与学习效果之间的关系是相辅相成的，存在效果良好的合作学习，就必然存在正面的、积极的人际关系；反过来，积极的、正面的人际关系也必然会使学习效果正当、良好。为了获得理想的学习效果，小组成员必须努力做到以下几点：为使成员在未来做得更好，相互评价时，应积极反馈；为拉近彼此关系，有分歧时，各成员要能接受质疑，平等地、和气地沟通、讨论；被鼓励、被尊重能增强学习欲望，所以成员之间要相互激励；要减小心理防御，增强信任感，以便高效合作。

3.有利于学习者发展批判性思维。

批判性思维的主要特点是分析性与开放性，合作学习中的讨论、互动等鼓励学生开放性地表达不同思路、不同观点，以便成员一起分析思考。有大量数据表明，相对于学习内容，正确的学习方法尤其是合作学习的小组讨论更能促进学习者发展批判性思维。

4.合作学习能培养学生的责任感和集体荣誉感

在合作学习中，由于强调小组中的每个成员都积极地参与到学习活动中来，学习任务由大家共同分担，尽管学生们的能力、性别以及任务的性质等方面存在着差异，但是通过参与合作学习，学生们都有了更多的责任感和义务感，相互之间也更加关心，问题就变得比较容易解决。而且大家在互相学习中能够不断地学习别人的优点，反省自己的缺点，就有助于进一步扬长避短，发挥自己的潜能，使大家在共同完成学习、工作中不断提高学习能力与工作效率。

二、合作学习的基本理念和多元文化教育

（一）合作学习的基本理念

合作互动学习与传统教学相比，有着许多质的不同。综合观之，合作学习的基本理念主要有以下几方面。

1.互动观。

在合作学习的诸多理念中，最令人注目的当属其互动观。由于合作学习视教学动态因素之间的互动为促进学生学习的主要途径，因而这种互动观无论在内容上还是在形式上都与传统的教学观有所不同，它不再局限于师生之间的互动，而是将教学互动推延至教师与教师、学生与学生之间的互动。国内外大量实证研究证明，合作学习的互动观是一种先进科学的互动观，是对现代教学互动理论的发展。合作学习的互动观主要突出了以下几个方面。

（1）教学活动是一种复合活动。

合作学习的互动观是建立在对现有教学互动观的反思基础上的，是对现代教

学互动观的一种发展。合作学习论认为，教学过程是一个信息互动的过程，是师生之间、生生之间相互作用的过程。合作学习认为，教学是一种人际交往，是一种信息互动。从目前世界各国的合作学习实践来看，合作学习还是把互动的中心更多地聚焦在了生生之间关系的拓展上，这是当前教学实践中常常被人们忽视的一个重要领域。

受传统教育的影响，我们往往把教师与学生之间的关系视为教学中唯一重要的关系，认为学生之所以能掌握知识，发展智力，主要是取决于与教师的互动。国内目前不少学者把教学仅理解为"师生双边活动的过程"的观念实际上就是上述思想的折射。合作学习认为，把教学这一复杂的现象仅仅当作教师与学生之间的双边互动的过程来认识，实在是过于简单化了。实际上，教学不仅仅是教师与学生之间的双边互动的过程，它还涉及诸如单向型互动、多向型互动、成员型互动等多种互动过程，是多种互动过程的有机统一性，是一种复合活动。

（2）突出生生互动的潜在意义。

合作学习之所以能在世界范围内取得成功，很大程度是取决于它对生生互动的创造性运用。在传统教学中，学生与学生之间的相互作用通常被认为是无关紧要的或是消极的因素。合作学习的代表人物约翰逊（J. hnson）曾对此发表过精辟的论述，他指出："由于教育工作者认为，学生之间的相互作用是没有什么好处的，所以没有人主张对这种关系加以建设性的利用，也就不去系统地训练学生们相互交往所必备的基本社会技能。毫无疑问，成人-儿童双边活动的教和学的观点，低估了课堂上学生-学生相互作用和关系的重要作用。"

约翰逊说："实际上，教师的一切课堂行为，都是发生在学生-同伴群体关系的环境之中的。在课堂上，学生之间的关系比任何其他因素对学生学习的成绩、社会化和发展的影响都更强有力。但课堂上同伴相互作用的重要性往往被忽视。学生之间的关系是儿童健康的认知发展和社会化所必须具备的条件。事实上，与同伴的社会相互作用是儿童身心发展和社会化赖以实现的基本关系"。

（3）强调师师互动的前导地位。

传统教学虽然也时有教师集体备课的活动或形式，但并设有将之纳入教学的流程之中加以统合。合作学习则不同，它将师师互动作为教学的前导性因素纳入教学系统，扩大了教学系统的外延，并将之视为教学过程不可或缺的一个环节，这是一种创新。合作学习认为，与学生一样，教师之间在知识结构、智慧水平、思维方式、认知风格等方面也存有重大差异，即使是教授同一课题的教师，在教学内容处理、教学方法选择、教学整体设计等方面的差异也是明显的。这种差异就是一种宝贵的教学资源。通过教师与教师之间就所教授内容的互动，教师之间可以相互启发、相互补充，实现思维、智慧的碰撞，从而产生新的思想，使原有的观念更加科学和完善，有利于达成教学的目标。

2. 目标观。

合作学习是一种目标导向活动。由于合作学习强调动态因素之间的合作性互动，并借此提高学生的学业成绩，培养学生良好的非认知品质，因而这种教学理论较之传统的教学理论更具情感色彩。当然，合作学习在突出达成情感领域的教学目标的同时，也非常重视其他各类教学目标的达成。正如合作学习的研究者们所讲的那样："在教学目标上，注重突出教学的情意功能，追求教学在认知、情感和技能目标上的均衡达成。"

合作学习认为，学习是满足个体内部需要的过程。对于教学来讲，合作学习的假定是："只有愿意学，才能学得好。"只有满足学生对归属感和影响力的需要，他们才会感到学习是有意义的，才会愿意学，才会学得好。基于这种认识，合作学习将教学建立在满足学生心理需要的基础之上，使教学活动带有浓厚的情意色彩。从合作学习的整个过程看，其情意色彩渗透于教学过程的各个环节之中。

尤其是在小组合作活动中，小组成员之间可以互相交流，彼此争论，互教互学，共同提高，既充满温情和友爱，又像课外活动那样充满互助与竞赛。同学之间通过提供帮助而满足了自己影响别人的需要，同时，又通过互相关心而满足了归属的需要。在小组中，每个人都有大量的机会发表自己的观点与看法，倾听他人的意见，使学生有机会形成良好的人际技能，当学生们在一起合作融洽、工作出色时，他们学到的就会更多，学得也就更加愉快，由此可以实现认知、情感与技能教学目标的均衡达成。

合作学习在注重达成上述三类目标的同时，还十分注意人际交往的技能目标，并将之作为一种重要的教学目标予以遵循和追求。当代教学设计专家罗米索斯基在20世纪80年代初即提出："人际交互技能"同"认知技能""心理动作技能""反应技能（态度）"一样，必须在学校教学中占有重要的地位。这类目标涉及培养与他人有效地交往、处理人事关系的能力等，包括咨询、管理、讨论、合作、销售等方面的技能。

有研究认为，合作学习的目标体系可分成两个部分：学术性目标（academic objectives）及合作技能目标（cooperative objectives）。在以往的教学过程中，教师通常十分重视学术性目标，而往往忽略学生合作交往技能训练与培养。而在合作学习课堂中，对学生进行合作技能的教授与训练是一个很重要的组成部分。否则学生会因为缺乏必要的合作技能而无法进行合作，从而直接影响合作学习的顺利进行甚至严重削弱教学效果，至于培养学生的合作品质，则更无从谈起。

3. 师生观。

合作学习提倡教师当好"导演"，学生当好"演员"，而不再像传统教学所强调的那样，教师为了保持所谓的权威，教师既"导"且"演"，结果是"导"不明，"演"不精，事倍功半，苦不堪言；与此相应，学生在传统教学情境中只能跑跑龙套，敲敲边鼓，充当着配角或背景，甚至是旁观者。在这种教学情境中，学生的主体地位难以真正得到体现，超负荷重复性低水平的练习与作业使学生对学习逐渐失去兴趣，疲于应付，难以达成在身心方面的和谐发展。

合作学习从学生主体的认识特点出发，巧妙地运用了生生之间的互动，把"导"与"演"进行了分离与分工，把大量的课堂时间留给了学生，使他们有机会进行相互切磋，共同提高。由此以来，在传统课堂上许多原先由教师完成的工作现在就可以由学生小组来完成，教师真正成了学生学习过程的促进者，而不再作为与学生并存的主体而使二者对立起来。教师也会由此而使自身的工作负荷得到减轻，可以有时间研究教学问题，科学设计教学方案，进行教学改革，确保"导"的质量。

在合作学习中，教师要充当"管理者"、"促进者"、"咨询者"、"顾问"和"参与者"等多种角色，旨在促进整个教学过程的发展，使学生与新知之间的矛盾得到解决。教师不再把自己视作为工作者，而是合作者。因为如果教师把自己看作是工作者的话，那么他就不会把学生看作是人，而是工作的对象，予以机械刺激。在合作学习中，教师与学生之间原有的"权威-服从"关系逐渐变成了"指导-参与"的关系。

（二）合作学习与多元文化教育

多元文化教育强调社会学习。在与不同文化的比较中学习其优秀的有利于自身的东西，这种学习也是相互的。维果茨基也强调学习的社会性，他认为儿童的学习就是通过与成人及比自己有能力的人相互作用来进行的，所以他主张学生间，师生间的合作学习。不同种族、民族、社会阶层的学生之间应该消除偏见，将学习内容进行整合后合作学习。因此多元文化教育强调双语教学，公平教育，反对能力分班，使不同文化背景、不同学业水平的学生充分接触多样文化的合作学习。

在社会学习中，把能力高的和能力相对较低的放在一起学习，这样能力较低的最近发展区能得到很好的发展，但他们不能单独完成任务时，受到别人的一点启发，就能很快的完成任务，对知识概念的掌握也会更加深刻。同时不同水平层次的学生思考问题的方式是不相同的，他们在此过程中也能互相的学习。这里面也体现了一种认知学徒式的教学。让学生当老师的学生教学是认知学徒的一种形式。让学生在不同文化背景的、合作性的学习小组中活动，使较优秀的学生帮助不太优秀的学生完成复杂的任务。社会学习，也强调在一定的社会情境中的学习，在现实的情境中去完成相应的任务，在学生在完成任务的过程中给予相应的帮助，不是教授具体的知识而是培养学生完成任务的能力。

三、大学英语教学中合作学习的实施

（一）大学英语教学中合作学习的实施原则

除在各种教学中都普遍适用的一般性合作学习原则之外，更应该贯彻由学科特点及学科认知特点所决定的学科合作学习的指导原则。在英语合作学习中，应贯彻以下原则。

1. 量力性原则。

教学应建立在学生通过一定的努力可能达到的知识水平和智力发展水平上，并据此来确定教学知识的广度、深度和教学进度。语言是一个符号系统。作为符号，语言由两个方面组成：形式和意义。语言的学习过程就是对形式和意义逐渐认识、内化、深化、应用的循序渐进的过程。这个过程本身就具有很强的程序性，只有在学生已有认知能力、知识积累的基础上才可以不断获得语言应用能力。英语合作学习中的量力性原则应体现在以下几个方面。

（1）针对学生的年龄特征、认知特征、知识结构来决定合作课堂中的一些策略选择。如：正式合作学习组织方式的选择、非正式合作学习模式的取舍或倚重、课堂排列模式、评估的内容与形式等都应充分考虑学生的认知特征。在不同的学习阶段，学生会有不同的认知心理、学习策略、整体特征。同时，在同一个学习团体中，不同的学习个体也表现出这样那样的差异性。英语合作学习就应该以这些特征为基础，科学安排教学任务、设置教学目标，同时充分考虑学生的个体差异，对学生进行分组。学习任务应该是经过组员努力能够完成的。完成任务要凭借的学习方法、认知途径应该是学生的个体特征所擅长的。

（2）英语合作学习还要使学生具备知识上的合作基础。语言学习是一个循序渐进的过程，语言系统内部由各种分支系统组成，各分支系统内部的各符号单位之间都处在纵向和横向、聚合和组合关系之中。各个语言单位之间和分支系统之间既相互独立又相互依赖。在某个学习过程中，某个语言学习目标必须是在已有语言元素、系统片段的基础上要掌握的新元素、新片段。Krashen的输入理论指出：语言习得中的信息输入应该是大量的、可理解的。可理解性是有效语言输入的基本特征，也是有效语言学习的必要保障。因此，英语合作学习应该遵循语言学习过程的客观规律，研究内容形成一定的序列、一定的逻辑，确保学生已有的知识储备能够使其有能力理解目标知识，掌握语言技能。

（3）英语合作学习不管是教学目标、内容、方式、方法、学习习惯和策略，都强调后一经验须在前一经验基础上进一步广泛和深化。目标的设定必须考虑这

些目标的提高是否达到一定程度，使学生产生积极投入的动机，以及这些目标的实现是否可以使学生获得满足感。只有当学习目标具有一定的挑战性，学习内容包括许多学生不知又想知的元素时，才可以在更大程度上激发他们的学习热情；只有在小组的学习任务是学习个体难以应对的时候，才可以激发他们的合作热情；只有在各个学习小组完成这些有难度的学习任务后，才可以使全部学生彼此间取长补短、互通有无，通过自己的摸索探究，达到团体间的知识共享。

2.师生协同原则。

合作学习是教师、学生角色的一次革命，在某种程度上都颠覆了他们自身过去的角色定位，但教学依然是师生之间相互作用以获得教育的一个过程，教师和学生在合作学习中的协作原则显得更为重要。另一方面，合作学习的一般流程是：教学目标呈现-集体授课-小组合作活动-测验-评价和奖励，这是合作学习实施的一般顺序。英语的合作学习一般要包括以下几个步骤：参与、转化、呈现、反思，其中任何一个环节都应该贯彻师生协同合作的原则。

（1）参与。

教师给学生布置合作学习的活动，指明活动内容同时激发学生的学习责任感，对概念信息进行加工，决定提供给学生多少信息输入，判定哪些信息是学生的目标信息。在此环节中，教师应该与学生有着充分的交流，这种了解调查无论是隐性的还是显性的，是前置性的还是现时性的，学生的配合、思考、反馈都是教师准确把握信息的保证，教师由此确定哪些信息是要输入、可输入的。此外，集体讲授阶段的教学同样不应该是一言堂，师生间的积极交互是良好授课效果的促进剂。师生积极的协同、配合保证了轻松的传递环境、积极的发收主体、顺畅的输入过程、有效的目标接收。

（2）转化。

学生通过组织、阐明、精加工和综合分析学习概念来重新组合知识。这是语言合作学习的一个重要环节，学生在此环节要对上一环节中获得的语言信息进行进一步处理，同时以之为基础通过个体学习、组内讨论进行深化处理，包括拓宽、内化、理论总结、实践应用。在这个过程中，教师绝不应是旁观者，学生的每个学习动向都应得到教师的注意，及时的引导、帮助、鼓励、警示会起到疏通引流、防患未然的作用，绝对要胜过学生暴露所有问题时再进行的评价、纠正。

（3）呈现。

教师给学生提供各小组发言机会，然后将各小组学习结果进行汇总，使知识系统化、一体化，这也是小组学习结果的展示阶段。一方面，只有学生积极地参与呈现过程才可以切实反映出此语言学习过程的收效，说明合作原则在英语教学中的真实贯彻情况。同时，也只有这样，才可以提供给学生使用语言的真实环境，使学生在应用中磨炼语言。另一方面，教师在此过程中的专心聆听、辅助讲解、质疑发问、鼓励引导，以及在此过程后期所做的小组知识概括、课堂知识汇总帮助学生完成了语言应用、成果展示过程，同时实现了对习得知识的系统化处理，使教学目标生成完整的实现状态。

（4）反思

师生分析学生在学习过程中的表现，提出进一步改进的建议性意见。这个环节也就是合作学习的评价阶段。作为合作学习中的一个重要组成部分，评价同样需要师生的通力协作。评价包括个人自评、个人互评、组内自评、组内互评、组间互评、教师对小组的评价、教师对学生个体的评价、学生对教师的评价。无论是哪种评价，目的都是在总结、审视中进行反思，总结整体的经验教训，以便更好地开展语言合作学习，分析学习个体的课堂表现，进行鼓励和鞭笞，发现教师在教学任务、教学方法、课堂掌控上的不足。没有师生的协同合作，任何一种评价都不会真实、客观，也不会顺利地开展语言学习和教学。

3.手段优选原则。

基于本身的学科特点、教学目标、学生特征，英语合作学习过程要选择最有效的教学手段，要综合运用不同的合作策略。具体应该做到以下几点。

（1）同步学习、分组学习、分层教学与个别学习相结合。

同步学习是最经济的一种教学组织方式，它以教师的系统讲授为主，全员齐动是其主要特点。在英语的合作学习中，这也是教师进行语言输入的阶段，目的是为下面的教学环节奠定基础。分组学习在同步学习的基础上进行，很好地体现了教学的计划性、系统性。小组规模由学生的发展阶段、班级人数、习得语言内容等来决定。分组学习应强调"组内异质，组间同质"。另外分层教学也不失一个可选择的做法，即针对不同类型、接受能力设计不同层次的教学目标，提出不同层次的学习要求，给予不同层次的辅导，进行不同层次的检测，从而使各类学生分别在各自的起点上选择不同的学习速度，获取数量、层次不同的信息。个别学习是合作学习的基础，独立学习、思考解决一些问题是高水平、有效率合作的基础，是个人"个性化和创造性地占有知识信息"的阶段。

（2）在英语课堂上多种手段相结合。

首先，正式的合作学习可以采用不同的实施模式，如小组分层计分法、小组活动比赛法、小组促进教学法、吉格索法、团体调查法等。每种模式都有不同的侧重，不同的学习方法可以有机结合在语言学习过程中。其次，非正式合作学习的各种手段可以整合使用。对话记录、同伴交流、读书会、同伴回应这些手段也都可以有机整合、灵活应用在教育实践中，改善教学效果。最后，合作学习可以和其他教学形态相结合，如对话教学、互动教学、自主学习、探究式学习、问题教学。任何一种教学形式都是与特有的教学目标相联系的，英语教学过程十分复杂，内容十分丰富，因此要使用与合作学习具有互补性的其他教学策略以产生更大的效能。为了最大限度发挥课堂优势，完成教学任务，不同手段、模式应该互相借鉴、共同整合。

（3）发挥资源的最大利用优势。

语言的习得更侧重于知识的输入、输出，这就要求教师要充分认识各种教学资源的优点、针对性、局限性，综合利用各种教学资源，协调各种资源，发挥其整体功能。合作学习与其他形式的学习一样，都有各种各样的语言材料可供使用，如直观的与抽象的、共性的与个性的、模拟的与创造的、知性的与感性的，这些材料都可以作为语言合作学习处理的目标。针对不同的教学目标，选择合适的语言材料才可以使合作学习的有效性发挥得更好。

4.动机原则

心理语言学认为，内在动机是取得学习成功的重要因素。人的学习动机是借助于人际交往过程产生的，其本质体现了人际相互作用建立起来的一种积极的依赖关系。激发动机的最有效手段就是建立一种"利益共同体"的关系。合作学习正可以激发学习动机，而学习动机又可以促进合作学习。此外，语言学家Krashen认为情感过滤是阻止学习者完全消化学习过程中所得到的信息输入的一种心理障碍，语言信息的输入只有经过情感过滤器的筛选才可以从语言习得中获得习得语言的能力，其中动机是一个很重要的因素。基于此，英语的合作教学应从以下几个方面来激发学生的学习动机。

（1）营造轻松的学习环境。

努力创造良好的合作学习氛围，用各种适当的方式给学生以心理上的安全感，多理解、多鼓励、多宽容，使学生在语言习得课堂上有宽裕的发言、更正、辩证、交流、补充的时间和空间，让各种水平的学生都得到尽情发挥，使每个学生都体验到合作学习的成功与快乐，意识到自己在此过程中的进步和提高。

（2）培养学生良好的动机。

动机包括：指向自我的学习动机、指向他人的学习动机、指向团体的学习动机、指向社会的学习动机。因此，要培养学生的自我价值观、个体发展目标，以自我成长、自身提高作为自我学习动机的促成因素；培养学生对别人包括家长、教师的理解和尊重，以不辜负家长、教师的期望激发学习动机；培养学生的集体感、个人责任心，以履行自己在团体中的学习任务作为动机的源泉；最后也要在言传身教中帮助学生培养社会责任心，以满足社会需要作为自己的学习动力。

（3）建立民主的师生关系。

师生之间民主平等的人际关系、融洽的感情是合作学习的基本前提，语言学习过程更是师生交互来习得语言的过程。输入、输出都应是在有利于语言生成的人际交往中进行的,师生应是站在同一平面上进行语言双向交流。知识的传授、能力的培养与师生之间的情感交流应是同步的。

(4)运用肯定性评价和模糊评价。

对学生进步表现的肯定是激发学生学习动机的关键,起着导向、激励、激趣、促知的作用。运用人文性、科学性、肯定性评价会使学生在学习英语知识的同时,得到精神上的鼓励和语言情感的体验,从而达到其自身的认知结构与书本知识结构之间顺利完成同化和顺应的目的。另外,提倡对个人评价采用"分类+特长+评语"的模糊评价方式,不以明确学生的班级排名为目的,而以学生自己的过去为参照来让每个学生都看到自己的进步,激发学习动机。

5.交际原则。

对于非语言学习者来说,学习外语的目的主要不是了解外语的知识和语言规律,而是掌握语言的交际功能,学会用外语进行口头的和笔头的交际。而语言的特征之一就是它的情景性。海姆斯指出在语言教学中,应把重点从结构能力(语法能力)转移到交际能力上来。因而,课堂上应该提高学习者在交流中真正意义上的正确使用语言的能力,而非简单参与或控制语言结构。由此可见,最好的学习课堂应该是学生能够理解听到的话语,而且可以直接、积极地参与到与其他人的交流中来。合作学习的课堂就是要为学习者提供大量的参与到真正意义上交流的机会,以提高学习者语言交际的能力。

(1)提供接近生活的交际情景。

克拉申的监察理论认为,成人发展第二语言能力有两个独立的系统:无意识的语言习得和自觉的语言学习。其中无意识的语言习得更为重要。而中国的英语教学不是在所学语言国家内进行的,没有所学语言的客观环境。因此,课堂教学应尽量给学生提供接近真实的语言环境,把学生引导到真正的言语交际活动中来。

(2)培养友好的同伴关系。

合作学习状态下的相互影响、相互合作的环境比个体的、相互竞争的环境更易于激发学生的学习动机。如果学习者可以更多地受到周围同伴的关注与尊重并及时得到信息反馈,在学习上取得进步,那么将极大增强其自信心。合作学习就是要发展学习者针对他人的正面情感,减少隔阂和孤独,消除心理屏障,加强小组成员之间的学习交流,创造轻松的学习情境。这样不仅有利于提供语言实践机会,而且可以降低学习焦虑感。

(3)把交际理念贯穿到整个学习过程。

语言的学习就是不断提高学习者的交际能力。英语合作学习中,教师应该以实现交际为最终目的,以为交际过程做准备为途径,以是否、在多大程度上实现交际为评价标准,在语言学习的每个环节中都把交际作为一切活动的出发点和落脚点。教师必须把语言作为一种交际工具来教给学生,因为只有在实际交际过程中,学习者才能真正理解学习语言的目的,才能真正学会运用语言进行交际,也只有这样,才真正完成了语言学习的最终任务。

(二) 大学英语教学中合作学习的实施步骤

大学英语的课堂教学多数为大班授课,这使得教师无法及时发现存在的问题、调整教学进度、修改教学计划。同时学生也没有足够的发言机会,而且在这种情形下的学习是属于被动式的。因此在大班授课中引进合作学习模式,既增加了学生表达的机会,也增加了教师与学生接触的机会。通常,在大学英语的教学实践过程中合作学习实施步骤如下。

1.划分"合作学习"小组。

在教师的指导下,根据各班人数划分形成若干个学习小组,一般每组5人左右,这样可以确保每个学生有足够的发言机会。同时,分组的时候要兼顾性别、学习能力和英语水平搭配,使得小组成员之间存在一定的互补性,但各个合作学习小组的总体水平必须基本一致。每个小组内由组员们自主推选组长一名。组长负责每次活动的分工安排。同时,让组员们给自己的小组定组名;这样,学生们就有了归属感(sense of belonging),他们的积极性、参与性也就被调动了起来,而且组内成员还可以互相监督,从而能按时完成布置的任务,达到预期的目标。

2.确定主题及"合作"完成任务。

在开展某个教学计划之前,教师根据计划内容设计相关的学习任务,然后分配给合作学习小组。这样各个小组就可以通过网络、图书馆、交流等获取相关资料,然后用多媒体或通过其他形式展现出来。在布置任务时,教师可以对学生给予适当的指导,例如,向他们介绍查找资料的途径、推荐搜索的网站等;而且学生如果遇到困难时,可以随时通过电子邮件、网络交互平台向教师求助。

3.评价作品。

各小组完成任务之后,教师应该提供一个平台让他们把自己的成果展现出来。在课堂上,教师可以留出一点教学时间,要求某一个小组在这个限定的时间内展示他们的作品,同时要求其他小组认真听、做笔记,并且要求他们向做展示的小组提问,而且还要求他们要对做展示的小组进行评价、评分。最后,教师再根据学生反映作点评。

四、大学英语合作学习的评价原则

合作学习的评价应体现合作学习自身的特点,坚持以下原则。

（一）发展性原则

合作学习的评价与传统教学也有很大不同。传统的教学评价强调的是常模参照评价，关注个体在整体中的位置，热衷于分数排队，比较强弱胜负。这种竞争性的评价是有局限性的，它把是否"成功"作为衡量学生优劣的惟一标准，脱离了大多数学生的实际。在这种评价方式下，只有少数学生能够得到高分或好名次，能够取得分数意义上的成功，而大多数学生则注定是学习的失败者，这不利于大多数学生的发展。

合作学习的评价应该着眼于学生的发展与进步，其目的主要是分析判断学生存在的不足与问题，让学生在现有的基础上得到实实在在的发展，而不是给学生定位、贴标签，主张从每个学生发展的内在需求和实际情况出发，评价他们的发展过程，寻求更有效的学习方式，激发其不断努力，追求进步，促进发展。

（二）过程性原则

传统评价重在甄别与选拔，评价的重心在于学习的结果，忽视学生获得答案的推理过程、思考过程，这种只重结果而轻过程的评价会影响学生良好思维品质的形成，压抑学生思考、探究问题的积极性与创造性。在大学英语合作学习中，教师对学生的评价不仅仅依据期末考试和大学英语四六级考试成绩，同时结合每个单元学习中小组合作学习的课堂演示、讨论、课堂观察记录、测验等手段，并利用学生学习档案，网上自主学习，调查问卷等方式综合评价学生的英语学习态度、学习情感、学习效果等。也就是说合作学习评价不仅关注学习的结果，更加注重合作学习的过程，重视形成性评价的运用，强调通过在合作学习活动的各个环节，具体关注学生的发展，收集合作学习过程中的资料，形成对学生的认识。

（三）多元性原则

合作学习评价主体多元化，传统学生评价主体单一，由老师来评价学生这种单一的模式，这种评价模式导致评价结论主观、片面，难以保证学生对评价结果的认可，不能适应教育过程民主化、人性化的发展趋势。合作学习的评价使老师、学生、合作小组、家长一起参评价过程，尤其注重发挥学生在评价中的主体作用。合作学习评价内容的多元化，即要关注学生的学业成绩，也要关注学生的合作意识、社交技能、实践创新能力及学习兴趣、心理素质。评价方法多元化，应该运用多种评价方法、手段，综合评价学生在知识与技能、过程与方法、情感态度与价值观方面的进步。

第三节 任务型教学

任务型教学（Task-based Language Teaching）兴起于20世纪80年代，是指以具体的任务为学习动力或动机，以完成任务的过程为学习过程，以展示任务成果的方式来体现教学效果的教学方式。任务型教学强调"做中学"，是一种语言社会化和课堂真实化的语言教学方式，该教学方法对我国大学英语教学具有十分重要的意义。

一、任务型教学的理论基础及主要特征

（一）任务型教学的理论基础

任务型教学的理论基础基于语言习得的研究成果，课堂中师生和生生的互动和交际有助于学生运用语言，学生在完成任务的过程中产生语言的习得，并最终达到掌握语言的目的。其理论基础是输入假设、输出假设与交互假说。

1.输入假说。

根据Ellis（1985）所说，如果人们想要提高第二语言，就必须有第二语言的输入。输入指的是学习者听到或者读到的语言样本。另一位语言学家Krashen（1982）提出了输入的"i+1"理论，即如果语言学习者接收到的语言比他现在的语言水平难一点，那么他的语言水平将得到提高。这里i代表学习者的目前的语言能力，i+1代表比学习者目前语言水平超出一点的语言。不论Ellis，还是Krashen，都提出了语言输入对语言学习者的重要性。

任务型教学可以给学生提供比传统教学法更多的水平适当的语言输入，所以它可以使学生提高语言水平。总的来说，语言输入来自两个方面，一个方面是来自学习者阅读或听到语言学习材料，另一个方面是来自小组活动或同伴活动中所用的语言。对于第一方面，当学生为了完成一个任务而阅读或者听一些学习材料的时候，他们能得到比在传统的课堂上更多的语言输入。当然，教师应该控制输入语言的适宜程度并且选择比学生现有语言水平稍难一点的语言材料。在传统课堂上，学生的语言输入材料只是教师所给的单词、句型结构、语法知识，而这些和任务型教学课堂上的语言材料相比，肯定要少很多。对于第二方面，在任务型教学的课堂上，当学生小组活动的时候，学生有更多的机会接触不同的语言。因此，他们有更复杂的语言输入。如果这些语言比学生现有语言水平稍难一点的时候，学生将能提高他们的语言学习。这样，学生应该能通过参加任务型教学活动提高他们的语言水平。

2.输出假说。

Swain（1985）提出了语言输出理论。他认为学习者语言习得方面，语言的输出比输入更为重要。Swam用他在加拿大让学生进行学习时得到的调查结果作为支持他观点的论据。学生的母语是英语，教师用法语教授他们所有的科目，其目的是提高学生的法语。但是学生仍然不能很好地用法语说和写。Swain把这归咎于缺少语言输出。

3.交互假说。

Long提出了交互假说。他认为第二语言习得发生在语言交流的时候。这个假说的基本观点是当人们在交谈中互相理解有困难的时候，他们就会进行对所用语言意思进行商讨，这种商讨包括对语言的调整，对所用语言结构进行的修饰。这种商讨的结果是说话双方对语言输入理解更加透彻，因此促进了语言习得。在任务型教学中，为了完成任务，学生互相交流。在交流的过程中，他们有时候会对理解对方的意思有困难。这时说话的双方通常会对谈话内容进行商讨和调整，从而使对方听懂自己的意思。商讨的结果是听话人明白了说话人所输入的语言，从而得以促进听话人的语言习得。随后，当语言学习者在以后的时间里说英语时，他们能够更好地记住正确的表达法并且能说得更正确、更合适。由此可见，任务型教学应该能够帮助提高学生的语言水平。

（二）任务型教学的主要特征

任务型教学有其自身独特的特点与优势。

1.缩短课堂与生活的距离。

与传统课堂中教学与生活严重脱节不同，任务型教学则缩短了课堂与生活之间的距离。具体体现为如下两个方面。

（1）学习材料的真实性和任务贴近现实生活。课堂交际任务的目的在于使学生具备完成课堂外类似交际任务的能力，这就使课堂学习和现实生活紧密地结合在了一起。

（2）互动方式模拟社会生活中的人际交往。传统的课堂教学中的互动通常表现为教师个体与学生群体之间的互动，但是这种类型互动的真实性值得怀疑，与实际生活中的差距往往很大。任务型教学所主张的合作学习和师生、生生之间的交互作用以及意义协商，就是把课堂视为社会的一个缩影，使人际交往发生于课堂教学中。可见，任务型课堂中的交际多是因需要提出问题、解答问题、表达思想而进行的，是真正的交际，更加接近真实生活。

2.带来师生角色的变化。

第二语言习得研究表明，学习者的语言发展道路无法、也不能由教学所决定。

所以，在教学中，教师不能简单地决定哪些是学生应学习的内容，而应充分关注学习者个人在语言学习中所发挥的作用。教师不再是知识的传授者，而应该是学习环境的创设者，学生学习的促进者、支持者。这是一种全新的学习观和教学观，任务型教学就充分体现了这种全新的学习观和教学观，不仅使教学范式发生了转变，也从根本上改变了课堂上的师生角色。

（1）学生角色的变化。

在任务型教学的课堂上，学生不再只是被动地接受知识，而是主动地探索知识，成为课堂活动的积极参与者，他们可以自由表达学习和情感需求，可以与小组或同伴积极协商，以更好地完成学习任务，同时要为自己的学习承担责任。

（2）教师角色的变化。

教师的作用不再是单纯地传授语言知识，而应是教学中的解释者、参与者、促进者。教师应以学生为中心精心设计课堂，"语言素材的选择和任务的确定都要考虑学习者的兴趣、需求和认知水平；对于前任务、任务环、语言焦点等各教学环节应该去如何组织，可能遇到哪些问题，任务如何切入，突出什么，确定哪些语言点为提高语言知觉活动的内容等问题都要经过认真思考。"

3.对教师提出更高要求。

任务型教学对教师提出了新的要求，教师必须及时改变自身的定位与自身水平，以便尽快适应新模式。具体来说，教师应从以下几个方面入手。

（1）大多数教师本身的外语就不地道，缺乏真实性，难以达到任务型教学的最基本的素质要求。此外，大部分外语教师都没有二语习得的经历，更谈不上二语教学的经验。这就要求广大英语教师坚持学习、不断提高，以适应任务型教学的新要求。

（2）任务型教学要求的教学资源通常会超越课本和语言教室常用的相关材料，需要教师表现出高水平的创造性和首创精神。因此，如果教师没有开放的心态以及包容的心胸，没有从传统的角色中摆脱出来，没有及时调整好自身的定位，就不可能采纳或胜任这种教学方式。

（3）任务型教学以任务的设计为中心环节，这就要求教师具有较高的调控能力。具体来说，教师要对任务的准备、完成、评价等环节进行综合考虑，并合理安排、跟踪、控制各个环节的进展情况。此外，在任务的设计过程中，教师还要对诸多因素进行协调，如任务实施的难易度、学生现有的英语水平、学生的兴趣爱好等，这样才能使设计出的任务具有较好的针对性并取得满意的教学效果。

二、任务型教学中的多元文化渗透

社会学认为，所有的文化都具有独特性，都不完全相同。处在不同文化背景中的人们，无论是社会制度，还是宗教信仰、风俗习惯等都有差异，这些差异在言语和行动使用规则上都有所表现。所以，不同语言的人们在相互交谈时，如果想使自己表达的内容为大家所理解，就必须了解对方的文化背景知识。任务型教学中多元文化渗透的方法有以下三种。

（一）结合课文

在任务呈现时，可以结合课文，向学生介绍英美等国家的自然条件、风俗习惯、饮食娱乐、宗教信仰、家庭模式等与文化的形成发展和现状有关的知识，培养学生的跨文化认知和理解意识，使他们能够开放地、合理地理解英美国家的人们与自己在各方面的不同。

（二）课外阅读

在任务实施中时，让学生课外阅读一些英美文学作品，对培养他们的文化意识裨益良多，主要有以下三方面的作用。

1.文学是语言的艺术。通过阅读文学作品，学生可以接触到生动活泼、多姿多彩的语言输入。

2.大部分文学作品都和当时的时代有关联，是一个民族文化历史发展轨迹的写照。通过阅读大量的文学作品，学生可以对当时的社会有更好的认识，这有助于他们跨文化意识的养成。

3.经典的文学作品通常都有着深刻的人生哲理。学生通过阅读文学作品，可以了解名人成功的艰辛，对他们坚忍不拔、自强不息的奋斗精神的培养有很大的好处。

（三）加强写作

在任务完成后，教师可以安排学生进行一些关于文化的写作，通过写作来来巩固文化知识。这一方法可以放在英语每单元的作文教学中，也可以根据每单元的教学内容将其渗透到教学中。

三、大学英语任务型教学的实施

任务型教学以完成任务的过程为学习过程，体现教学效果的方式是展示任务成果，教学动机或动力是帮助学习者完成具体的学习任务。

（一）大学英语任务型教学的实施原则

1.趣味性原则。

任何教学的实施都需要遵循趣味性原则，这一原则在任务型教学过程中尤其重要。任务型教学的优点之一是能够通过生动有趣的课堂活动调动学生学习的积极性和动机性，使学生能够积极主动地参与课堂学习。因此，在任务型教学过程中遵循趣味性原则十分有必要。在语言学习的过程中，如果机械、反复的对语言任务进行教学，会使学生失去对任务的兴趣，甚至会产生对语言学习的抵抗心理。而任务型教学要求教学形式多样化、趣味化，这种教学氛围的形成受到很多因素的影响，如学生的参与、师生的交流和互动、任务中的人际交往、师生情感的交流、学生对任务解决后成就感的建立等。

2.合作性原则。

学生由于生活背景、学习背景等的不同，其对事物的认知也不尽相同。在任务型教学中，需要对学生的这一特点进行利用和发挥。由于这种认知差异性的存在，在英语任务型教学中可以根据合作性原则，采用小组合作的方式进行学习。

这种学习方式能够保证学生交流的多样化，同时还能在学习中整合记忆不同的学习观点，从而避免了学生对事物理解的片面性。在合作性原则的指导下，学生的思维方式和知识智慧得到了共享和传播，这对学生思维的扩展有着积极的促进作用。

在小组合作中，学生需要对自己的观点进行总结和陈述，这是对学生交际能力的挑战，因此学生的人际交流和语言表达能力也能得到锻炼。同时，在学习过程中学生不仅需要表达自己的观点，还需要对别人的观点进行理解，这可以培养学生的接受能力和包容理解能力。

3.挑战性原则。

任务型教学要求学生对任务进行解决，因此在设计教学任务时以及教学过程中，教师需要对任务的难度进行把握。这要求教师需要遵循挑战性原则。

过于简单的任务，不能使学生产生问题解决后的成就感，同时很容易使学生丧失学习的兴趣，在心理上产生一种骄傲的心理，甚至产生一种高傲自负的学习态度；过于困难的任务又会使学生丧失学习的积极性，打击学生的自信心，使学生产生畏难情绪，因此学习任务的难度需要根据学生的实际情况，在学生正常英语水平的前提下适当增加任务的难度，从而使任务具有一定的挑战性。

具有挑战性的任务能够增加学生学习的积极性，刺激学生主观能动性的发挥，从而以一种主动昂扬的状态完成任务。具有挑战性任务的完成能够培养学生的自信心，使学生产生一种学习上的满足感、自豪感。在这种任务型教学的过程中，学生学习的兴趣和积极性会得到不断地提高和发展。

4.连贯性原则。

教学过程中连贯性原则指的是学习任务之间的关系，以及教师教学过程中的实施步骤和顺序。换言之，就是教师如何保证在任务实施过程中达到教学上和逻辑上的连贯与流畅。

任务型教学并不是在一节课安排一两个活动，也不是一系列毫无关系的任务的简单堆积，任务型教学主要依靠一系列具有关联性任务的设计来使学生在完成的过程中达到教学目的。教学目的的达成与任务中相互关联的各个子任务之间具有的密切联系是分不开的，这些任务之间相互衔接，并循序渐进的完成最终的教学任务。

5.文化性原则。

语言是对文化的反映，因此承载着文化的方方面面。语言的学习不仅仅包括对该语言的语音、语用等相关知识的学习，还包括对相应文化的学习。语言的学习过程实质上就是对一种文化的学习过程，不同的文化环境会对语言产生影响，文化的差异在语言中表现得尤为突出。文化背景的不同使得交际中经常出现这样或那样的错误。例如，在中国，初次见面时长辈可能会问及晚辈的个人情况，如年龄、职业、家庭成员以及婚姻状况等，长辈询问这些内容只是为了表达自己对晚辈的关心。这种语言使用习惯在中国很常见，但是在西方这种行为是极其不礼貌的。在西方很忌讳询问对方的私事（privacy），如果有人在初次见面时问及西方人这样的问题，会被视为"没有教养"。

中西方文化的差异性导致其语言使用具有很多不同，因此在任务型教学过程中，向学生讲解这种文化差异性就十分有必要。学生只有对文化背景下的语言进行了解和掌握，才有可能使用地道的英语进行表达和交际。可以说，只学习语言不学习文化就不是真正的英语学习。

因此，在任务型教学设计过程中应该将文化因素考虑在内，使学生在任务型教学活动中能够了解英语国家的文化习俗、民族习惯、思维观念等。任务型教学设计中加入文化因素可以培养学生的跨文化意识，使学生在英语学习过程中增强文化学习的意识，进而提高英语学习效率。

6.语境性原则。

语言的使用是在一定的环境中进行的，因此语言学习也必须在语境中进行，脱离了语境的语言学习难以转化为实际的语言能力。因此，在任务型教学过程中也需要按照语境性原则的要求进行英语教学。

语言具有社会属性，这种社会属性是维系社会关系的一种纽带。人们在交流过程中使用什么样的措辞都会受到说话语境、双方的身份等因素的制约。因此，任务型教学设计也应将语境考虑在内，为学生提供真实的语境，使学生在真实的语境中体验实践。在真实语境中进行的活动能够促使学习者通过"同化"和"顺化"达到语言意义的主动建构。

7.主体性原则。

在我国，英语教学的改革不断进行深入和发展，师生在教学中的地位也在不断进行调整。现阶段的英语教学要求以学生为学习的主体，因此在任务型教学过程中需要遵循学生主体性原则。

以学生为中心是相对于以教师为中心的一种教学模式。以学生为中心原则以学生为出发点，从学生的角度出发，站在学生的立场考虑问题。任务型教学的教学设计必须遵循学生主体性原则，这个原则主要体现在以下几个方面。

（1）任务设计中学生的主体性。

在任务教学设计时应该考虑学生学习的主体性，这一教学设计原则有助于激发学生的学习热情，利于其主观能动性的发挥。

学生主体性原则实现了学生在教学中的主体地位，学生的主观能动性可以有效刺激学生的语言创造力。知识的学习受到很多因素的影响，这些因素有来自于外界的，有来自于自身的。只有来自于自身的因素才会对学习产生质的影响，学生自己对所学的知识感兴趣是知识学习的决定性因素，其决定着语言学习的效果。

任务型教学的教学设计遵循学生主体性原则，提高了学生学习的积极性，而积极的学习态度是知识学习的关键。任务的设计是教学顺利开展以及保证教学效果的开端，因此需要教师结合具体学习实际进行考虑。

（2）教学过程中学生的主体性。

在任务型教学的过程中需要对学生的主体性进行关注，这就是说教师应该从学生的角度进行教学，做到"想学习者之所想，及学习者之所及"。

英语学习的目的是为了进行交际，因此教师教学应该考虑到语言学习的目的，从学生的角度进程思考。例如，教学中如果教授生硬的语言知识，不仅不能增加学生的语用能力，还会使学生产生一种对英语学习的厌烦感和抵触感。

针对学生不同的年龄特点和学习背景，对学生的认知能力进行考虑，对学生在学习中的主体性进行关注才是任务型教学质量提高的保证条件之一。

（3）任务完成中学生的主体性。

任务的完成需要学生积极地参与，因此在任务完成中也需要对学生的主体性进行考虑。

任务的完成需要学生充分发挥自己的主体地位，对多种任务完成的因素进行考虑，如同学间的交际、师生间的交流等。任务成功与否在很大程度上受到学生语言能力的影响，而学生语言运用能力的提高是任务教学的首要目的。因此，可以说任务的完成可以积极促进学生语言目标的达成，而学生完成任务时的主体性又起着积极的影响作用。

（二）大学英语任务型教学的实施步骤

1.任务的准备。

任务的准备主要涉及两个方面的内容。一是作为任务参与主体的学习者所需获取、处理或表达的信息内容。二是作为任务参与主体的学习者获取、处理或表达这些内容所需的语言知识、技能或能力。

在任务准备阶段，还应特别注意两个问题，即语言输入的真实性和任务的难度。任务的真实性指在任务教学中所采用的语言教学材料所具有的自然的口头语言和书面语言品质的程度。在课堂教学的环境下，教师的教学材料既要有语言交际中使用的语言真实性，同时还应具有课程标准指导下的仿制自然交际真实性的特点，这两大特点共同构成了英语课堂环境的语言输入。任务型教学中任务的难度主要由学习的内容、活动的类型和学习者的自身因素三个方面决定。

2.任务的呈现。

任务的呈现是指教师在学习新语言之前向学生展示需要学生利用新的语言知识来完成的任务，也就是对于任务的介绍。此时，教师应当结合学生的生活或学习经验创设有主题的情境，以此激发学生的好奇心和学习动机。在这一阶段，教师要做的是为学生提供与话题有关的环境以及思维方向，并在所要学习的新知识与学生已有的旧知识结构之间建立某种联系，调动起学生的求知欲，使学生有想说的强烈欲望，满怀兴奋和期待地开始新知识的学习。在这一环节中，教师需要遵循先输入、后输出的原则，也就是说，在激活了学生完成任务所必需的语言知识和语言技能后再导入任务，这样不仅可以促进学生学习的顺利进行，还可以为下一阶段教学的开展奠定基础。

3.任务的实施。

任务的实施阶段是学生语言技能的主要习得阶段。在这一阶段中任务的选择极为关键，任务的难度对学生的语言习得水平也具有极大的影响。任务的难度过高或过低都不利于学生的学习，因此教师要合理选择任务的难度。在教学中出现任务难度过高或者过低的现象很常见，但是教师可以采取一定的措施进行补救。例如，当任务难度过高时，可以利用图表、图像等直观的手段降低任务的难度，除此之外，教师也可以为学生提供一定的讲解以降低难度；当任务难度过低时，教师可以在简单的任务后面添加其他学习内容或设计更多具有思维挑战性和判断性的任务。

学生完成任务的形式可以有很多种，如小组形式、自由组合等，也可以由教师设计许多小任务构成任务链。任务型教学中小组活动是比较常见的一种活动方式。在进行小组活动时，要有明确的个人任务与小组任务，要对学生和教师的角色进行适当的转换。当然，教师要对小组活动进行宏观指导，以使教学活动顺利开展。此外，为了鼓励学生，教师也可以参与到学生的小组活动中，这样不仅可以拉近教师与学生之间的距离，还可以在一定程度上缓解学生完成任务时的紧张心理。教师在小组中还可以及时地对学生实施任务的情况进行监督、指导，了解学生掌握新知识的程度，并根据具体的情况随时对教学策略实施调整，以保证任务完成的质量。

4.任务的汇报和评价。

学生在完成任务后可以派出代表向全班报告任务完成情况，代表既可以由教师指定，也可以由小组推选。两种方式各有优点。当学生汇报任务时，教师还应对学生进行指导和帮助，促使学生顺利完成汇报。

在各个小组任务汇报完毕后，教师应当与全班一起对任务做出评价，指出各组的优点和不足，并评出最佳小组，让学生在完成任务之后品尝到成功的喜悦，同时认识到自己的不足，并在以后的学习中逐渐克服。在评价过程中，教师不仅要对评价的结果进行评价，还要让学生之间开展互评，这样有助于提高学生正确、理智地评价自己和他人的能力。对于完成情况好的小组，要给予精神鼓励或适当的奖励。

总之，任务后阶段的意义在于为学生提供一个对任务整个实施过程进行回想和总结的机会，促进学生形成积极反思的习惯并使学生进一步关注语言的形式。

四、大学英语任务型教学评价

任务型评价是通过学生对任务的完成情况来考查学生的语言能力，它同时也十分关注学生在完成任务时的思维过程。因此，任务型评价主要由行为表现评价构成，或认为任务型评价是行为表现评价的方法之一。

（一）任务型评价的特点

1.教师和学生努力目标相同。

任务型评价的目标是让学生完成某一特定的任务。在评价开始之前，学生对于自己要完成什么样的任务，这些任务在什么状况下完成，以及需要什么附加条件等都十分清楚和明确，这样学生就知道自己应该朝一个什么方向去努力，而让学生明白这一点的关键人物就是教师。可以说，在任务型评价中教师和学生努力的目标是一致的。

2.注重语言运用能力的考查。

在传统的英语测试中，选择题是一道常见的题型。为了做好这类题目，学生往往需要花费大量的时间机械地记忆相关的词汇和语法。这种客观测试虽然具有较高的可信度，但往往不能真正反映出学生实际运用语言的能力，十分容易出现"高分低能"的结果。而任务型评价重在让学生通过完成具体的任务来体现学习情况，不仅可以较全面地反映出他们发现问题、解决问题的能力，而且可以真实地反映出学生的语言运用能力。

3.全部学生都可参与评估。

与传统的终结性测试不同的是,任务型评价中教师不再是唯一的"裁判",所有学生皆可成为任务完成情况的评价者。这一评价方式可以令全体学生都参与到评估活动中去,使他们能够真正认识到自己存在的不足并乐于提高和改善,大大激发了他们参与活动的积极性。例如,在课堂教学活动中,当某个小组中的学生完成了一个任务,其他同学就可以对其进行评价。需要指出的是,让学生参与评价建立在一个重要的前提之上:学生必须清楚评价的标准。只有当学生清楚了评价标准,他们才可以对自己的表现进行正确的反思,而且还可以了解其他同伴的实际语言水平。

4.可以将学习与评价过程相结合。

在以往的英语教学中,教学过程和教学评价往往被分开实施。教师在课堂教学活动中教给学生的是听、说、读、写等各种活动,而最终测试的内容却经常与教学内容不符。例如,课堂上教师讲课不会涉及到选择填空等形式的内容,但学生在测试时却需要通过这种练习形式来鉴定自己所学所用的知识。换而言之,教师平时教学活动的形式和内容并不是最后要考查的。在这种矛盾状况的驱使下,教师逐渐将课堂教学转为讲解各种语言知识,从而让学生可以在评估中得到"高分"。与此不同的是,任务型评价方式将学生每天的课堂表现也纳入到评价范围之中,这一方面将教学过程和评价活动结合了起来,另一方面也能更加真实、有效地反映出学生实际的语言水平

5.可以全方位、多角度考查学生。

学生在完成任务的过程中需要的往往不只是语言知识和技能,还有很多其他能力,如记忆能力、思维能力、创造能力、团队合作能力等。因此,任务完成的过程也是学生展现和锻炼他们全方面能力的过程。此外,任务完成的过程也是评价的过程,其中可以体现出学生在学习动机、情感、态度、自我计划以及合作精神等多方面的情况。

综上所述,任务型评价使学生在学习时间、内容和方式上有了更多的选择,同时还使学生接触到更多的知识和领域,这与近年来学科融合的发展趋势是一致的。实践表明,采用任务型评价可以更好地实现跨学科的学习,使语言贯穿于其他学科之中。因此,任务型评价有助于我国评价体系的完善,可以使我们更加注重评价的过程,调整各项技能的综合评价,真正实现以人为本的全面、科学的评价体系的建立。

（二）任务型评价的任务设计

1.测试任务的要求。

在任务型评价中，测试任务必须满足以下几个方面的要求。

（1）有明确的目标和意义。

（2）在布置任务时需要有明确的情境提示，以说明任务完成的条件和要求。

（3）测试任务的评价取决于结果。

（4）注重语言的交流和运用，并且与实际的生活相关，设计的任务往往是受试者现在或今后生活中可能需要做的事情。

综上所述可知，任务型评价重在考查学生运用语言知识在语篇中完成任务，重在考查学生可以做什么，从而推断他们将来在实际交际中如何表现。此外，这一测试方式还考查其他方面如策略和文化知识等内容。简言之，任务型评价旨在考查学生的综合语言运用能力。

2.设计原则。

在任务型评价中，任务是最基本的分析单元，任务也因此成为选择、评价工具建构以及评价任务表现的依据。虽然这一测试方式大多选用真实的任务来考查语言系统中的某些特定成分，但其关注点在于考查学习者完成任务本身的表现。

任务型评价设计的基本原则是：测试应该能推断出学习者的实际语言能力，预测其语言能力方面的表现以及是否可以在不同的情境下运用语言。而将其作为设计原则的原因如下所述。

（1）测试任务主要侧重描述学生应该具有的语言运用能力，既对学生应该达到的水平有详细的描述，对于任务的要求和所希望达到的标准通常应该是在指示语中明确进行描述的，包括对于任务的目的、对象，完成任务所需要的时间，文本的长度等。

（2）测试任务的同时也要对任务评价的标准进行详细的说明，如任务的情境、输入信息、输入方式、条件、信息处理过程、参与方式、信息输出方式等，以保证学生顺利地完成任务。

（3）测试任务也要包括完成任务的过程、条件以及应该达到的结果。测试任务重点关注学生是否可以根据条件完成任务，而不只是考查其对零碎语言知识的认知能力。测试任务可以作为任务标准参照性测试（task-based criterion-referenced tests）的依据。

3.注意事项。

（1）任务要与课程目标、学生生活一致。

任务要有比较清楚的能力目标，从而让学生了解需要掌握的教学和技能的具体内容。

要明确什么样的任务适合于教学内容和技能，即这些任务涵盖哪些语言方面的能力。

学生在完成这些任务的过程中是否能表现出教师希望检测的语言能力

（2）注意对任务难易程度的控制

学生在完成任务过程中所需要用到的语言运用如词汇、时态、语法结构等应该与所学习的教材内容基本一致，这就要求教师选择的任务必须接近学生所学习的语言内容，不能脱离学生学习的实际情况。

（3）注意保持任务设计的公平性。

任务的完成最好能够体现出所有学生的语言发展情况和实际运用能力，而不会因为任务中其他无关因素影响到评价的公正性。

（4）注意任务设计和间接性测试的结合。

需要指出的是，强调任务型评价并不是要摒弃其他所有的测试方式。

当前大多数学校采取的阅读、听力、写作等测试方式在一定程度上都可以测试出学生的能力，任务型评价同样可以包括一些间接性的考试方式。

第六章 多元文化视域下的高校英语教学探索

第一节 多元文化背景下的高校英语文化教学研究

随着经济发展的日益全球化，互联网的重要性日益凸显，以美国为代表的英语国家所占据的文化市场也日益扩大，而作为美英等发达国家主要文化载体的英语已经成为全球性语言，在国际政治、经济、文化、商贸和信息流通中扮演着重要的角色，在日益频繁的国际交流中发挥着重要作用。从世界范围看，信息技术的发展、网络的迅捷传播为各国家、各地区之间的信息交流提供了条件，也为教育的国际交流带来了广阔的发展前景，使人类文化的发展沿着相互补充、接近和吸取的轨迹前进。世界各国处于一种越来越开放的状态，具有较强英语交际能力的各个领域的专门人才最能满足社会发展的需求。英语作为一门必修课程，在中国学校课程中占据了重要的地位，中学里这门课程开设了六年，学生花了六年时间学英语理应学好。然而，即使是又多学了四年英语的大学生，他们的英语交际能力也不尽如人意。这种现象不能不引起外语教育研究者的思考。因此，在英语教育中如何融合文化教育的问题就提出来了。

一、什么是文化

"文化"原本是个农业用语，意思是"栽培"，后来以隐喻的方式引申为"后天栽培出来的人性"。长期以来，人类学家认为，文化是指一个民族的生活方式，是该民族成员习得的行为模式、态度及该民族取得的物质成果。

在中国古代的《易经》解释"贲"卦的文字中，有中国最早的文化概念，即"观乎人文，以化成天下"。（《易·贲》）"贲"原指贝壳的光辉、贝壳的光泽。古人亦明确解释："贲者饰也。"而"饰"正是人的审美活动。这说明：中国文献最早谈及"文化"时,即将"文"放在与"人文"以及"文饰"的关联中来谈。

《现代汉语词典》这样解释"文化":人类在社会历史发展过程中所创造的物质财富和精神财富的总和,特指精神财富,如文学、艺术、教育、科学等。考古学用语,指同一个历史时期的不以分布地点为转移的遗迹、遗物的综合体。同样的工具、用具、制造技术等是同一种文化的特征,如仰韶文化、龙山文化。

最早界定"文化"用法的人类学家是英国人类学创始人泰勒。他在1871年说:"文化是人因身为社会成员所习得的复合整体,包括知识、信仰、艺术、道德、法律、风俗,以及所有性情和做法等,以及其他能力和习惯。"

R. Linton认为,文化是某特定社会的成员所共享并互相传递的知识、态度、习惯性行为模式等的总和。

Khickholn&Kelly的定义是:文化是在历史的进展中为生活而创造出的设计,包含外显和潜隐的,也包括理性的、不理性的和非理性的一切,在某特定时间内,为人类行为潜在的指针。

Kroeber&Kluckholn收集了文化的定义164种。他们认为,文化是构成人类群体独特成就的模式,包括外显和潜隐的模式,包括行为的模式及指导行为的模式,它是借着象征来获得并传递的。

Goodenough认为文化有两种含义。第一,文化是指"一个社群内的行为模式",也就是说社群内规则的一再发生的活动,以及物质的布局和社会的布局。文化是指可观察现象的领域。第二,文化指组织性的知识体系和信仰体系,一个民族借着这种体系来建构他们的经验和知觉,规约他们的行为,决定他们的选择。文化指的是观念的领域。

Keesing的定义:文化是一个理念体系。一个文化指的是某特定社会群体的行为特质及其受社会传递的模式。Keesing认为:文化有三义。第一种意义,文化是个复合体,每个人各自知道一些片段的文化符码,而一个文化就是这些片段符码的复合体。第二种意义,一个文化是个通则,没有哪两个人对一个文化的认识完全一样,当我们描述或他们共同如何如何时,就一个意义而言,是一种公因素,是一种通则。第三种意义,抽象概念,某一些符码要素为文化中所有人共有,某些符码要素则只有该文化中部分人共有,这就是所谓的次文化,次文化不是次等的,而是整个社群的分支群体。

文化是人类生活的反映、活动的记录、历史的沉积,是人们对生活的需要和要求、理想和愿望,是人们的高级精神生活,是人们认识自然、思考自己,是人的精神得以承托的框架。它包含了一定的思想和理论,是人们对伦理、道德和秩序的认定与遵循,是人们生活生存的方式、方法与准则。思想和理论是文化的核心、灵魂,没有思想和理论的文化是不存在的。任何一种文化都包含有一种思想和理论、生存的方式和方法。

二、语言与文化的关系

Sapir将语言视为人类最基本的天赋，与之相连的是理性，而不是思想。Chomsky指出：语言包括两个部分：语言能力，即语言的体系或结构；语言行为，即一句偶发的言语或一整套言语。语言能力先于语言行为并且实际地产生语言行为。语言能力建立在对基本规则的掌握之上，这些规则是句子形成的基础。在20世纪初，现代语言学的奠基人Saussure在他的《普通语言学教程》中明确指出："语言是一种表达思想的符号系统，因此它能与书写系统、聋哑人的手势语、象征性的仪式、礼貌形式、军事信号等相类比，它不过是最重要的符号系统。"

今天，我们认为：语言是一个符号系统，是一个由音位、语素、词和词组、句子和篇章等构成的层级系统。同时，语言还是交际工具、思维工具、信息传递工具、感情表达工具。

语言与文化关系十分密切。Saussure把语言和其他文化现象联系起来，提出建立符号学，其最终目的是探索各种指示行为所共有的特征，认识它们的内在结构和系统。符号学考察了符号在文化中的运行方式。理解一种文化，就意味着对它的符号系统进行探测和解释。只有当符号借助人们有意无意采用的文化惯例和规则得到破译，符号才会呈现出意义。美国语言学家萨王尔在《语言》一书中就指出："语言的背后是有东西的，而且语言不能离开文化而存在。"语言与文化关系复杂，这有几层意思：一是语言与广义的文化关系，二是语言与狭义的文化关系，如思维的关系等。关于语言与广义的文化关系，学者之间意见分歧并不大，但关于语言与狭义的文化关系，学者之间意见并没有统一。各个研究者对其间的关系各持己见，归纳起来，大致有以下几种观点。

（1）语言就是文化，是一个民族文化中的核心部分。德国语言学家洪堡特曾说过："一个民族的语言就是他们的精神，一个民族的精神就是他们的语言。"

（2）语言是文化的一部分。Reginald说"任何语言都是习得的行为方式的复杂体"，语言也是一种文化现象。人们完全有理由认为，语言只是文化的一部分，而不能说文化就是语言。也就是说，文化不等于语言，文化大于语言。然而这种包容关系只是语言与文化之间的复杂关系的一个方面。一个社会的语言是该社会的文化的一个方面，语言和文化是部分和整体的关系，语言作为文化的组成部分，其特殊性表现在：语言是学习文化的重要工具，人在学习和应用的过程中领略、认识文化。社会语言学家Hudson认为：语言的大部分内容包括在文化之中，语言与文化的交叉部分就是从他人处学来的语言部分。即：除了不是从他人处学到的部分外，语言是完全包括在文化之中的。语言与文化之间是一种交叉关系。语言系统本身是构成文化大系统的要素之一，文化大系统的其他要素都必须由语言来传达，从而得到演变发展。换言之，人们可以观察到语言作为文化的一部分和作为文化传播媒介这种双重性质。这种双重性质确定了语言与文化的不可分割性，正如法国著名符号学家Barthes所言，"无论从哪方面看，文化都离不开语言"。

（3）语言是文化的载体。语言是文化传播和传承最重要的手段，语言是文化的主要表达形式和传播工具，语言是人类思维的工具，是人类形成思想和表达思想的工具。人类思想的形成借助于语言同时又要通过语言来表达。语言是一面镜子，它反映出各种社会以及不同社会不同历史时期的文化特征。人们学习语言、运用语言，同时也是在学习文化、获得文化。

（4）语言和文化相互制约、相互影响。Porter认为，语言是文化的产物，人们对语言的理解受到特定文化经验的制约。语言对文化有反作用，语言和文化互为结果。人类学家Malinowski认为，语言是人的习惯或习俗，它与其他习俗一样，是精神文化的一部分，语言的学习也是文化的学习。文化对语言来说，不仅是一个存在环境的问题，还渗透到了语言形成与发展的各个方面。语言既反映其他文化，也反映语言本身。语言是文化产生和发展的关键，文化的发展也促使语言更加丰富和细腻。"语言与文化之间的关系是双向的影响制约关系，语言对文化有制约，文化对语言也有影响和制约"。

总之，语言是文化的载体，凝聚着一个民族的文化发展成果。文化是一个民族或群体共有的行为模式和生活方式，是一个群体共享的思想、信仰、情感和行为的总和。语言是一种主要的交际模式，文化构成交际环境，语言和文化有着密切的联系。对于精神文化而言，它的形成和表达更是离不开语言。但语言，包括它的使用方式在内，是不能超越文化而独立存在的。文化的发展能够推动和促进语言的发展。同样，语言的发达和丰富，也是整个文化发展的必要前提。Kluckhohn说过，"没有语言的人类文化不可思议"。同样，离开了文化，语言也不可能存在。语言和文化的关系在人类的交际活动中体现得淋漓尽致。

三、高校英语教育中的文化教学现状

改革开放40多年来，我国外语教育界已普遍意识到语言教育的文化因素在教学中的重要作用，语言教育必须与文化教学相结合已逐渐成为共识。2007年教育部颁布的《大学英语课程教学要求》明确指出："高校英语的教学目标是培养学生英语综合应用能力，特别是听说能力，使他们在今后工作和社会交往中能用英语有效地进行口头和书面的信息交流，同时增强其自主学习能力、提高综合文化素养，以适应我国经济发展和国际交流的需要。"高校英语的教育目标突出了对学生综合应用能力的培养，强调了语言的交际功能，把语言的社会文化性因素纳入对

学生的语言基础和技能的培养内容中。尽管《教学要求》已经明确提出培养跨文化交际能力的要求，外语教学中的文化因素越来越受到重视，并涌现出大量的研究成果。但文化教学在外语教学中真正意义上的实践还在不断探索中，文化教学相对于语言技能教学还处于从属地位。因此，讨论在高校英语教学中提高学生的社会文化能力及跨文化交际能力的问题具有重大的现实意义。

（一）国外文化教学的发展

早在20世纪40年代，文化与外语教学的关系就引起了研究者的关注。自20世纪60年代中期以来，随着社会语言学和教学法研究的发展，语言研究和文化研究之间的关系、语言教学和文化教学之间的关系等的研究越来越受到重视。社会语言学和语用学也为外语教学和文化教学提供了很多有价值的信息和启示。Hymes将影响交际活动的因素归纳为SPEAKING，分别代表场景（S）、参与者（P）、目的（E）、行为顺序（A）、讯息传递方式（K）、使用的语言或方言（I）、说话的规则（N）和风格（G）英国语言学家Jenny Thomas把语用失误分为两种：语用-语言失误和社交-语用失误。语用-语言失误指学习者将本族语对某一词语或结构的语用意义套用在外语上造成的语用失误，社交-语用失误指由于文化背景不同在交际中出现的语用失误。

（二）我国文化教学的发展过程

自20世纪80年代以来，随着跨文化交际学、社会语言学、语用学等和语言文化相关的学科从国外的引进和我国对外交往的实际需要，我国外语学界开始意识到在外语教学中导入文化内容的必要性。许多专家学者开始著书立说探讨文化导入的内容、原则、方法及途径，并在外语教学中进行有意识的文化导入实践。我国的文化教学大致经历了兴起、发展和提高等三个阶段。

1.文化教学的兴起。20世纪80年代初期到80年代后期，大致可被认为是文化教学的兴起阶段。本阶段外语教育界开始认识到文化教学的重要性，并积极研究外语教育与文化教学的关系。1980年许国璋在《现代外语》第4期上发表了《词汇的文化内涵与英语教学》一文，提出在英语教学中应充分注意英语国家的文化，标志着我国外语教学界研究语言与文化的关系、在外语教学中进行文化导入实践的序幕拉开。此后，胡文仲、邓炎昌、祝瑾琬、刘润清等积极推介国外一些与文化教学相关的学科，推动了外语教育中的文化教学的研究。

2.文化教学的发展。大致从20世纪80年代末到90年代末被认为是文化教学的发展阶段，重点是研究在课堂教学中如何系统地导入目的语文化内容，讨论文化导入的原则以及结合不同教学科目导入文化内容的具体方法，并对大纲设计、教材编写和课程设置进行了研究。对文化教学导入的内容、原则和方法进行了系统的研究，力图将文化教学与特定科目或特定语言要素相结合，文化教学研究从单纯的课堂教学层面的研究转向大纲设计、教材编写和课程设置方面的研究。

3.文化教学的提高。从20世纪90年代末到现在被认为是文化教学的提高阶段。这一阶段，外语教学界开始研究母语文化的作用以及如何增强学习者的文化意识和培养他们正确对待母语文化和目的语文化的态度。高校英语的教学开始从单纯输入目的语文化转变为母语文化与目的语文化的积极互动，以培养对两种文化的正确态度，并注重对学习者文化意识的培养，增强文化理解力。

（三）文化教学存在的问题

虽然有关外语教学中文化教学的论著有很多，许多外语教师也会在时间允许的情况下，根据自己的兴趣和学生谈及一些文化主题，开展一些文化学习的课堂活动，但是，由于缺乏科学配套的文化教学大纲和系统的教材，这些教学活动都局限于零星的文化知识的介绍，远非真正意义上的文化教学。正如国内外语界许多人指出的那样，"在我国外语教学中，外语的文化因素，特别是交际文化，在很长时间内未得到应有的重视"。

我国的高校英语教育作为一门量大面广、受教学生很多的公共必修课程，在培养具有专业知识且能参与跨国界和跨文化的交流的高素质人才方面起着非常重要的作用。然而，目前的高校英语文化教育仍然存在着一些问题，主要表现在。

1.文化教学纲要和内容的问题。联合国教科文组织明确提出，在高校语言文化教育中要加强跨文化教育内容。然而，我国的教育纲要中缺少跨文化教育内容。我国外语教育实践中只是存在一些零散的、不自觉的、不系统的跨文化教育成分，而没有明确的、系统的、自觉的跨文化教育活动来引导学生如何面对外来文化。我国的高校英语教学已经开始关注跨文化教育在英语教学中的作用，如通过背景知识的介绍，提供大量的阅读材料，扩大学生的知识面等措施让学生从各个方面接触英语国家的文化，感受与文化相关的语言现象和文化习俗等，但也只是注重了目的语文化。中国和国际外语教学的主流研究还只是停留在文化差异和语言差异的分析上，很少考虑其中的文化权势问题。大多数的研究和讨论是针对目的语文化的习得和认识，而对有五千年悠久历史的中国文化很少提及。

2.教师质量问题。一方面，大多数在职教师本身缺乏应有的文化知识，因此，他们不能有效地、自信地处理文化问题。另一方面，除了缺乏合适的文化知识，许多在职教师甚至不能胜任一般意义上的英语教育的工作。不少教师缺乏语用知识，受制于传统英语教学方法和模式，对英语学习的认识停留在学习语言知识和掌握语言技能上，在教学中把语言教学和文化教学割裂开来。我国的高校英语教育中由于一些教师缺乏较强的文化意识，在一定程度上忽视了源语言文化背景知识和相关知识，无法使文化教学贯穿于长期的教学活动中，于是培养学生了解世界和中西文化的差异，拓宽视野的文化教育的目的不能很快达到。

3.学生接受的问题。首先，学生只重视知识的接受，忽视对已有知识的运用。虽然有些学生语言能力较强，但跨文化理解能力普遍较弱，如对交际方略、交际规则、礼貌规则等方面的知识知之甚少。不熟悉目的语国家的思维模式和社会文化背景，对隐含文化内涵的语言现象和行为不理解，从而往往出现语用失误，导致交际失败，造成不必要的损失。其次，当代学生普遍对中国传统文化知之较少。面对网络时代的文化渗透，面对文化霸权依仗的信息与技术的强大和领先，很自然就形成一种无端轻视本民族文化、盲目崇拜外来文化的风气。

4.教科书的问题。目前的高校英语教科书中的教学材料常常使用目的语来描写中国文化的事件及活动，结果造成语言与其相伴随的文化分离的现象。外语教材"进口多，出口少"，主要介绍目的语国家与文化，忽视了对中华民族优秀传统文化的学习，出现了外语教育中的文化"逆差"。

5.考试评估的问题。中国学校的考试系统注重考查学生的语言能力，强调考查语言规则的重新复制而不是交际能力。大多数学校以四、六级通过率来考评高校英语教师的教学效果，学生也多以拿到四、六级证书为最终目标。长期以来在英语教学中过分强调语法、词汇等语言知识的传授，忽视中西方文化差异的教学，把语言与文化截然分开，致使英语教学重语言形式，特别是书面语言的学习，以掌握语法知识和操练句型为学习的主要内容。因此，考试经常以翻译、词汇、听写及填空等形式出现。

四、基于现状的高校英语文化教学的重构

Seelye提出了文化教学的七个目标。

（1）帮助学生完善文化条件下的行为，对所有人都表现出文化条件下的理解。

（2）帮助学生增进对人们言行产生影响的社会内容的了解，如年龄、性别、社会阶层和居住场所。

（3）帮助学生培养对目标语文化中一般情况下习惯性行为的兴趣。

（4）帮助学生培养对目标语言中字词的文化蕴含意义的兴趣。

（5）帮助学生用准确的证据来评价目标语文化的归纳能力。

（6）帮助学生掌握目标语文化信息所需的技能。

（7）刺激学生对目标语文化的兴趣，并鼓励对目标语人产生认同感。

这七大目标可以视为外语学习者文化知识学习的终极目标。毫无疑问，我国的文化教学研究已经取得一些成就，但其中存在的问题也是显而易见的。针对这些问题，我们应该对高校英语文化教学进行重构。

第一，进一步加强文化教学理论研究的实际运用。

Hymes认为，仅仅学习某种语言是不够的，还必须学习怎样使用那种语言，即必须掌握使用那种语言进行交际的能力。但是根据张红玲对上海204名英语专业和英语复合型专业的学生进行的有关中国外语教学中文化教学现状的调查可以看出，"学生文化知识和文化能力较之其语言知识和能力相距太远"。尽管我们在文化教学的理论研究方面收获颇丰，但在语言课堂上的实施远远落后于理论研究，多数教师仍以输入语言知识为主，即使一些教师在课堂上涉及了文化内容，也是只略谈他们自己个人的喜好，所授的文化教学的内容很不系统。

第二，加强母语文化教育，培养文化平等意识。

胡文仲先生指出，跨文化教育主要研究的内容有：①文化差异及其对于交际的影响；②不同民族和不同文化之间的共同点和差异；③跨文化接触及场合；④语言及文化，双语教育及翻译问题；⑤特殊的文化模式及其对于跨文化交际的影响；⑥非语言交际；⑦内圈和外圈的组成以及民族中心主义；⑧文化休克和文化适应；⑨民族、种族和亚文化；⑩对不同种族、民族和国家的成见。

高校英语教育的任务不仅是语言知识的传授和语言技能的培养，更担负着培养跨文化交际人才的重任。基于跨文化交际中出现的"中国文化失语症"，高校英语教学必须重视母语文化教育和文化平等意识的培养，其间应不断渗透中国文化元素，培养学生强烈的民族自豪感和文化平等交流的意识。在文化教学中注重对学生的价值观引导。在高校英语教学中对学生实施价值观引导，是完成高校英语教学目标要求的重要手段。在文化教学中进一步实现母语文化与目的语文化的互动。跨文化交际是双向的，外语学习者既要学习和理解目的语文化和本民族文化，也要学会这些文化的外语表达，以达到文化双向融合的目的。

必须调整现有教材内容，增加母语文化。教材中编入有关外国人士评价中国文化的文章，或是中外文化对比的文章，或是中国优秀的文学作品片段。

发挥文化教学中的教师主导性和学生的主体性作用。在文化教学中，学习主体具有多元化特点，学习主体在知识、能力等方面的差异导致他们学习效果的差异。教师应当针对他们的不同特点，利用针对性的教学材料，突出学生主体的个体性，对他们进行思维能力的训练与培养，合理进行价值观引导。

第三，提倡教师发展，提高教师队伍素质。

Gonzalez认为，应该培训英语教师的文化教学能力，外语教师应像政府部门的外交官或其他官员一样，了解本国文化和目的语国家的文化。Ellis也认为，理想的英语教师应充当文化的调停者。调停的一个方面，就是在两种不同的文化中寻找出一致性。教师发展应采取的活动包括：观摩同事上课，阅读学术期刊，参加各种研讨会，与其他教师合作进行教学科研活动，还可充分利用互联网。应建立严格的教师培训制度，这是外语教学成功的一个重要保证。对教师进行语言学、心理语言学、社会语言学、心理学、教育学以及二语习得、语言教育学等应用学科的知识的培训，以期达到有效地提高教师的业务水平的目的。在外语学习的起始阶段，应在英语教学大纲中建立一套操作性强的文化目标，而且在不同的外语学习阶段，文化目标的重点也应有所不同，因为不同年龄段学习者的外语文化学习的智力能力和语言能力是不同的，母语及相关的文化知识的发展水平也是不平衡的。

第四，文化测试与语言测试相结合

长期以来，我们的语言测试是以翻译、词汇、听写及填空等形式出现，注重的是语言技能的测试。学生们面对考试的压力，他们无暇顾及似乎与考试无太大关系的英语文化知识的学习与积累。我们缺乏有效的考试系统来评估文化学习和教学。针对学生对中国文化及其英语表达的生疏，可以选择一些关于中国文化为话题的作文，提高学生对文化的敏感性和自觉性。为了提高文化教学的效率，有必要把语言测试与文化测试有机结合，在语言测试材料中涵盖价值、信仰等文化信息。

外语教育必须同时培养学生的语言能力和文化能力，注意培养学生的跨文化意识和跨文化交际能力。学生通过学习目的语，反思自己的母语，了解语言的普遍规律；通过母语文化与目的语文化的交流，反思母语文化，以增进学生对母语文化的理解和热爱；将母语文化和目的语文化进行比较，培养文化移情态度，克服跨文化交往中的文化冲突，成为具有多元文化视野的跨文化人。

美国语言学家Kramsch曾经说过，"语言表述着、承载着、也象征着文化现实，两者不可分"。语言与文化的这种相互依存的关系决定了语言教学中文化所占据的重要地位。外语教学中加入目的语文化教学已经普遍被语言学家和教育家所认同，外语教学的过程既是一个语言学习的过程，又是一个语言使用的过程，更是一个文化学习的过程。一个科学完整的外语教学体系，必须把外语语言教学与文化教学紧密地结合起来，注重目的语文化的输入和中国文化的输出，以培养学生的跨文化交际意识和有效得体的跨文化交际能力为最终目标。对于语言和文化关系的理解，直接涉及教学思想和教学实践，我们不应该一谈文化在教学中的重要性，就简单地将文化作为教学中的出发点和归宿，忽视语言自身的教学。文化虽然是语言教学不可或缺的一个方面，但如果没有语言作为载体，文化也就成了无源之水、无本之木。文化知识的导入应在语言教学的大前提下进行，尤其在基础阶段的教学中更应加大语言基本功的训练，不能让文化教学喧宾夺主。总之，我们应当注意在教学中处理好文化内容和基础知识的关系，分清主次。

第二节　大学英语教学中多元文化教育的内容和实施途径

一、英语词汇中的跨文化教育

词汇是语言的基本要素，其含义和用法体现民族与文化间的差别。尤其英语习语是英语语言的瑰宝，是英语文化的一面镜子，并且短小精悍，便于学生记忆。

因此，在英语教学中，教师应重视词汇的文化内涵，加强英语词汇中的跨文化教育。

（一）指示意义相同的词汇在不同文化中所产生的联想不一样或者截然相反

例如，一些颜色的词汇为不同语言和文化所共有。然而他们的文化内涵却截然不同。西方人们习惯用蓝色来表示消沉、淫秽、色情、下流等负面的含义；但在中国文化中人们用蓝色来表示宁静、祥和、肃穆，而猥琐下流的意思却用黄色来表示。同样绿色在不同的文化中内涵也不同，在西方国家绿色被联想为"稚嫩、不成熟""缺乏经验"，而在中国文化中绿色象征生命，代表春天、新生和希望。在中国文化中，人们过年、过节都喜欢用红色饰物装饰自己的家居，婚礼上新娘穿红色的服装表示喜庆、吉祥。用"红"做语素的词一般都包含兴旺、繁荣、成功、顺利、受欢迎、流行等含义，如红利、红运、红榜、开门红、红人等。而在讲英语的国家，红色多用来表示恼怒、气愤的意思抑或还有其他负面的含义。如"ambition"一词中文翻译成"野心"，在中国文化中，人们经常使用"野心家""野心勃勃"等，不难看出该词在中国文化里具有负面的含义；而在西方文化中，"ambition"是指"远大的抱负、理想"等正面、积极向上的内涵，这正是西方人所崇尚和追求的价值观。柳树在中国文化里被赋予分离、思念的联想意义。由于"柳"与"留"谐音，在长期的文字使用过程中，人们将"挽留、离别、思念"等这样的含义赋予"柳树"也是很自然的。在离别时古人有折柳送别的习俗。唐代大诗人王维在送好友元二出使安西的时候，也留下了"客舍青青柳色新"的佳句。而柳树在英语中与中国文化中的"柳树"有着不同的联想意义。在西方柳树常常使人联想起悲伤和忧愁，多与死亡相关。如在莎士比亚的《奥赛罗》中，戴斯德蒙娜就曾唱过一首"柳树歌"，表达她的悲哀。同时暗示了她的死。在经历了巴比伦之囚以后，犹太人把马头琴挂在柳树上，寄托他们对耶路撒冷的思念。

中西文化中月亮的象征含义不尽相同。月亮在中国文化中象征意义十分丰富。它是美丽的象征。创造了优美的审美意境。"月亮"象征团圆，它能引发人们对团圆的渴望、团聚的欢乐以及远离故乡亲人的感伤，还能使人联想到"嫦娥、吴刚、玉兔、桂树"等神话传说。同时，月亮也是人类相思情感的载体，它寄托了恋人间的相思，表达了人们对故乡和亲人朋友的怀念。在失意者的笔下，月亮又有了失意的象征。而月亮本身安宁与静谧的情韵，创造出的静与美的审美意境，又引发了许多失意文人的空灵情怀。高悬于天际的月亮，也引发了人们的哲理思考，月亮成为永恒的象征。自古以来，又有多少咏月诗词表达了"花好月圆人长寿"的美好愿望。而在英美文化中，月亮在月圆时象征着富饶。而在月缺时象征着死亡、风暴和毁灭。由于古罗马人相信精神受月亮的影响，所以人们认为精神错乱是由月亮引起的。月亮还被认为是使内心发生冲突、极度烦恼的原因，因而影响着精神病的病发。英文"lunacy"和"lunatic"都源自月亮。

这些文化内涵不同的词汇容易导致学生的理解错误，因此交际者必须十分注意这些具有民族文化背景的词汇。

（二）指示意义相同，在一种语言中有丰富的联想意义，在另一种语言中却没有的词汇

"竹子"这种植物就与中国的传统文化有着深厚的关系。中国人常用竹来以物喻人，表达自己坚贞、高洁、刚正不阿的性格。"雪压枝头低，虽低不着泥；一朝红日出，依旧与天齐"，这是明太祖朱元璋给予竹的刚正之誉；邵渴的《金古园怀古》："竹死不变节，花落有余香。"欧阳修的"竹色君子德，猗猗寒更绿"等等。与之相反的是 bamboo 一词在英语中几乎没有什么联想意义。它只是一个名称而已。在中国传统文化中，"九"是表示最多、最高的大数，又因为"九"与"久"谐音，人们往往用"九"表示"长久"的意思。历代帝王都崇拜"九"，希望长治久安。因此，皇帝穿九龙袍，故宫房屋有9999间，每个门上的铜门钉也是横竖9颗，共有九九八十一颗门钉，取"重九"吉利之意。而在英语中，nine并没有特殊的内涵。

（三）各自文化中特有的词汇，即文化中的词汇缺项

语言的词汇系统总是依附于其社会文化，历史长河中一个国家曾有过的文化个性都会在语言文字上留下不可磨灭的印记。由于汉英民族在宗教信仰、自然环境、政治体系、经济发展水平、历史传统、价值取向等诸方面的差异，各个民族的文化中都有大量为该民族文化所特有，而为另一文化所无的特殊现象，这样就难免在另一文化中造成"真空"地带，即文化"零对应性"，也就是汉英文化中的词汇缺项现象。曾经在中国北方农村常见的"炕"对多数英语国家的人来说，如不亲眼看见，亲自尝试，是完全难以想象的。如翻译成英文，则必须给予适当的解释和说明：Kang：a heatable brick bed。类似的还有"冰糖葫芦"。又例如汉语

中的"阴阳"很难确切地译为英文，在英文里没有合适的对应词，这是因为中国的哲学思想或价值观念与西方的不同。"阴阳"本源于中国古代道家的学说，他们认为世界万物都有阴阳两面，相克相生，互相转化。同样，英语词汇中也存在着诸如 motel、hot dog、time clock 等词汇。在汉语中找不到对应词甚至近义词。

同样，像 cowboy、hippie、Dink 这样的词虽然被译成汉语，但不了解西方文化的人并不能确切知道他们到底是些什么人。在课堂教学中，首先要让学生弄清缺项词语在两种语言中的真正文化内涵，然后可通过音译、直译或意译并在译文中加解释说明或文化诠释来处理词语空缺造成的交际障碍，从而使跨文化交际得以顺利进行。

二、英语语法和篇章教学中的跨文化教育

（一）英语语法教学中的跨文化教育

语法是语言表达方式的小结，它揭示了连字成词、组词成句、句合成篇的基本规律。每一种语言都有其独特的语法体系，不同的语言使用不同的语法系统和规则来指导和评价该语言群体的语言使用。英语是一种形态语言，其语法关系主要是通过其本身的形态变化和借助一定的虚词来表达的。英语句子多靠形合，汉语句子多靠意合。英语句子能够形成紧凑严密的树形结构，是因为有各种连接词起到了黏合剂的作用。汉语句子的线性结构灵活流畅，是因为没有过多的"黏合剂"，句段之间可不用任何连接符号，而靠语义上的联系结合在一起。如"if winter comes, can spring be far behind?"一看到连词 if 两句的语法关系便了然于胸。与英语句法比较，汉语重语义，轻形式。对汉语句子理解一般要靠环境以及文化背景等方面因素的整体把握。如："打得赢就打，打不赢就走，还怕没办法？"毛主席这句脍炙人口的名言，看上去像是一连串动词的堆砌，几个短句之间无连接词语，但其上下文的语义使它们浑然一体。如要表达"他是我的一个朋友"，不能说"He's my a friend"，而应该说"He's a friend of mine"，双重所有格准确地体现了"他"与"我的朋友们"之间的部分关系。这就是我们常说的英语重形合，汉语重意合，西方人重理性和逻辑思维，汉民族重悟性和辩证思维。所以，在日常语法教学中，适时恰当地引入目的语文化元素，将中西文化差异进行对比，既能使学生获得目的语的文化知识，又能使枯燥无味的语法学习变得鲜活有趣，从而提高学生的学习兴趣。

（二）英语篇章教学中的跨文化教育

外语教师在篇章教学过程中，要坚持介绍文章作者生平、故事或事件文化历史背景及其他相关文化科学知识，解释因文化差异而产生理解困难的句子。这些

对拓宽学生的文化视野，感受文化差异，消除阅读障碍有很大帮助。高等教育出版的《实用英语》教材提供了大量不同体裁和题材的文章，同时传载着丰富的文化信息，我们必须加以充分利用。

另外，一些课文本来就是有关西方文化的内容，如第二册 What a Culture 课文本身就是一种跨文化知识的传授，教师在教学过程中应适当联系、补充一些与课文相关的知识，甚至可以与母语文化中相关内容进行比较，使学生对同一个主题文化有更全面、更系统的认识。如课文涉及食品与健康，就自然联想到外国快餐进军到中国和中西餐桌礼仪与文化；讲美国就会提到美洲大陆、移民、CHINA-TOWN、海归派、种族歧视等。除课本外，教师应选择体现中西文化共性和差异的英文文章，作为学生的课外补充材料，使学生更加了解西方的风土人情和价值取向。

三、英语翻译和写作教学中的跨文化教育

（一）英语翻译教学中的跨文化教育

被看作是两种语言转换过程的翻译活动绝不仅仅是从一种语言到另一种语言的传递，也不可能是字、词、句之间的机械转换，它是两种文化之间的跨文化交流活动。因此，不了解文化之间的差异无疑会在翻译过程中产生很大障碍。学生在翻译中常出现的最严重的错误往往不是因为表达不当造成的，而是源于文化差异所造成的障碍。因此，在大学英语翻译教学中，加强中西方文化背景知识的传授。

1.地域和历史方面的文化差异对翻译的影响

所谓地域文化就是指由所处地域、自然条件和地理环境所形成的文化现象，其表现就是不同民族对同一种现象或事物表达形式采用不同的言语。例如：汉语中人们常用"雨后春笋"来形容新事物的迅速涌现或蓬勃发展，但是英语中却用 spring up like mushrooms，汉语中的"多如牛毛"表示事物之多，而英语中则用 plentiful as blackberries。中国在地理环境上属于半封闭的大河大陆型，自古以来，人们生活和生产活动主要是依附在土地上。因此，汉语词汇和习语有许多都与"土"有关，如"土生土长、土洋并举、土特产"等。但在英译时它们都失去了"土地"一词的字面意思。倘若将"土"字都不留余地地译出，就会让西方人感到莫名其妙。

相反，英国是个岛国，四面环海，英语中与海洋渔业有关的表达俯拾皆是，但翻译成汉语时却采用另外的表达法。如英语"All at sea"，汉语却翻译为"茫然不知所措"，英语"A small leak will sink a great ship"，汉语却翻译为"蚁穴之穴能

溃千里";英语"sink or swim",汉语却翻译为"孤注一掷"。英语"Spend money like water",汉语却翻译为"挥金如土"。一定的语言表达跟特定的历史文化也是分不开的,在两种语言之间进行翻译时。会经常遇到由于历史文化差异而出现的翻译难题。例如,英语"Waterloo"是比利时的一个地名,拿破仑于1815年在那里惨败,整个战局为之一变。因此,"to meet one's Waterloo"在进行翻译时应该包含"遭到决定性失败"之意。

2. 宗教信仰的差异对翻译的影响

宗教文化是人类文化的一个重要组成部分,它指的是由民族的宗教意识、宗教信仰所形成的文化,表现在不同的民族在崇尚、禁忌等方面的文化差异。对于中西宗教文化方面存在的差异,在翻译时应予注意。

3. 思维方式和价值观的差异对翻译的影响

思维方式的差异本质上是文化差异的表现,长久生活在不同区域的人具有不同的文化特征,因而也形成了不同的思维方式。英语民族的思维是个体的、独特的,而中国人注重整体、综合、概括思维。表现在语言上,英语偏好用词具体细腻,而汉语用词概括模糊。例如"说"一词,英语有"say、speak、tell"等,这些词可以表达不同情况下"说"的意思。这样使语言简洁准确,又富于变化,形象生动。而汉语往往趋向于泛指,在"说"前加副词修饰语,如语无伦次地说,低声地说,嘟嘟囔囔地说。如东方人偏重人文,注重伦理道德,西方人偏重自然,注重科学技术;东方人重悟性、直觉、求同、求稳、重和谐,西方人则重理性、逻辑、求异、求变、重竞争等。不同的思维方式决定了各个民族按照各自不同的方式创造不同的文化,而这种不同必然要通过文化的载体——语言得以表达。这种思维方式的差异常导致翻译中一些词语的引申义不同,因此,我们要谨防翻译陷阱。

(二)英语写作教学中的跨文化教育

英汉两种语言的篇章结构与其思维模式相关,有什么样的思维模式就有什么样的语篇组织结构。西方文化注重线性的因果式思维,而中国文化偏重直觉和整体式思维。这就导致语篇结构方面的巨大差异。英语句子组织严密,层次井然有序,其句法功能一望便知。而汉语句子成分之间没有英语那么多的黏合剂,较少地使用连接手段,句子看上去显得松散,句子间的逻辑联系从外表不易看出。汉语思维模式呈螺旋形,其思维习惯在书面语言上的表现形式是迂回曲折,不直接切入主题。而是在主题外围"兜圈子"或"旁敲侧击",最后进入主题。"文若看山不喜平"是典型的汉语修辞模式,也成为衡量文采的标准。英语篇章的组织和发展是"直线式",通常先开门见山、直抒己见,以主题句开始,直截了当地陈述主题，然后用事实说明，即先有主题句，后接自然衔接的例证句。英美人的思维方式决定了英语写作中出现主题句的必然。

第三节 构建基于多元文化交际的大学英语教学模式

在过去的一个世纪里，随着语言学理论、语言学习理论和其他学科诸如心理学、社会学、人类学和教育学等理论的成熟，语言教学法的各种流派纷纷出现，外语教学与研究取得了丰硕的成果。到目前为止，比较系统化的外语教学法不下20种，外语教学者可有许多选择，但这些教学法基本上都是以语言知识和技能为中心，文化教学始终未给予足够重视。

一、对文化因素在语言教学中的重要性认识

外语教学应该包括对学习者语言能力、语言运用能力、社会文化能力和跨文化交际能力的培养。其中跨文化交际能力的培养首先涉及对本族文化和目的语文化的态度转变。无论对于研究者还是普通外语学习者而言，文化能力，即有关风俗、习惯、价值观、信仰和意义系统的知识，毋庸置疑地应该成为外语学习不可分割的一部分。许多教师已经开始把文化教学作为一个教学目标融入语言课程中。在过去20年中已经受到足够重视的交际能力，强调的是"语境"的作用，认为在不同情境中交际者应该得体地运用语言。语境中蕴含着文化规则，发生在具体语境中的交际行为受文化的限制，所以实现有效、得体的交际要求交际者既了解语言的语法知识（语法能力），又能够解读语境中暗含的文化意义；两种能力相互补充形成交际能力。当然，我们早已对以"行为主义模式"为中心的语言学习方法进行了批判，在此模式下，语言学习就是句型模仿，语言就是用来表述事件的词和句子的简单组合。

在过去20年中，研究语言与社会的关系成为潮流，外语教学方法与手段、教学模式发生了很明显的转变。然而，仍然有一些与语言教学的本质有关的信念深植于人们心中，决定了外语课程的内容，这种信念潜移默化地削弱了语言课程中的文化教学，阻碍了学生跨文化交际能力的培养。把语言仅仅当作一种符号，只学习语法规则无疑是一种错误的观念。在某种程度上，如果只对与语言有关的社会动态给予关注，而不能对社会和文化的结构有深远的洞察力，也可能导致跨文化交际中的误解。所以，外语学习就是外国文化的学习，在外语课堂中应该教授文化，这是毫无疑问的。值得重视的是，"文化"的含义是什么，怎样才能将文化融入语言教学中。Kramsch认为，文化之于语言学习不是可有可无的第五种技能，它附属于听、说、读、写的教学。从学习外语的第一天起，文化就一直存在于背

景中，时刻准备着扰乱不设防的学习者，挑战他们认识周围世界的能力，使学习者们意识到他们辛苦学得的交际能力的局限性。

缺乏了文化因素的外语教学是不准确的，也是不完整的。对于外语学习者，如果他们对于以目的语为母语的人们的生活习惯或是国家状况一无所知，那么语言学习是毫无意义的。学习目的语文化的重要性随着语言学习者与外国文化越来越频繁的接触而逐步凸显出来，因为他们在跨文化交流中碰到的最大障碍往往与语言的熟练程度无关。这种障碍就是母语文化的缺失，其直接后果就是语用失误。文化语用失误比单纯的语言错误更容易在跨文化交际过程中造成不良影响。如果说话者出现发音不准、用词不当、语法错误等语言问题，受话者一般都能谅解，甚至会对说话人敢于交谈的勇气表示钦佩。但对于说话者的语用失误，受话者就很难原谅。

外语学习者在学习一门语言时不应忽视目的语文化。随着文化在语言习得中的重要性逐渐被肯定，语言教学研究者和语言教学工作者开始进一步探讨如何能够有效地在外语教学过程中渗透文化知识，于是就产生了"文化教学"这一概念。外语教学的目的主要是培养学生把语言作为交际工具来掌握。寓语言教学于文化背景的目的之一是发现并排除干扰语言交际的因素。不同文化层上的语用失误贯穿于英语学习和使用的每个阶段。因此，不同阶段的语言教学应与不同层次的文化教学有机地结合起来，从而建立一个相应的文化认知系统，以使学生英语水平得到全面提高。

二、对文化教学与文化培训概念的理解

文化教学与文化培训是培养学生跨文化交际能力的两种模式。它们既有共性又有差别。二者都是跨文化交际学形成的土壤和研究的主要内容。通过对跨文化交际学理论的学习和实践，我们充分意识到文化教学是一个伴随着语言教学的漫长而又复杂的教学过程。它要求教师具有高度的文化意识与敏感性。能灵活且创造性地将语言与文化的教学方法和内容结合起来。而文化培训则是一个短期的极具针对性的教学过程，其目标是培养出国人员或移民的跨文化交际能力，帮助他们在异国他乡与来自不同文化的人们友好相处。

（一）文化教学

文化教学可采取几种不同的形式：其一，在外语教学过程中开设的文化课程；其二，将文化因素融入外语课程；其三，课外文化体验或实践活动。文化教学的对象主要是在校大学生，他们有机会参与各种形式的跨文化交流活动，如听外籍教师讲课，参加国际学术会议，短期或长期出国学习，参加国际夏令营，去跨国

公司实习等。文化教学致力于提高语言学习者的跨文化意识和培养其跨文化交际能力。在外语课堂教学过程中，教师可采用专题讲座的形式传授那些直接或间接参与交际的目标语文化知识，也可把文化教学融于语言教学中，通过对两种文化的对比，使学生对文化差异有较高的敏感性，并能在两种文化间自如地进行角色转换，从而达到成功交际的目的。传统意义上的文化教学是指教师讲授目的语国家的历史、地理、政府机构、文学艺术等背景知识。

这些文化背景知识有助于跨文化交际的成功，但由于不直接参与交际，其又具有一定的局限性。自20世纪中叶以来，由于受到人类学和社会学的影响，外语教学研究者们开始认识到，了解目的语民族的风俗习惯、生活方式、思维方式、价值观念等文化因素对于学习该民族的语言十分重要。国内外学者纷纷著书立说，阐明文化与语言的关系，研究如何选择文化教学的内容，如何将文化教学与语言教学有机结合起来，等等。在文化教学研究方面，国外学者各抒己见，提出了不少有价值的见解。诺斯特兰德指出，文化教学的总目标是跨文化理解和跨文化交际，文化教学除了认知因素以外，还应包括社会和情感因素。

西利认为，文化教学应该从七个方面启发学生：第一，受文化制约的行为意识；第二，语言和社会变量的相互作用；第三，一般情况下的常规行为；第四，词和词组的文化内涵；第五，对目标语文化通性的评估；第六，对目标语文化的探究；第七，对其他社会群体的态度。通过教学实践和社会检验，高校英语教师普遍认识到文化教学不仅仅是讲授英美国家的文化现象或介绍一些文化事实，而且还要培养学生的文化意识，采用有效的教学模式，寓文化于英语教学之中，方可达到培养学生跨文化交际能力之目标。如果学生只是死记硬背一些文化事实，往往会造成在跨文化交际过程中因循守旧、不善变通的后果，因为文化不是一成不变的，只有让学生真正理解跨文化交际的原理，懂得跨文化交际的技巧，掌握英美文化和语言，才能达到得心应手进行交际的境界，这才是文化教学的真正内涵。

鉴于文化概念的复杂性和文化内容的宽泛性，文化教学不可能涵盖所有的文化因素，所以国内外学者一般认为语言教学中添加文化教学内容或者渗透文化知识应该遵循四项教学原则：①实用性原则；②阶段性原则；③适度性原则；④科学性原则。由于外语教学的最终目的是培养学生的跨文化交际能力，文化教学必须贯穿于语言教学的整个过程。文化因素的复杂程度与语言形式的难易程度并不一定成正比，即使是简单的语言形式也可能因为文化的问题而导致语用失误。

所以在外语教学中教师要自始至终将语言与文化结合起来教学，即把语言形式置于社会语境中进行教学，让学生按照一定的语用原则操练或使用语言。这样的教学才能使语言知识富有生命力，使学生具备跨文化交际能力。那么文化到底包括什么内容呢？从宏观上看，文化包括三个方面的内容：①观念文化——宗教、历史、哲学、文学、艺术、科学技术、价值观念等；②制度文化——社会制度、政治制度、法律制度、经济制度、风俗习惯、生活方式等；③物质文化——服装、饮食、建筑物、交通工具等。由于文化内容纷繁复杂，在实际的课堂教学过程中，教师有必要对文化内容进行适当的调整、归类并与语言教学科学地结合起来。具体到英语课堂教学实践，英美文化教学的内容可以概括为5个方面。

1. 英语词语的文化内涵

任何一个民族的语言，其词语承载着该民族文化的大量信息，是外族人理解该民族文化的重要线索。英语词语的文化内涵，包括英语词语的指代范畴、感情色彩和联想意义，以及成语、典故、谚语、俗语的比喻义和引申义。由于词语在英汉两种语言之间的文化差异是英语学习的主要障碍之一，教师在进行词汇教学时要注意英语词语的文化意义在英语和汉语之间的对比。

2. 英美文化背景知识

背景知识是英语文化的重要组成部分。研究表明，在阅读过程中，理解文章的关键在于激活阅读者的知识图式，即让学生正确地使用已有背景知识去填补文中一些非连续空白，使文中其他信息连成统一体。英语语言国家的民族习俗、社会行为模式、历史、地理等方面的知识是学生产生合理的推测和联想的基础，有助其更好地理解文章的含义。

3. 英语句法、篇章结构特点和英美思维方式

英语句子较长，以动词为核心，其主干旁支结构分明，主从成分层次明晰，呈树型结构。英语句子语法结构严谨，逻辑关系明显，重分析轻意合。而汉语句子较短，无严格的语法约束，重意合。英语的动词曲折变化形式可表示时间概念。而汉语则要用时间状语表达时间概念。英语的篇章结构一般呈直线型，而汉语的篇章则呈螺旋型或曲线型。英语文章主题明确，脉络清晰，逻辑性强。而汉语文章的特点是含蓄委婉，"曲径通幽"。教师可通过对比分析，让学生掌握英语句法和篇章结构特点。英美人士在英语习得过程中，受英语文字符号特性的影响，形成了逻辑思维优先的习惯。而中国人在习得汉语的过程中，受汉字符号特性的影响，形成了突出的形象思维习惯。

4. 英语交际风格和行为方式

英美人士和中国人在交际习惯和行为方式上存在着巨大差异。例如美国人和中国人交际风格差异可概括为：直接与间接差异；线性与圆式差异；自信与谦卑差异；侃侃而谈与沉默寡言差异；详尽与简洁差异；人和任务为中心与关系和地位为中心差异。一般来说，美国人在交际时倾向于直截了当，开门见山，一步一步，直奔主题；美国人崇尚自信，相信只有通过言语，进行详尽严密的交谈，才

能达到交流和解决问题的目的；美国人喜欢就事论事，不关注重社会因素和人际关系对交谈主题的影响。美中两种文化的交际风格差异很大，双方只有事先对交际风格差异有所了解。且交际时有意识地调整自己，才能取得良好的交际效果。教师还应该引导学生了解英美人士在言语行为和非言语行为方面的表现。在言语行为方面的表现主要包括：称谓、打招呼、告别、问候、祝愿、致谢、表扬、禁忌、委婉语等。在非言语行为方面的表现主要包括：身体动作、面部表情、衣着、服饰、音调、音量、守时、体距等。

5.英美价值观念

与跨文化交际关系较为密切的价值观念主要包括：人与自然的关系，是天人合一还是天人相分；人际关系，是群体取向还是个人主义取向；人对"变化"的态度，是求变还是求稳；动与静，是求动还是求静；做人与做事；人之天性观，是"性本善"取向还是"性本恶"取向；时间取向。英美文化语境中，人们采取天人相分的态度。人们崇尚个人主义，包括个人奋斗，独立自主，保护隐私，追求自由与差异。在美国文化中，人们追求的是永无停顿的变化，变化几乎是发展、进步、创新、成长的同义词。基督教原罪说导致了"人之初性本恶"的人性论。在对待时间的态度上美国人轻视传统经验，从不留恋过去，很少崇拜祖先，但非常欣赏己辈，更期待未来。目前，文化教学的模式纷繁复杂，陈申归纳出了三种文化教学模式，里萨格尔归纳出了四种文化教学模式。陈申在《语言文化教学策略研究》一书中共总结了三种文化教学模式：①地域文化学习兼并模式；②模拟交际实践融合模式；③多元文化互动综合模式。里萨格尔的四种文化教学模式是：①外国文化模式；②跨文化模式；③多文化模式；④超文化模式。

（二）文化培训

文化培训是一项高度专业化的教学形式，其目标是培养出国人员或移民的跨文化交际能力，具体地说，就是帮助人们在异国他乡在陌生的环境中有效地工作，愉快地生活，与来自不同文化的人们友好相处。文化培训在很大程度上取决于对培训对象、文化调适过程、跨文化交际环境和培训方法等问题的理解和研究。跨文化培训在帮助学习者正确认识文化冲撞的必然性和积极意义，了解文化冲撞产生的原因之后，就可以从文化冲撞入手，利用文化冲撞对学习者所带来的情感和认知的冲击，来增强他们的跨文化意识，从而开始系统的培训。文化调适一般需要经历3个阶段：紧张痛苦阶段、逐渐适应阶段和稳步提高阶段。由于对跨文化培训的需求日益增加，跨文化培训方法也越来越多。通过归纳，主要有6种培训方法：①文化现实为主的培训；②归因培训；③文化意识培训；④认知行为调整；⑤体验式学习；⑥互动式学习。这些跨文化培训方法对于我们在新的教学模式下进行文化教学具有参考价值，特别是"文化意识培训""体验式学习"和"互动式学习"值得我们效仿。

三、跨文化交际大学英语教学模式的构建

  我国最新的高校英语教学大纲《大学英语课程教学要求》对高校英语课程的性质和目标进行了定义："大学英语教学是高等教育的一个有机组成部分，大学英语课程是大学生的一门必修基础课程。大学英语是以英语语言知识与应用技能、学习策略和跨文化交际为主要内容，以外语教学理论为指导，并集多种教学模式和教学手段为一体的教学体系。大学英语的教学目标是培养学生的英语综合应用能力，特别是听说能力，使他们在今后工作和社会交往中能用英语有效地进行口头和书面的信息交流，同时增强其自主学习能力，提高文化素养，以适应我国社会发展和国际交流的要求。"《大学英语课程教学要求》还对课程设置做出了规定："各高等学校应当根据实际情况，按照《课程要求》确定本校的大学英语教学目标，设计各自的大学英语课程体系，将综合英语类、语言技能类、语言应用类、语言文化类和专业英语类等必修课程和选修课程有机结合，以确保不同层次的学生在英语应用能力方面得到充分的训练和提高。高校英语课程不仅是一门语言基础知识课程，也是拓宽知识、了解世界文化的素质教育课程。"

  因此，设计高校英语课程时也应充分考虑对学生文化素质的培养和国际文化知识的传授。随着本人对《大学英语课程教学要求》的深入理解，对跨文化交际理论的深入研究，以及对教育学和外语教学理论的深入探索，本着以跨文化交际能力培养为视点，整体构建了跨文化交际高校英语教学模式。按照这一模式设计的课程体系分为两个部分：语言基础系列课程，跨文化应用系列课程。

（一）制定教学目标所遵循的原则

1. 既有总体目标又有个性化目标。
2. 根据《大学英语课程教学要求》确定总体教学目标。
3. 通过需求分析确定本校个性化教学目标，满足学生需求。
4. 所有目标必须符合时代特点。
5. 培养掌握双语言双文化的人才是确定总体目标和个性化目标的基础。

（二）确定语言教学内容所遵循的原则

1. 以《大学英语课程教学要求》和需求分析为依据确定教学内容。
2. 语言内容应与文化内容相辅相成。
3. 尽量选择有文化内涵的语言项目。
4. 内容典型，重点突出，不应增加学生的学习负担。

5.语言教学内容难度参考克拉辛"i+r"原则。

（三）确定文化教学内容所遵循的原则

1.文化内容应与语言内容相辅相成。

2.交际文化内容优先于知识文化内容。

3.选定典型文化差异内容，杜绝文化负迁移。

4.选定两种文化相通的内容，充分利用文化正迁移。

5.要构建成一个开放式文化内容体系，鼓励学生接触不同的文化观点和价值观念。

6.文化内容要有正确导向，帮助学生克服民族中心主义。

7.文化教学既要包括语言技能和交际策略训练，又要包括学生人文素质培养。

（四）使用教材所遵循的原则

1.引进理念先进、语料真实的国外教材。

2.采用优秀的国内教材。

3.自行编写符合本校教学要求的教材。

（五）课堂语言教学所遵循的原则

1.听、说、读、写、译齐头并进，全面发展。

2.在认知语言规则的基础上进行操练，创造有意义的学习情景。

3.课堂教学以学生为中心，以教师为指导。

4.创造活跃、轻松的课堂气氛，鼓励课堂互动。

5.让学生了解每一个课堂活动的目的，反思参与课堂活动所获得的经验和感受。

6.考虑学生的个体差异，采取灵活的对策引导学生积极参与活动。

7.充分利用网络多媒体等高科技手段，使英语教学情景化和交际化。

8.综合运用言语交际活动的八种要素：情景，功能，意念，社会、性别、心理作用，语体，重音和语调，语法和词汇，语言辅助手段。

9.使用真实语篇，培养学生交际能力。

10.强调运用目标语训练交际。

11.提供机会使学习者不仅重视语言而且重视学习过程自身。

12.将课堂学习与课外语言活动紧密结合起来。

13.适时地对学生的语言错误进行分析和疏导。

（六）课堂文化教学所遵循的原则

1.在课堂设计中融入"合作式学习""研讨式学习"的教学理念。

2.设计丰富多彩的第二课堂文化实践与体验活动,增加体验式学习的机会。
3.根据文化教学特点、学生学习风格、教学条件等因素灵活运用教学方法。

四、教学目的

应用视角下的英语教学目的以语言应用技能为目标,对学生进行听、说、读、写、译五个方面的技能训练,以提高学生的英语综合应用能力。跨文化交际视角下的英语教学则注重学生整体沟通能力的建构,语言技能作为沟通能力的一个方面包含于宏观的能力和素质之中。根据我国最新的高校英语教学大纲《大学英语课程教学要求》,综合两种视角下的英语教学,为高校英语教学大纲确定了总体教学目标:培养学生的跨文化交际能力。因此在培训语言基本技能的英语教学过程中添加文化内容,增设文化知识的课程、跨文化交际课程、双语文化类课程等已成为必要之举。根据跨文化交际能力的构成内容、高校英语课程的教学目标以及课程体系特点,跨文化交际高校英语教学目的可细化为以下几个方面。

(一)培养学生的英语综合应用能力

就英语语言教学而言,我们将从语言能力、语言技能和语言运用等方面对学生进行培养。根据高校新生入学的英语水平、摸底测试结果和专业特点、就业需求、深造需求,我们除了确定了适合高校学生的英语培养目标外,还从《大学英语课程教学要求》中选定了适合学校具体情况的"较高要求"列入了学校的《大学英语教学大纲》。我们按照"较高要求"从听、说、读、写、译、词汇六个方面确定教学内容,决定教学策略和方法,开设相应的课程,以提高学生的英语综合应用能力。高校大学英语教学的具体要求如下:①听力理解能力:能听懂英语谈话和讲座;能基本听懂题材熟悉、篇幅较长的英语广播和电视节目;语速为每分钟150-180词,能掌握其中心大意,抓住要点和细节;能基本听懂用英语讲授的专业课程。②口语表达能力:能用英语就一般性话题进行比较流利的会话,能基本表达个人意见、情感、观点等,能基本陈述事实、理由和描述事件,表达清楚,语音、语调基本正确。③阅读理解能力:能基本读懂英语国家大众性报纸杂志上一般性题材的文章,阅读速度为每分钟70-90词;在快速阅读篇幅较长、难度适中的材料时,阅读速度达到每分钟120词;能阅读所学专业的综述性文献,并能正确理解中心大意,抓住主要事实和有关细节。④书面表达能力:能基本上就一般性的主题表达个人观点,能写所学专业论文的英文摘要,能写所学专业的英语小论文,能描述各种图表,能在半小时内写出不少于160词的短文,内容完整,观点明确,条理清楚,语句通顺。⑤翻译能力:能摘译所学专业的英语文献资料,能借助词典翻译英语国家大众性报刊上题材熟悉的文章,英汉译速为每小时约350

个英语单词；汉英译速为每小时约300个汉字。译文通顺达意，理解和语言表达错误较少；能使用适当的翻译技巧。⑥推荐词汇量：掌握的词汇量应达到约6395个单词和1200个词组，其中约2200个单词为积极词汇。

（二）培养学生的跨文化交际认知能力

英语综合应用能力是跨文化交际能力的一部分。高校大学英语教学的终极目标是培养学生的跨文化交际能力。跨文化交际能力是进行成功的跨文化交际所需要的能力，即与不同文化背景的人们进行有效的、适宜的交际的能力。跨文化交际能力一般包括三个基本因素：认知因素，情感因素，行为因素。这里的认知因素是指跨文化意识，即人们在对本国文化和外国文化理解的基础上形成的对周围世界认知上的变化和对自己行为模式的调整。情感因素是指跨文化交际过程中人们的情绪、态度和文化敏感度。行为因素指的是人们进行有效的、适宜的跨文化交际行为的各种能力和技能，比如获取语言信息和运用语言信息的能力，如何开始交谈、在交谈中如何进行话轮转换以及如何结束交谈的技能和移情的能力，等等。跨文化交际过程中的认知，是指人在特定交际环境中处理和加工语言和文化信息的过程。跨文化的认知能力是获得跨文化知识、跨文化交际规则以及提高跨文化交际意识的基础，包括文化认知能力和交际认知能力。在跨文化交际高校英语教学中，我们应该优先培养学生的跨文化的认知能力。

1.文化认知能力

文化认知能力是指在了解母语和目的语双方文化参照体系的前提下，所具备的跨文化思维能力和跨文化情节能力。跨文化交际要求交际者既了解自己所在文化体系的文化习俗、价值观念、思维模式和行为取向，又了解目的语文化的对应知识。只有了解双方文化的参照体系，交际者才可以在跨文化交际语境中调整自己的行为模式，预测交际对象的行为取向，为有效交际做好准备。跨文化思维能力是指交际者在了解交际对象文化的思维习惯的基础上，能够进行跨文化的思维活动，是高层次的跨文化交际能力。交际过程中交际主体的知觉对象主要是组成沟通环境的各种事物，即交际行为发生在一定的语境中。福格斯为情节下的定义是"某一特定文化环境中典型的交往序列定式"，跨文化情节能力是交际者在特定语境中按照交往序列定势交际的能力。

2.交际认知能力

跨文化交际能力既包括对目的语交际模式和交际习惯的了解，也包括对目的语语言体系、交际规则和交际策略的掌握。高校英语教学的主要内容是语言，掌握语言知识和应用规则是其重要的教学目标之一。由于各文化体系中人们的价值取向不同，交际规则差别很大，不了解对方文化的交际规则，即使正确使用目的语言也不能保证有效的交际结果。因此，外语学习者只有了解交际对象在文化方面的交际规则，学习其交际策略才能在行为层面上表现出跨文化交际能力。

（三）培养学生跨文化情感能力

《心理学大辞典》给情感下的定义是："情感是指人对于客观事物是否符合自己需要而产生的态度体验。"情感反映的是具有一定需要的主体与客观事物之间的关系，是对客观世界的一种特殊的反映形式，属于心理现象中的高级层面，能够影响到认知层面的心理过程。情感、态度和动机，能够影响对事物的认识和解决问题的方式。交际过程中的文化情感能力主要指交际者的移情能力和自我心理调适能力。

1.移情能力

培养学生的移情能力是指培养学生克服民族中心主义的能力、换位思考能力以及形成得体交际动机的能力。作为文化群体的一员，交际个体都有民族中心主义的倾向，以本民族文化为标准评价其他文化，对其他文化存在文化思维定式、偏见和反感情绪。培养跨文化交际能力的课程体系能够增加学生对其他文化的认识，提高跨文化交际意识和克服民族中心主义的负面影响。

2.自我心理调适能力

在跨文化交际语境中，交际主体会因文化差异产生心理焦虑或感到心理压力。因此，培养学生的自我心理调节能力、对目的语文化中不确定因素的接受能力和保持自信和宽容的能力，是重要的文化教学目标。

（四）培养学生的跨文化行为能力

跨文化行为能力是指人们进行有效的、适宜的跨文化交际行为的各种能力，比如正确运用语言的能力，通过非言语手段交换信息的能力，灵活运用交际策略的能力，与对方建立关系的能力，控制交谈内容、方式和过程的能力等。跨文化交际的行为能力是跨文化交际能力的最终体现。跨文化行为能力的形成需要以认知能力和情感能力作为基础。在跨文化交际高校英语教学过程中，我们拟着重培养学生的三种跨文化行为能力：言语行为能力、非言语行为能力和跨文化关系能力。

1.言语行为能力

言语行为能力的基础是语言能力和语言行为。语言能力包括词法、语音、语法、句法、语篇等语言知识，语言行为是正确使用语言的能力。因此我们应该从跨文化交际角度培养学生言语行为能力，使学生了解词汇的文化隐含意义、句法构成习惯以及篇章结构布局等。

2.非言语行为能力

培养学生非言语交际能力，提高有效沟通能力。非语言交际行为包括肢体动作、身体姿态、面部表情、目光接触、交流体距、音调高低等。在交际中，非语言交际行为所传递的信息量远远超过了言语行为所传递的信息量。

3.跨文化关系能力

培养学生的跨文化关系能力，保证跨文化交际的顺利进行。跨文化关系能力包括与目的语文化的交际对象建立并保持关系的策略能力，在不同的交际情境中的应变能力。语言综合应用能力、跨文化认知能力、情感能力和行为能力构成了跨文化交际能力的主体，是跨文化教学的重要目标。这些能力需要通过跨文化交际课程体系来实现。

五、教学内容

综合全国高校英语教学大纲《大学英语课程教学要求》的内容和跨文化交际能力构成要素，设计了一个基于跨文化交际的高校英语教学大纲，界定了授课内容，同时为高校英语课程建设提供蓝本。

（一）语言基础教学内容

1.语法结构项目

（1）词语层面：名词、代词、限定词、数词、时态、被动语态、短语动词、不定式、现在分词、动名词、过去分词、情态动词、虚拟语气、介词、形容词、副词，构词法。

（2）句子层面：句型、句子成分、名词从句、直接引语、间接引语、形容词从句、同位语、副词从句。

（3）超语句层面：并列结构、插入语、倒装语序、强调、省略、替代、标定符号。

2.功能意念项目

（1）寒暄：问候、告别、称呼、介绍、致谢、道歉、同情、祝贺、邀请、提议。

（2）态度：愿意、决心、决定、责备、抱怨、允许、同意、建议、命令、相信、怀疑、认定、预告、提醒、承诺。

（3）情感：高兴、担忧、焦虑、惊奇、满意、失望、恼怒、恐惧、欲望。

（4）时间：时刻、时段、时间关系、频度、时序。

（5）空间：位置、方向、距离、运动。

（6）计量：长度、宽度、深度、容量、速度、准确度、温度、近视、平均、比率、比例、估计、最大限度、最小限度。

（7）信息：定义、解释、澄清争辩、叙述、描述、演示、概括、结论。

（8）关系：对比、比较、相似、差异、所属、因果、目的、让步、真实条件、非真实条件、假定、假设、部分和整体关系。

（9）计算：加、减、乘、除、增加、减少、百分数。

（10）特性：形状、颜色、材料、规格、功能和应用。

3.语言技能项目（听、说、读、写、译）

（1）辨别音素。

（2）辨别重音。

（3）辨别语调类型。

（4）理解话语的交际功能。

（5）理解语篇的主题或大意。

（6）领会说话人的观点、态度或意图。

（7）标准语音语调。

（8）善于提问和回答。

（9）复述故事或短文。

（10）就日常生活话题进行对话。

（11）口头作文。

（12）采访书。

（13）即兴简短讲演。

4.阅读技能

（1）理解主题和中心思想。

（2）辨认关键细节。

（3）区分事实和看法。

（4）推论。

（5）做结论。

（6）略读以获取文章大意。

（7）快读以查找特定信息。

（8）利用上下文线索猜测生词或短语的含义。

（9）理解句子内部关系。

（10）参阅附加信息技能。

5.写作技能

（1）句子写作。

（2）段落写作。

（3）篇章写作（描写文、叙述文、说明文、论说文、应用文）。

（4）写提纲。

（5）写摘要。

（6）做笔记。

（7）有提示和无提示即兴作文。

6.翻译技能

（1）直译。

（2）意译。

（3）直意兼译。

（4）成语典故翻译。

（5）合同条文翻译。

（6）校对。

（二）文化嵌入与文化教学内容

1.文化行为项目

（1）生活必需：就餐、住宿、购物、看病、乘行、穿着、节假日、搬家、医疗、保健。

（2）人际关系：称呼、寒暄、介绍、打电话、通信、邀请、接受、拒绝、拜访、会客、共餐、聚会、帮忙、交友、送礼、祝贺、告别。

（3）娱乐消遣：看电影、观剧、游览、看电视、周末娱乐、别墅生活、欢度节日、听音乐会、体育。

（4）情感态度：兴奋、懊恼、沮丧、厌恶、惊讶、遗憾、请求、要求、怀疑、感谢、同情、赞扬、谦虚、道歉、服从、妥协。

（5）观点意见：讨论、评论、征求意见、建议、同意、反对。

（6）个人隐私：年龄、收入、婚姻状况、宗教信仰、政治立场。

（7）时空意义：身体触碰、人际距离、时间划定、时间观念。

（8）家庭生活：家庭团聚、家务分工、家庭纠纷、家庭开支、亲属往来、长幼代沟。

（9）婚姻习俗：恋爱、结婚、婚变、生育。

（10）知识教育：学校教育、社会教育、校园生活、课外活动。

（11）社会职责：求职、社会活动、志愿者、犯罪。

（12）宗教活动：宗教派别、宗教教义、宗教仪式、宗教节日、宗教禁忌。

（三）文化心理项目

（1）社会价值观念：个人与集体、竞争与和谐、男女地位、权威与平等。

（2）人生价值观念：成就、命运、金钱、友谊。

(3) 伦理观念：公正与善良、他人与自我、礼节与面子。

(4) 审美观念：色彩、数字、体态。

(5) 自然观念：天人合一、天人相异、战胜自然、适应自然、星座凶吉。

（四）跨文化交际因素

(1) 全球化语境。

(2) 文化对语言的影响。

(3) 文化对交际的影响。

(4) 跨文化交际障碍：心理障碍、民族中心主义、文化定式与偏见、语言障碍。

(5) 跨文化言语交际。

(6) 跨文化非言语交际。

(7) 文化价值观。

(8) 文化多样性。

六、教材的选择

为了达到教学目标，应开设两类课程：高校英语基础课程；文化与跨文化交际类课程。前者旨在培养学生语言综合应用能力，后者着重培养学生跨文化交际能力。两类课程选用了不同的教材。

（一）英语基础课程教学教材

高校英语基础教学阶段以培养学生语言应用能力为基本教学目标，教学内容以词汇、语法、篇章、语用为主。为避免语言文化脱离的语法教学，高校引进以丰富的跨文化交际语料为内容的国内优秀的高校英语教材，包括：《新视野大学英语》系列教材；《新时代交互英语》系列教材，《大学英语》系列教材。

这几部教材以交际教学法为指导，突出教学过程中跨文化交际能力的培养，在内容方面做到了语言材料与文化内容的融合。教材不仅包括了实用性强且生动有趣的语言材料，还提供大量真实的图片以及英语国家丰富的文化背景，开拓了学习者的视野。《新视野大学英语》为学生和教师提供网络教学平台，可以采取自主学习模式，使学习更富有趣味性、自主性，易于实现体验式学习方式和合作式学习方式。《大学英语》覆盖了听、说、读、写、译各方面的教学内容，其知识性、趣味性和实用性极佳，经多年的教学检验不失为大学英语的经典教材。

（二）文化与跨文化交际类课程教材

此课程的教学目的是通过学习英美文化知识、跨文化交际知识和原理提高学生的跨文化交际能力。在教材选用方面，出于对语言难度、语言准确性和案例真实性的考虑,既选用了国内优秀教材,也引进国外的原版教材。选用国内两部优秀教材:《大学英语跨文化交际教程》《跨文化交际视听说》。这两部教材参考了大量的国内外相关主题的教材和著作,以构建系统的跨文化交际理论;同时,在人类学丛书、人类文化学丛书以及国外阅读材料中遴选了丰富的文化案例,更正了国外教材中对中国文化的错误解释,客观分析文化差异现象;在开阔学生视野的同时,帮助学生深入了解文化差异、跨文化冲突现象和跨文化交际策略;在语料选择方面,语言生动活泼、有时代感,难度略高于大学英语四级水平,有利于提高学生的英语能力。

七、课程设置

高校英语跨文化教学大纲规定,以培养跨文化交际能力为教学目的。根据这一教学目的,结合课程设计理论,设计了合理的课程体系。该体系由两个教学阶段的课程群构成:语言基础教学阶段课程体系;跨文化交际与应用阶段课程体系。

(一)语言基础教学课程体系

高校英语基础教学课程属必修课程,共计6学分。在高校英语基础教学阶段,教学突出语言基本技能的培养,实施高校英语分类、分级教学动态管理机制。我校将高校英语课程教学要求划分为"较高要求"和"更高要求"。新生入学后,根据分类、分级的教学原则,分别进入2个级别的大学英语教学,学习期限为两个学期。为了达到上述要求,开设高校英语听说课程、读写译综合课程,视听说网络自主学习课程。高校英语听说课程和高校英语读写译综合课程都采取小班授课的形式,课堂一般采用多媒体辅助教学。听说课程一般采用听说法和交际法进行课堂教学;读写译综合课程一般采用认知法、交际法和语法-翻译法进行课堂教学。

在教学中,美籍教师采用"体验文化教学法",以文化主题为线索进行全外语环境教学,通过话题发言、示范演讲、案例教学、小组讨论、模拟真实的说话场景、角色扮演等教学手段调动学生的学习热情,鼓励学生积极参与;通过播放电视短剧、电影片段、新闻节目等多媒体教学软件辅助教学,为学生提供相关背景知识、补充新的词汇和术语,使学生能够将语言学习与文化理解有机结合起来,加强对学生英语综合应用能力和跨文化交际能力的培养。外籍教师还根据话题的需要在教室一角摆放了各种杂志供学生课间翻阅,在教室的墙壁上张贴了大量与文化主题相关的图片、卡片、剪报、海报,努力营造全方位口语环境,使学生在全外语的、轻松的文化氛围中进行语言能力训练。除了白天的课堂教学,外教还负责组织下午课后和晚上、周末师生共同参加的棒球比赛、英语诗社、篝火晚会、读书俱乐部、电影欣赏、美国乡村舞、现代舞蹈、瑜伽、滑板、课外讲座等多种活动，让学生有不出国门的域外文化体验。国际英语口语培训项目在以下几个方面取得了显著的效果：①开拓了学生的文化视野；②极大地激发了学生学习英语的兴趣；③增强了学生用英语交流的自信心；④快速提高了学生英语语言实践应用能力和口语表达能力；⑤提高了学生跨文化交际能力。

（二）跨文化交际与应用课程体系

跨文化交际类课程与应用类课程包括一系列可选择的必修课程，授课对象是完成了两个学期语言基础学习任务的学生。教学方式包括教师讲授、课堂讨论、学生陈述等。第3-4学期，开设多门可供选择的必修课：高校英语基础课程；高校英语跨文化交际类课程；英语应用类课程，每周4学时；额外开设若干门选修课，每周选修2学时。第3-4学期，必修课6学分和选修课4学分。第5-6学期，开设若干门选修课，每周选修课2学时，两学期共修4学分。跨文化交际类课程以讲授英美文化和跨文化交际知识为主线，用英语授课，教学目的是提高学生跨文化交际技巧和跨文化交际能力。英语应用课程着重培养学生语言应用能力，特别是英语与专业相结合的应用能力，通过培养学生的跨文化交际能力，拓宽其国际视野，提高就业和深造竞争力。本教学阶段开设的课程有20多种。跨文化交际类课程有：英语演讲技巧、英语影视欣赏、英语诗歌欣赏、英国历史、圣经与希腊神话、西方文化概览、英美文学欣赏、中西文化对比、美国社会与文化、英语国家社会与文化、美国总统就职演说之文化分析、美国外交等。英语应用类课程有：戏剧与影视文学专业英语、哲学专业英语、法律专业英语。国内两部优秀教材：《大学英语跨文化交际教程》《跨文化交际视听说》。这两部教材参考了大量的国内外相关主题的教材和著作，以构建系统的跨文化交际理论；同时，在人类学丛书、人类文化学丛书以及国外阅读材料中遴选了丰富的文化案例，更正了国外教材中对中国文化的错误解释，客观分析文化差异现象；在开阔学生视野的同时，帮助学生深入了解文化差异、跨文化冲突现象和跨文化交际策略；在语料选择方面，语言生动活泼、有时代感，难度略高于大学英语四级水平，有利于提高学生的英语能力。

（三）具体性教学策略

具体性教学策略指培养听、说、读、写能力和文化意识的教学行为。在语言教学方面，我们要求教师恰当地采用以下六种具体性教学策略：词汇教学策略、语法教学策略、阅读教学策略、写作教学策略、听说教学策略、文化教学策略。帮助学生认知词汇的教学策略有单词网、信息沟、词汇发现、词汇问题以及多媒体展示等；帮助学生应用词汇的教学策略有词汇旅行、单词冲刺、单词故事、连锁故事、交叉联想等；帮助学生测评词汇的策略有文本校对、填图、纵横字谜、自评对子和学生测验等。常用的语法教学策略有迷你情景、图片案例、旅游、虚拟情景、猜测模仿、原因探究、爱好选择以及图片故事。常用的阅读策略有合作阅读、先行组织、互惠阅读、学习日志、同伴指导、同伴阅读、自选阅读、质疑作者以及图片故事。常见的听力教学策略有标题探索、概述选择、排序、复式听写、听与画、远距离听写等。常见的会话教学策略有图画排序、找伙伴、流程卡、角色小品、图画信息、补全对话、连锁复述、分组讨论、围圈发言、采访、"陪审团"以及纸条指令等。常见的写作策略有句子重组、平行写作、故事重组、框架写作、图片序列、轮式写作、拆分信件以及创作隐含对话等。教学活动：教师除采用传统说教式课文讲解以外，还可组织一系列的课堂活动。

（1）口头报告：教师提前将口头报告的题目布置给学生，学生经过课前准备后，在课堂上报告。

（2）小组讨论：以3-5人为单位。就课文中涉及的话题展开讨论。

（3）对子活动：两人为单位的对话练习，巩固课堂上出现的句子结构知识。

（4）角色扮演：依照课本上的对话，让学生做模仿练习，由教师给出活动场景，让学生自己设计对话内容自行分配角色，经过在小组内的预演后在班级表演。

（5）即兴演讲：根据教师临时提供的文化场景让学生做即兴的、简单的交际。

（6）信息缺口：给学生分别提供一部分信息，让学生进行合作获得全部信息。

（7）采访：让学生采访班级学生对某一问题或者某一文化现象的理解。

（8）小组辩论：将学生分为两组，分别持有相反的观点，就教材中出现的某一热点话题展开辩论。

（9）词义挖掘：在学生掌握了英语词语概念意义之后，组织课堂讨论会，然后学生根据语境、词源、搭配和英汉比较，挖掘词汇的文化内涵。

（10）习语对比：让学生将课文中出现的习语挑选出来，对比目的语与母语在习语表达方式上的异同，然后请部分学生汇报结果。比喻相同或相似：wolf in sheep's clothing; Kill two birds with one stone.等。比喻不同：Love me; love my dog; as strong as a horse 等。

（11）案例分析：组织学生就课文中的某一典型语言现象或文化现象进行讨论分析，然后由老师点评，以帮助学生理解和把握相关概念和文化现象。

（12）共享信息：布置一些语言或文化题目，让学生去图书馆或上网查阅相关信息，然后将获取的信息与全班同学共享，以培养学生合作学习的习惯。

八、文化教学的方法和策略

文化教学的方法：外语教育中的文化教学采用三种教学法：显性文化教学法、

隐性文化教学法和综合文化教学法。

（一）显性文化教学法

显性文化教学法是指相对独立于外语教学的、较为直接系统的、以知识为重心的文化教学法。显性文化教学法的省时、高效是显而易见的。而且，这些相对独立于语言教学的自成体系的文化知识材料可以很方便地供学生随时自学。但显性文化教学法有两个致命缺陷：（1）使学生对异文化形成简单的理解和定型观念，影响跨文化交际的有效进行；（2）让学习者始终扮演着被动的、接受的角色，导致他们缺乏文化探究的能力和学习策略。

（二）隐性文化教学法

隐性文化教学法是指将外语教学与文化教学自然地融合在一起的教学方法。其优点在于课堂的各种交际活动给学习者提供了一个认识和感知异文化的机会。其缺点是：学习者在语言学习的过程中自然习得的外国文化缺乏系统性。

（三）综合文化教学法

综合文化教学法是指将跨文化交际能力作为最终教学目标，综合了显性文化教学和隐性文化教学的各自优势，且兼顾了文化知识的传授与跨文化意识和行为能力的培养的教学方法。文化教学的策略：大学英语教学中，有效地实施文化教学离不开系统的文化教学策略的支持。在涉猎了国内外语言文化教学研究和跨文化交际研究的书籍以底引进了综合文化教学法，借鉴了陈申、胡文仲和高一虹、陈俊森、严明等学者的研究成果，整合了一套适合高校实际情况的基本文化教学策略，并设计了一系列的课堂活动。其中，为高校英语教学过程中的文化教学设计的课堂活动有：

（1）文化实物：让每位学生展示一件代表家乡文化的物品，如典型的民族服饰、手工艺品、家乡著名建筑物模型或照片、家乡人民生活情景图片等。学生通过展示代表自己家乡文化的物品，介绍家乡文化的特色。这一活动可以开阔学生视野，增加地域文化知识，体会地域文化差异。

（2）短文仿写练习：改写一篇英国文化背景的短文，要求主题保持一致，以本民族文化为叙事和观察视角。例如，仿照例文《美国学生的春假》写一篇题目为《中国学生的假期》的短文。通过比较原文和改写文在文化和内容上的不同，了解中美文化差异。

（3）地域文化介绍：教师把学生分为四组，分别代表美国、英国、加拿大和澳大利亚，把有关四国文化的资料分发给各组学习，假设上述四国是学生的家乡，要求学生简要介绍家乡的文化特色。通过角色扮演使学生了解四国文化的相同点和不同点，使学生意识到这四个以英语为母语的国家在很多方面存在差别。

（4）通过习语和谚语了解文化：系统讲解英语习语和谚语、解析隐含的价值观念。

（5）发现文化身份：让学生反思自身的文化观念，确定自己的文化身份，进而深入了解自己所在文化群体的特点和文化价值取向。

（6）凭记忆画图：教师展示一幅图画，要求学生观察2分钟后凭记忆画出图中内容；通过观察、讨论不同的学生所画图画的内容，教师引导学生得出结论——受个人文化背景的影响，人们感知世界的方式是不同的。

（7）感受个体空间距离：创造不同的语境，让学生以不同的交际身份与交际对象保持某种空间距离，了解不同文化对交际者空间距离的要求，体会文化、语境、交际者的身份角色及交际对象的关系对空间距离的不同期望。

（8）文化定式：教师让学生观看不同国籍的人们的照片，要求学生用形容词说出对照片中人物的印象。通过描述对不同群体或个人的印象，了解文化定式现象，学习文化定式产生的原因、优点和缺点。

（9）回忆最初的时刻：让学生讲述其接触陌生环境最初时刻的感觉和想法，讨论不同态度和行为对人们适应和融入陌生环境与文化的影响。使学生明白，交际者与陌生环境或陌生人的最初接触会直接影响到交际双方未来关系的发展方向；此外，积极而适当的态度与行为有助于我们更好地适应和融入陌生的环境与文化。

（10）外国工艺品展：带领学生参观某一文化的工艺品展览，引导他们发现展品中蕴含的文化意义，锻炼学生观察事物的能力，培养学生的文化意识和文化敏感性。

（11）文化场景短剧：组织学生表演一幕情景短剧，其他学生一边欣赏短剧表演，一边从文化角度理解和分析短剧中的情景。短剧表演完毕，学生讨论几个问题，如短剧中发生了什么事情？剧中体现了哪些文化现象和冲突？该活动可锻炼学生的观察技能，提高学生分析文化现象的能力。

（12）感知移情：学生阅读一篇由文化认知差异引发交际问题的短文，教师引导学生就其中的问题进行讨论，培养学生移情能力，增强其跨文化交际意识，帮助学生寻找更多的提高跨文化交际能力的途径和方法。

（13）非言语交际：学生分组表演某些生活场景，展示肢体语言、空间距离、表达情感的声调和语气等。通过该课堂活动，帮助学生了解非言语交际所包含的内容及其重要性，帮助学生掌握一些非言语交际过程中应采取的恰当的行为和态度，进而加强其交际意识。

（14）采访外国人：教师布置学生就某些特定问题采访一些外国人，然后在课堂做采访汇报，要求学生比较不同的受访者做出的回答，以及他们对采访和采访问题所表现出的态度和反应。该活动旨在帮助学生了解不同文化对待某些事物看法和态度的异同。

（15）影片欣赏：教师让学生欣赏几段有关美国教育、教学方面的影片，使他们了解美国教育体系的特点，并指导学生比较中美两国教育体制的差异。

（16）辨别强语境文化和弱语境文化：教师首先向学生简要介绍强语境文化和弱语境文化的定义。然后让学生辨别不同的文化现象，使其了解强语境文化和弱语境文化，找出这两种文化模式之间的差异，进而引导学生学会接受并尊重不同文化，从而培养学生的跨文化交际意识。

（17）文化适应：教师要求学生安静地回忆其接触陌生环境和文化的经历，结合异地求学或旅游等经历来进行思考，简要地写出经历中的主要事件和情景，并回忆其当时的心情、感受和想法。该活动可帮助学生了解文化适应的过程，提高学生的跨文化交际意识和适应新环境、新文化的能力。

第七章 多元文化视域下的高校英语教育存在的问题及策略

第一节 目前大学英语教学中多元文化教育存在的问题

近年来,跨文化教育已成为我国外语界研究的热门课题。我国外语界基本达成了一种共识,即语言教学中必须有文化教学。然而,当前的外语教学明显地落后于经济的发展和社会的需求,尤其在跨文化教育方面显得更为薄弱。目前高校英语的跨文化教育主要存在以下问题:

一、高校英语教师跨文化教育的意识和跨文化能力不够强

(一)教师缺乏跨文化教育意识和视野

外语教育是一种理念,是使学生理解目的语文化,消除文化壁垒,培养正确的跨文化意识。然而,传统的外语教学不注意语言的交际价值,即在培养学生语言能力的同时,没有重视语言的交际能力,没使学生认识到母语与目的语之间的文化差异。交际能力理论告诉我们,语言能力不等于交际能力,语言知识不等于语言运用。外语教学的目的不仅是传授语言知识,更是要培养学生能够运用所学语言的知识在不同场合对不同对象进行有效的交际能力。

外语教师本是学生外语学习的主要引导者,起着沟通学生个体文化和目的语文化桥梁的作用。然而,实际情况是,很多外语教师跨文化教育意识淡薄,认为外语教学就是讲授语言知识,重语言形式轻社会文化因素,重视学生语言形式的正确与否或使用得是否流畅,而较少注意结合语言使用的场合来培养学生综合运用语言的能力。作为语言的讲授者和文化传播者的高校英语教师,如果本身对本国传统文化缺乏充分的认识、理解,缺乏全面的中外文化观,那就无法正确掌握

目的语与母语文化的平衡，无法在文化教学中培养学生平等的跨文化交际意识，也就难以做到对语言文化背景的理解和发掘语言形式的文化内涵，更不可能帮助学生理解不同文化之间的差异。只有通过对中西文化的教育、比较、取舍、参照、传播的融通等，使学生掌握文化的共性与差异性，树立对文化的正确理解，才能最终实现跨文化教育的目标。须知，外语教师的重要职责之一就是帮助学生了解目的语文化背景，除了培养学生的语言基本技能之外，还要充当跨文化交流的角色，起到一个文化"桥梁"的作用。只有扮演好这一角色，教师的语言教学才能成功，学生的语言综合运用能力才能得到提高，才能在跨文化交流中实现成功的交际。因此，外语教师的教育理念要更新，要积累深厚的跨文化知识和培养较强的跨文化意识，提高跨文化理解的技巧，使跨文化教育的理念得到内化与深化。跨文化教育的实施有赖于外语教师具备跨文化意识，拓展跨文化视野，深入了解跨文化教育的内涵，将跨文化教育融于外语教学中。我们的教育不光是培养出会用外语表达外国事物、外国文化的学生，同样，他们也应会用外语来表达我国的事物、文化，向外国介绍中国的优秀文化，以达到在对外交流中的平衡发展。因此，在文化全球化的背景下，外语教学不但要树立"知彼"的文化观，更要培养"知己"的文化意识。只有这样我国外语教学才能够真正成为弘扬中国优秀传统文化、沟通中国和世界的桥梁和纽带。

（二）重视"目的语文化"传授，忽略对"母语文化"的渗透

近年来随着英语教学改革的推进，英语教学中的文化问题日益被重视，从事英语的教师也开始关注文化在英语教学中的作用，跨文化教育意识在教学中也有所提高。但随之也出现了新的问题，就是在外语教学中重视"目的语文化"的讲解，却忽略了对自身"母语文化"的渗透；在教学中只强调对异文化的理解与认同，却忽视对中国文化的传授。这就表现出教师普遍对母语文化在跨文化交际中的作用认识不够，不具备较强的批判意识，对两种文化间的异同缺乏深刻的理解，其说明多数教师还不具有两种语言应用上的深厚功底。教师文化素养欠缺，培养的学生，一方面无法判断什么是世界文化精髓，如何吸收、借鉴；另一方面缺乏对传统文化的理解而无法弘扬中国优秀传统文化。所以忽视哪一方，都不利于培养跨文化交际能力。

（三）英语教师的跨文化知识掌握欠缺

目前许多高校英语教师的文化意识和文化教育意识不强，缺乏有关跨文化和交际方面的知识，不具备跨文化的理解力。在教学中他们只注重语言表达能力的培养而忽视跨文化应用能力的培养。他们对目的语文化缺乏较强的洞察力、理解力、判断力，缺乏对目的语优劣的扬弃贯通的能力。有的对母语优秀传统文化也

没有充分认识、理解；对母语文化和目的语文化缺乏比较意识，甚至没有。同时其全球一体化国际意识比较淡薄，不具备较强的批判性思维，不能分辨不同文化的差异性。教师要加强自身素质提高，要在实施英语教学中实施跨文化教育，只有不断提高母语文化和目的语文化的修养，扩大跨文化知识视野，比较母语文化与目的语文化之间的异同，了解两种文化的差异性，加深理解，才能培养学生的跨文化意识，提高跨文化理解能力与应用能力。

（四）跨文化教育的方法存在弊端

从目前情况看，多数教师不能灵活、有效地运用各种外语教学方法实施跨文化教育。主要表现在英语教师还不能掌握各种现代教学法与手段，特别是还不太善于根据具体教学目的需要选择最适用的教学法。在英语的教学中偏重语法和句法解释，偏重语言交际技能训练，而忽视文化背景以及非语言交际因素。知识的传授也往往注重书本知识，而对如何引导学生通过大量阅读书刊、文献等获取跨文化交际知识做得不够，对拓宽学生知识面也不够重视，方法运用也不得当。课堂教学中，大多数教师只重视语言形式的正确性，很少教授如何得体地运用语言形式，英语文化知识的介绍也很少，也随心所欲，点到即止，缺乏系统性。甚至有些教师本身对跨文化语用知识知之甚少，在遇到跨文化语用现象时。他们常用"惯用法"来做解释，但很多语言现象并非"惯用法"所能概括，倘若一碰到常见的句型及表达法，就称之为"惯用法"而让学生去死记硬背，结果是学生虽会枯燥地记忆一些句子和表达法，却因不会运用而逐渐对所学外语失去兴趣。以教师为中心的教学原则和方法，既忽视了学生的主体作用，也不利于培养学生的跨文化交际能力。实际上适合跨文化教育的英语教学方法很多，如语法翻译法、直接法、听说法、交际法、自觉对比法等，但各个外语教学派别都存在自身的优势与不足之处，作为英语教师在教学中应扬长避短，将各种方法的优点灵活运用于课堂教学当中。从而提高课堂教学效果，积极引导学生对中西文化进行客观比较，用历史辩证的眼光去透视各文化的不同点，用超然的态度去追索其差异的渊源，从而增强学生的文化属性敏感度，培养树立正确的跨文化意识，最终实现对学生进行跨文化教育的目的。

二、学生跨文化意识和交际能力薄弱

长期以来，我国的外语教学缺乏目的语文化的环境，国民教育的主要活动是向受教育者一味地灌输知识，不注重对学生能力的培养。

同时受整个教育体制和考试体制运作方式的制约，学生的英语学习风格也多是以背诵为主，学习英语的直接目的就是通过四、六级英语等级考试，获取大文凭。所以，考试目的往往起着主导性作用。从教学条件上看，教育经费的投入与受教育的人数增加和教育发展的需要还不相称，目前的高校英语教学明显不能适应经济的发展和社会的需求。另外，教师数量不足，教学水平有待提高，学习外语的学生人数增长幅度较大，且综合素质参差不齐，教师难以做到因材施教，学生学习也只注重书本知识的学习，忽视已有知识的运用。至于课外英语学习环境，无论是学校、家庭还是社会，都难以提供学习、交流与实践的真实环境。虽然有些学生英语表达能力较强，但跨文化理解能力普遍较弱，当语言能力提高到相当的水平之后，文化障碍更显突出，如对交际策略、交际原则、礼貌规则等方面的知识知之甚少。在实际交际中，语言失误很容易得到对方的谅解，而语用失误、文化的误解往往会导致摩擦发生，甚至造成交际失败。语言学家沃尔夫森曾指出："在与外国人交流时，语用失误往往比语法错误更糟糕，因为英语为母语者能够容忍发音、句法方面的错误；但是，由于没有意识到社会语言的相对性，他们认为违反英语话用规则是极其不礼貌的。"一个外语说得很流利的人，往往背后隐藏着一种文化假象，使人误认为他同时也具有这种语言的文化背景和价值观念，他的语用失误，有时令人怀疑是一种故意的语言行为，因此导致冲突发生的潜在危险更大。当代学生普遍存在母语文化素养较缺乏、对中国传统文化知道较少等现象。特别是20世纪90年代以来，由于互联网的迅猛发展，更加快了英语的全球化。据统计，互联网上85%的网页是英语网页，英语电子邮件占80%，来自中国的信息只有0.04%。这种信息交流的极端不对等性无疑助长了一方的文化霸权意识。加重了另一方的受"文化侵略"的危机感。我们正处在一个建设先进民族文化的新时代，正处于热切呼唤人文精神的新时代，母语文化素养的培养，也就是为学生构筑精神的底子，直接影响价值观、世界观等的确立。西方先进国家的高科技与时尚文化都在有意识无意识地影响着学生的心理。加强母语文化学习，是弘扬民族精神、延续民族生命的重要渠道，另外进行文化对比需要以母语文化为参照，较高的母语和母语文化素养可以促进跨文化交际能力和学生综合素质的提高。所以，迫切需要通过跨文化教育来实现大学生养成平等、开放、宽容与尊重的跨文化心态，引导他们形成比较合理的跨文化意识和理念，从而增强跨文化交际能力。

三、跨文化教育的内容较欠缺

（一）跨文化教育的教学大纲存在不足

一直以来我国的《大学英语教学大纲》未将文化教育列入教学要求中，虽然1999年新出台的大纲从培养21世纪创新人才的目的出发，增加了"提高文化素养"这一新的教学要求。但是相对目前《大学英语教学大纲》中语言三要素教学的体系而言，高校英语的跨文化教育还是没有形成完整体系，跨文化教育至今仍无纲可循。2004年1月教育部颁发了最新的《大学英语课程教学要求（试行）》，作为各校组织非英语专业本科生英语教学的主要依据。《要求》确定高校英语教学性质是以英语语言知识与应用技能、学习策略和跨文化交际为主要内容，以外语教学理论为指导，并集多种教学模式和教学手段为一体的教学体系。该《要求》确定的高校英语教学的性质和目标以及三个不同层次的教学要求非常全面，符合当今世界经济发展和国际交流的需要，也适合中国的国情。然而，在对三个不同层次的教学要求进行具体阐述时，《要求》只列出了听力理解能力、口语表达能力、阅读理解能力、书面表达能力、翻译能力和推荐词汇量6个项目，全然忽视了性质和目标中所提到的跨文化交际和综合文化素养的内容。可见，文化教学和跨文化交际能力培养仍然被置于外语教学的边缘，并没有得到切实的、真正的认可和重视。

（二）跨文化教育的内容在英语教材中较为薄弱

到目前为止，以文化导入为目的的系列教材尚未正式出版过，相关的参考资料就更少了，即便有相关的音像资料，但又缺乏系统性，像词典、教学参考资料上能够查到的文化解释也极为有限。高校英语教材中内容的选择也缺少有关中国传统文化的内容，这不利于我们的学生在跨文化交流中传播自己国家的优秀文化，也不利于学生提高对文化优劣的鉴别能力，更不利于学生文化平等意识的建立。

第二节 走出大学英语教学的困境

一、高校英语的培养目标

高校英语教学并非只是一种语言工具的学习，更重要的是对所学语言的文化的认知，是跨文化交际能力的培养。

（一）在高校英语教学大纲中明确母语文化和目的语文化的定位

高校英语教学的内容要以母语文化为基础，这是学生在跨文化交际中的立身根本。但在高校英语的课堂进行母语文化教学，超出了高校英语教学的要求，也不是高校英语教学单独可以完成的。因此，在高校英语教学中的母语文化内容，以母语文化内容的英译即如何表述母语文化内容为主，同时进行母语文化与目的语文化的对比。

高校英语教学中要涉及其他文化的内容。英语已经是一门公认的世界通用语，除了以英语为母语的国家之外，亚洲、大洋洲、太平洋、加勒比海地区的很多国家，将英语指定为官方、准官方或工作语言。在这种状况下，数百万学生学习英语，把它作为全球性的国际交流语言。全球化的今天，英语已不仅仅被用来与以英语为母语的人士交往，大学生还可能使用英语与来自其他国家的人士交往。因此，高校英语教学的内容在新形势下还必须扩展，但限于高校英语的课时和课本的容量，所以这一部分内容可以作为选修、泛读，或课外阅读的内容。

高校英语教学中目的语的文化学习是重点。学习目的语文化是掌握目的语言所必需的，同时学习目的语文化能让大学生意识到自己的文化身份，这也是学生建立文化身份的途径。只有在学生深入了解目的语文化的基础上，学生才能更深刻理解母语文化。同时，学生才能理解中国历史和文化是整个世界历史和文化的一部分，学生才能理解自己不仅仅是中华文化的传承者，也是世界的一分子，是世界文明的延续者。他们不仅要知道孔子、孟子的智慧，也要了解柏拉图、孟德斯鸠的思想精髓；他们不光要知道中国几千年的历史，也要了解世界几千年的发展。这也正是外语教学的桥梁作用。不是让中华文化与西方文化对立起来，或者简单地以民族自豪感取代文化交流中自由和实事求是的态度，而是让学生明白母语文化和目的语文化不是分隔和对立的。要能从不同的历史和文化中吸收养分，让学生成为跨文化人。理解另一种文化会给予人们一个站立的位置，在那里人们能更好地观察他们出生的文化。

（二）高校英语教学大纲的培养目标和教学中要让大学生达到和具备三个层次的程度和能力

第一层次，让学生能自如地表述自我和母语文化，具备用英语表述母语文化的能力。对西方人来说，中国人和中国的文化都是"文化上的他者"。那么，如何避免西方将中国的民族文化和民族自我淹没在西方式的话语中，就必然依靠中国人对自我文化的阐释和表述。

第二层次，让学生能够深刻理解目的语文化的深层内核，具备对目的语文化的理解能力。对学生来说，目的语文化也是"文化上的他者"，如何避免将目的语文化"他者化"，如何避免文化障碍，是大学生学习的主要目的之一。

第三层次，也是终极目标，使学生成为跨文化的人。因为学生所具有的他者身份，可以有意识地与目的语文化价值观保持距离，可以从他者的视角来审视目的语文化，指出西方人习而不察的对他者的冷漠，不但可以令西方人反省自己的文化，也能为自己争取到话语权。同时，学生的他者身份，也为自己提供了一个认识自我的参照，从他者的角度看母语文化会让学生进入反思自我的旅程，学生能重新认识习以为常的社会。跨文化人可以使学生能够以他者的眼光观察母语文化和目的语文化的社会、历史、价值观等。他者的优势就是"旁观者清""只有旁观者能综观全局"。通过这样对文化的观察，学生学会反思两种文化模式，重新审视两种文化中的社会价值观，能够更深刻和批判性地认识自我。同时，在这一过程中，学生能建立文化身份，弥合西方与东方，他者与自我。

二、高校英语的教材

（一）基于通识教育的高校英语教材

早在1828年，耶鲁报告就指出，以心智的训练、人文价值，作为外语学习的存在和理性基础。大学的功能是训练学生的心智，拉丁语和数学是达成该目的的最好工具。如果学生能够掌握这样系统的、有序的、完整的知识体，就掌握了一个可以应用于其他不完整科目的思想体系。学习这样传统的、有序的科目，可以给学生一个完整知识体系，用以在其他科目中追寻知识。外语教育是人文博雅教育的一个重要组成部分，源于古典教育的外语教育并非单纯的语言学习，还包括语言所承载的知识与文化，通过语言及其承载的文化，外语教育成为人文教育的核心。

通识教育是在大学的人文传统面临专业教育、实用性教育的挑战时，被用以实践的高校的人文传统。通识教育与博雅教育密切关联。外国语言和文化一直是通识教育的重要组成部分。哈佛大学的核心课程规定了11个领域。第一领域就是外国文化，而外语学习是外国文化领域规定的重要课程之一。耶鲁大学的通识教育，要求学生学习人文艺术学科、科学、社会科学三个领域的课程。在人文艺术领域，外国语言和文化课程是完成该领域学习的重要部分。外语学习通过理解、借鉴、包容他国的历史与文化价值，从而与大学教育的重要性紧密相连。而这些文化价值又是人文博雅教育的核心价值，因而外语学习和人文学科联系在一起。语言学习不但具有交际的实际应用价值，更重要的是，语言学习与文化鉴赏，与促进和提高分析思考能力、价值甄选能力紧密相连。正是在人文主义思想下，外国语言与文化成为通识教育的一部分。

目前，国内对于国外外语教育的研究以美国为主，兼有对欧洲国家语言政策与语言选择的研究。其次是对香港地区的外语教育进行研究。但是，美国和欧洲，尤其是美国，有大量移民，其中很多移民的后代在学校选择其家庭传承语言。例如"二战"前，美国移民以西欧国家为主，所以有大量学生学习法语、德语；而随着世界各地移民的增多和对语言与身份、语言与人权的关注，其他国家的移民更关注自己的权利，墨西哥裔的学生以学习西班牙语为主，华裔学生以学习汉语为主等。另外，美国设有各种基金会，例如犹太民族对学习希伯来语的资助，波兰基金会对学习波兰语的资助等，都影响其语言政策和语言选择。美国人因为英语作为世界通用语的地位，对学习其他语言并无太强的兴趣，故此美国人自嘲说讲三种语言的人是 Trilingual，双语的人是 Bilingual，而只说一种语言的人是 American。

（二）高校英语教材中母语文化的体现

在高校英语教学中，应注意中华文化的表述，帮助学生建立平等的跨文化交际意识。在制定教学大纲时，宏观上的政策要将中华文化提升到与西方文化同等的地位，作为英语教学的一个部分，纳入教学计划。在教材的编写中，应该将中华文化内容分层次、系统地纳入大学英语教材。通过对母语文化的学习，让学生树立民族自信心，提升民族自豪感，在跨文化交际中树立平等的交际意识，培养学生输出中华文化的意识，保证文化的双向传输。英语教材直接影响教学内容和教学目的，目前高校英语教材只注重对西方文化的介绍，忽视了中华文化。而跨文化交际中表达的是双向的交际行为，绝不仅局限于对目的语文化的理解，还包括与对方的文化共享和对对方的文化影响。因此，增加教材中华文化的内容，是我国高校英语教学需要解决的问题。鉴于中华文化博大精深，不可能面面俱到，因此应选择一些经典的、具代表性的文章编入英语教材。同时，方式应该多样化，可以把中华文化内容作为课文讲授，也可以作为课外阅读材料，或是作为口语、听力的练习内容。让英语教材发挥培养学生人文素质，弘扬民族文化，提高学生语言能力的作用。

在英语教学中，也要融入中华文化。英语教学过分强调学生听、说、读、写能力的提高，使英语课变成了单纯的语言技能训练课。这已经不能满足提高学生跨文化交际能力的要求。所以，在教学中应改变单一的语言技能训练教学模式，实现真正的文化教学。教师还应该在不同的学习阶段，根据学生的学习程度，帮助学生掌握中华文化的英语表达方法，调动学生的积极性，让英语学习者学会用英语向其他国家的人讲述中华文化，让世界了解中国。目前，高校英语教师对跨文化交际的认识存在一定的误区，跨文化交际策略、经验及应变能力都有待提高。高校英语教师应有较深的文化功底，还要有较丰富的西方文化知识，兼具母语文化修养。但是，教师自身的中华文化的英语表达能力还有所欠缺，而这些都会影响到教师的课堂教学。要想在英语教学中融入中华文化，就需要提高教师素质，除了具备语言能力之外，还必须具备良好的文化修养，这样才能胜任教学，实现教学目标。因此，要真正实现在高校英语课堂中对中华文化的传承，英语教师就要加强自身的学习，提高自己的综合素质，担负起在英语教学中融入中华文化的任务。在当前中华文化失语的情境下，高校英语教育应该在教学中渗透中华文化，让学生在跨文化交际中保持自身的文化身份，实现有效的跨文化交际。

三、高校英语的教学

（一）高校英语教学法

目前，在我国高校英语教学中最常见的方法还是语法-翻译法。其逻辑基础在于，认为世界上所有的语言都起源于一种语言，各种语言的语法是共通的，词汇的意义也相似，语言之间的区别仅仅在于单词的发音和拼写不同。所以，教授外语就是进行两种语言的互译，词汇和语法的互相替换。语法-翻译法在学完字母、拼写之后，就会教学生系统学习语法，记忆词汇，阅读。其中，语法教学始终占有重要地位，因为语法是翻译和阅读的基础。课文中须出现需要学习的语法项目，配合语法编写的例句和练习，课文讲解围绕语法。但是，这种方法忽视了听和说，过于强调语法的教学。

其次，使用比较多的是听说法。其逻辑基础是美国结构主义语言学，认为语言是说的话而不是写出来的文字，语言是一套形成的习惯，所以需要大量的刺激和操练。语言教学不是教语言的知识，所以听说法以听说为主，反复操练，以形成习惯。听说法十分重视外语思维，完全拒绝母语。但是，听说法忽视了语言的内容和意义。以句型为操练的对象，学生也许能说出流利的句子，但却不能活用语言进行适当的交际。

最后，在国内影响较大的教学法是交际法。强调培养学生的交际能力，将语法项目按照功能和意念进行整理，语法服从语言功能。以学生为主，让学生接触地道的语言而不是紧紧围绕语法知识。但是，语言的功能项目很难厘清，语法、功能、意念很难融为一体。再者，中国教师自己的交际能力尚存在问题，所以影响了这种方法的功效。

人类自有外语教学开始，就一直在不断追寻最好的教学方法，但没有一种方法是放之四海而皆准的。学习者本身的因素，如年龄、性别、动机、态度、智力、认知方式、家庭影响、天赋、兴趣、性格、学习方法等，都影响学习者的学习成效。我国在高校英语教学中更多地关注教师如何教，忽视了学生在母语和第二语言习得中的差异。大学生已经是成年人，学习的环境和方式也完全不同，学习的目的和过程也不同。高校英语教学要顺应学生的成长和心理过程的变化，重视学生的个体因素。

高校英语教学在面对各种教学法流派，以及针对不同研究对象和视角的研究理论时，需要保持清醒的头脑，博采众长。因为，不存在一种万能的或最好的教学方法。在教学中要根据实际情况，灵活适当地加以实践。正如托克维尔所说：

"我们把视线转向美国,并不是为了亦步亦趋地效仿它所建立的制度,而是为了更好地学习适用于我们的东西;更不是为了照搬他的教育之类的制度,我们要引以为鉴的是其法则,而非其法治的细节。"我们可以借鉴和学习欧美的理论与流派。由于文化背景和社会历史的差异原因,对我国高校英语教学的指导作用和影响力还需要本土化的实践和研究,不能将其直接运用于我国的高校英语教学中。

(二)高校英语的教学方式的转变

目前,我国的高校英语教学主要在课堂进行,以教师讲授、学生上课听讲为主。但随着现代科技的发展和教学理论的推进,出现了新的教学方式。

计算机辅助外语教学。计算机辅助语言教学简称CALL,即计算机按人们事先安排的语言教学计划和内容,进行课堂教学和辅助课外练习。随着数字技术的发展和计算机应用的普遍化,以及外语教学中更强调交际能力和文化基础,计算机被广泛用于语言教学,成为合适的培训工具。学习软件的开发,网络互动平台,都给学生提供方便、快捷的学习方式。学生可以在任何适宜的时间、地点进行学习,自己确定课程进度。学生面对计算机没有心理压力或"丢面子"的问题。计算机辅助教学有助于学生形成个性化学习,也有助于高校英语教师保存学生的学习记录和教学资料。

个性化学习。源于人本主义的教育观,满足学生对课程自我掌控的要求,学生选择个性化的学习方案,使用规定的或自学的材料,自己设定学习进度。个性化学习尊重学生的个性,教师根据学生的兴趣、特长、需求进行调整,学生是一种自主性的学习。教师从教授者和权威转变成学生的合作者,甚至是学习者,学生不再是被动的听讲人,而是主动的合作者,能促进学生形成终身学习。

以目标为指导的外语教学。教师和学生建立平等的伙伴关系,共同努力以达到一定外语能力、程度的要求。目标具有激励作用,可以将人的需要转换为动机,并将学习结果与目标进行对照,及时调整,直至达成目标。

自主学习。较为新兴的语言学习方式,是与传统的被动接受性学习相对应的学习方式。利用已经开发好的语言学习材料,由学生自己进行自主学习,给学生配备语言导师进行语言的实际操练,在学习完成后,进行测试和评估。以学生作为学习的主体,通过学生独立的观察、分析、实践来达到学习目标,培养学生自己收集和处理信息的能力,分析和解决问题的能力,以及交际和合作能力。自主学习能有效利用教师资源,降低高校开设语言课程的成本。

海外学习。有条件和获得经济资助的学生可以到目的语国家进行语言和文化的学习或考察。

（三）批判性思维

批判性思维是一种评估、比较、分析、批判和综合信息的能力。批判性思维者愿意探索艰难的问题，包括向流行的看法挑战。批判性思维的核心是主动评估观念的愿望。在某种意义上，它是跳出自我、反思自己思维的能力。批判性思维者能够分析他们观点的证据的质量，考察他们推理的缺陷。

语言学习对批判性思维能力、理解情境、进行合作和反思行动的能力都有着重要作用。2007年美国现代语言协会的报告指出，不能仅仅强调外语学习的工具性目标，更需要通过外语培养学生的批判性思维能力。学习一门外语，用外语进行思维，是最适当不过的精神操练。由此，人们将能获得一种不局限于某一具体语言的"更一般、更正确的语感"。把语言看作一种世界观，也可以把语言看作一种联系起思想的方式，实际上，语言在自身中把这两种作用统一了起来。"语言当作思维的器官来描述……没有语言就不可能有任何概念，心灵就不可能有任何对象。因为对心灵来说，每一个外在的对象唯有借助概念才会获得实质的存在"。外语教学能够使思维更加敏锐，培养严密和具有逻辑的思维能力。外语教学所具有的内在价值，就是在促进学生语言发展的同时，提高学生的批判性思维能力。

高校英语教学的听、说、读、写技能训练，就是培养学生批判性思维的过程。

听、读就是对吸取的信息不仅了解其事实、信息和观点，还要辨别和了解信息的论证，对其论证做出自己的判断和认识，做出整体判断，是否可以接受，哪些可以接受，哪些不能接受，哪些需要修改，哪些可以辩驳，从而形成自己的观点和理论。

说和写实际上就是使别人相信并接受自己的观点，需要把思想过程和结论清晰、完整、有效地传达给受众。说出和写出好的论证就是批判性思维的体现。不论是反驳已有的论证，或是阐明自己的论证，都能体现出学生的分析、论证和表达的能力。

在实际高校英语教学中，写作要求在学生完成议论文时，根据给出的题目提供相应的信息资料，就某一方面的问题提出解决办法，阐述论证该观点，或者挑战和评价、反驳所给的观点。要求提供充分有力的证据，包括推论、事实、数据、可靠权威人士的观点，论点明确，论据充足，语言流畅；文章不论长短都必须分析和论证，给出理由支持，所有的事实和论证都应符合逻辑，与各部分紧密结合；要把问题的正反两方面都考虑进去，采取对论证的公正和诚恳的态度，连贯一致，条理清晰，结构合理。

四、高校英语的师资

2010年耶鲁大学的课程学习蓝皮书指出，语言学习是人文博雅教育最为显著和决定性的特征。随着全球化的深入，我们越来越多地与世界各地的人士接触，国家内部越来越多的农村人口和外籍人士涌入城市。作为不同程度交际的复合体，对文化维度的知识实际上十分必要。外语成为现代人必备的素质之一。在这样一个多元化的时代，跨文化交际能力是跨文化人必备的素质，这必然对外语教育提出更高的要求。外语教师作为教学活动的实施者、组织者和管理者，必然面临更大的挑战和压力。高校英语系面对学校不同专业的学生，教师主要进行语言和文学研究。为适应外语教育的发展，外语教师必须接受更严格和更广博的培训。

（一）高校英语教师的培训

国外教师培训主要指的是业务方面。国内的教师培训，包括政治思想和业务两方面。政治思想包括爱国主义、集体主义、敬业精神、忠诚于教育事业、认真负责的工作态度等方面；业务方面则常常将高校英语教师培训简化为外语培训，即提升教师的语言技能，例如对教师的阅读、听说、写作、翻译等进行培训。很多学生、家长甚至教师本身都认为，一个人只要学会了英语就能够教英语，一个人只要英语水平高就能教好英语。这种看法并不正确。教师培训应该包括"教什么"和"如何教"两方面。

"教什么"并不简单地指"教外语"，教语法、词汇、课文等。因为语言本身包括语音、词汇、语义、语法、篇章、语用，语言技能包括听、说、读、写、译。但语言不仅是符号系统，是人与人相互接触时所使用的交际工具，是人与人之间传达信息或表达思想的媒介，也是使用这种语言的民族历史文化的载体。语言就像一面镜子，反映了民族历史、文化、心理素质的深层结构，隐形地规范着一个民族看待世界的价值标准和思维方式。许多学生、家长和教师认为外语学习的目的主要是能够与目的语国家的人员进行商务、教育等方面的交流。这显然是受到语言工具论的影响，只看到了语言在具体的人际交往中的功能，而忽视了语言所负载的文化。语言是文化的载体，涉及文化的方方面面，蕴含着哲理和智慧，在教授语言的同时也在传授文化。

高校英语教学实践中所强调的词汇、语法、篇章，都与文化密切相关。单词的意义通常是文化所决定或限制的。不同文化的特征，经过历史的积淀，都在词语中留下了痕迹。英语是具有严格语法规则的语言，汉语的语法则相对灵活。两种语言的差异与文化传统和思维方式有关。语言的推理方式可以从语言的行文中看出来。对不同文化背景的英语学习者所写的文章进行分析，发现学习者在逻辑层面和篇章结构上受到不同文化因素的影响。英语篇章呈直线型，常用演绎。汉语篇章呈螺旋型，句子之间没有太多的连词，是靠思维的连贯与语义的上下呼应，来表达完整的意思。

可见，只强调语言的工具性，单纯进行语言技能的训练，是无法真正学好和教好一门语言的。因此，学生和教师为达到学好英语的目的，必须在语言教学中涉及文化教学。没有文化教学的语言教学是枯燥的和无意义的。一个人不可能学习使用一门语言，而不学习有关说这种语言的人的文化。

针对高校英语教师在师资培训中必须突出语言的文化内涵这一点，外语教师在学习语言的同时，必须学习文化知识，在教授语言的过程中，必须涉及文化。在大学英语教师培训中应包含世界政治、经济、文化内容。

目前，在高校英语教师培训中，"如何教"主要指教学法。一般认为，"如何教"就是指教学方法。外语教学涉及语言学、心理学、社会学、人类学、教育学等相关学科，教学法只是"如何教"的一个方面。

"如何教"还包括二语习得、语言学习的过程、学习者个体差异等方面。

当前教学法研究理论与实践都源于西方国家，缺乏本土化的经验。国际上英语教学领域主流教师的教育方法，往往缺乏非常重要的社会-政治维度，正是这一维度才能使英语教学在其所处的社会、文化、经济、政治等复杂环境中得以本土化。所以，在"如何教"的培训方面，教学法只是一个方面，还需兼顾其他很多因素。在后方法教学时代，教师的任务不是去寻找或应用最好的教学法，而是去实践既能够满足学生需求，又能适应学生个体差异的教与学策略。

（二）高校英语师资的整合

外语的重要性，以及学生、社会对高校英语教学的更高要求，促使高校英语教师接受更高难度和更深层次的培训，同时，教师还需要具备广博的知识和文化素养。但是，高校英语教师在繁重的教学工作之外，很难抽出大量的时间进行长期系统的培训。对主要毕业于外语专业的高校英语教师进行跨学科的培训，不是短期培训可以见效的，如何保证高校英语的教学质量呢？这就要进行高校英语师资的整合。

美国的高校基于其自身的文化传统和社会现实，选择在外语院系之外成立语言中心。例如哈佛大学、耶鲁大学，都设立了专门的语言学习中心，为学生的外语学习和教师的发展提供支持，确保大学生在校期间的外语学习质量，帮助学生达到通识教育的外语技能要求。

高校英语教师是高校英语教学能否走出困境的关键之一，进行高校英语教师培训，以及高校英语教师和其他相关学科教师的整合，是比较好的解决问题的方式。

（三）提升与多元文化相适应的教师专业素养

在多元文化时代下，英语教师应该具备多元文化素质，多元文化素质是高校英语教师专业竞争力的核心元素。英语教师具备多元文化素质有多方面的需求：学生个性发展的要求、社会的多元化要求、跨学科合作的需要和培养复合型人才的需要。

（1）学生个性发展的要求。目前高校学生群体是个性迸发、差异显著、特点鲜明的一代群体，学生们具有明显的个性和时代特征。每个学生的个性发展存在明显的差异性，每个学生的兴趣也存在迥异性。教师要充分尊重学生的差异，尊重学生的兴趣和不同需求，能够做到因材施教，才能激发学生的内在潜力，这符合生态教育的理念。尊重学生的性别差异、个性差异、思维和观念差异，引导学生成为有个性并具备多元能力的社会人才，教师就必须具备多元文化素质。

（2）社会多元化需求的需要。随着市场经济的深入发展，社会对人才的需求呈现多元化的层次和状态。高校作为市场人才的主要培训基地，必须要适应市场的需求，以培养多元化的人才为目标。市场经济条件下的多元化需求，即要求学生具备基本的专业知识，也要求学生具备多元文化素质，英语教师的多元文化素质水平对学生的多元能力的培养有重要的影响作用。

（3）跨学科合作的需要。随着全球化经济的发展，各学科之间的融合和交流越来越重要。没有哪一门学科能够离开其他相关学科独自发展，各学科之间只有进行相互的合作才能实现共同的发展和进步，跨学科的合作成为学科发展的必然趋势。面对新的形势和挑战和适应新环境的需求，英语教师必须不断在多元文化方面充实和完善自己，不断发展和丰富自身多元文化素养，提升多元文化能力和意识就是在进行不断的自我发展和自我完善，承认具备多元文化素质的紧迫性，主动进行跨学科的合作和交流。

（4）培养复合型英语人才中的必要性。复合型人才指既熟练掌握一门专业技能，也具有其他学科的基本知识和技能的一专多能的人才。所谓的"复合"不是简单的学科知识的拼凑，而是人才的专业知识、相关学科知识及其应用能力、创新能力、综合素质的有机结合。根据复合型外语人才培养的需要，要求学生在校期间不仅需要熟练掌握专业知识，还需了解相关学科及跨学科知识，还要涉及经济、贸易、金融、会计、管理、广告、新闻、法律、文学、教育、技术、旅游等多学科领域。这种复合型人才的培养，要求高校英语教师必须在应有的专业知识和教学知识基础上，力求掌握相关学科或跨学科知识，实现知识结构的多元化。在这样的历史背景和现实条件下，教师专业素养就应当围绕如何有利于自身以及受教育者面对多元文化要求来进行培养。

（5）与多元文化相适应的教师专业素养

与多元文化背景相适应的教师专业素养应具备以下三个方面的内容：独立人格、知识分子情怀和平等传递知识的能力。拥有独立人格意味着始终保有原则和坚定的信念，能够对自己的行为负责任，可以准确判断自身所处的文化环境和秉持的价值理念在多元文化时代当中的地位和价值，既不妄自菲薄，也不盲目自大，不歧视弱势文化也不惧怕强势文化。知识分子情怀所包含的专业知识、人文情怀和社会责任感三个要素中，尤其重要的是社会责任感，唯有强烈的社会责任感才能使教育者能够更多贴近时代脉搏，将教育与时代结合起来，使受教育者在当前纷繁复杂的多元文化背景中成长。平等传递知识的能力强调"平等"这一多元文化时代的重要准则，在平等中实现知识的传承。

五、高校英语的测试

语言测试主要用于语言教学、语言研究和教学研究、选拔人才三个方面。其中，应用于语言教学是最为普遍的。虽然测试不能代替教学，但测试能帮助教师或者教学管理者了解教与学的实际情况。通过测试，给学生一定的学习动力，也能激发教师的潜力。

语言测试可以分为：

成绩测试。以教学大纲为参照和基础，即教什么考什么，主要作用是用以检查教学效果，了解学生学习中的问题和难点，激发学生的学习动力，例如毕业考试、期中考试等。

水平测试。即不以教学大纲为参照或基础，不以任何教材为蓝本，而是从整体上了解应试者的水平和程度。水平测试主要用于选拔性考试，例如托福、雅思考试等。

语言天赋测试。按照阅卷方式，语言测试也可以分为主观测试（试题的答案较为灵活，是评阅人根据自己的水平和观点进行阅卷、判断、评分，例如翻译、作文、口语考试，但是阅卷和评分的工作量极大，不同的评阅人其评分标准也很难统一，很难应用于大型考试）和客观测试（答案比较固定，评分不受阅卷人的喜好、兴趣、观点等个人因素影响，能最大限度地排除主观因素，适用于大规模标准化测试）。

语言测试还可以区分为常模参考性测试和标准参考性测试，区分的标准是如何解释考试成绩。前者将考生的成绩放在一起比较，分出上中下等排出名次，把应试者的水平区分出来，后者只是看应试者是否达到标准，而不考虑在所有应试者中的位置如何；前者一般不规定教材，是比较全面的考试，后者是规定了考试的内容或能力，看应试者是否达到标准；前者应用于分级考试、水平测试，后者应用于成绩测试、诊断性测试等。

语言测试具有一定的科学性和可靠性，但是仍然存在局限性。例如，语言水平本身就是一个比较抽象的概念，如何定义水平，如何测量语言水平，都是需要思考的难题。即使对学生进行全面测量，从听、说、读、写、译各个角度全部测评，还是会出现偏差。语言是文化的载体，语言测试可能涉及一些学生非常熟悉的领域，也可能涉及非常生僻的领域，这些都有可能影响学生的测试成绩。语言测试最常见的是考核听与读两方面。因为听力与阅读这两项是最容易评分和使用机器阅卷的，写作和翻译就很难评分，而且也无法用机器阅卷。至于口语测试，则需要大量的口语考官和时间。目前我国的大学英语四、六级考试中，只有超过规定分数线之上的学生，才有资格参加四、六级口语测试。语言测试的并不是真实的在交际场合的实际交际行为，也不是为了交际目的而使用的语言，只是为了考试而读、听、写。即使是口语测试，师生之间也不是真正的交际。考官像念书一样根据考题提问，学生也是不自然地回答问题，对有准备的题目有时就像背书一样。

全国性的大型、标准化测试对教学工作有利有弊。它既可以让全国高校有一定的、比较明确的目标和指导，有统一的衡量标准，也可以促进各个高校认真对待教学管理工作。但这种大型考试的设计与实施存在很多问题。例如考试内容很难兼顾全国各地、各高校的不同情况，考试设计起来客观题多，主观题少，因为大规模测试主要依靠机器阅卷。主观题少，难以反映学生真正存在的问题和水平。

客观题测试把语言分成许多碎片，通过对这些碎片化的语言知识的测试，测到的只是对某一项语言知识的了解。但是，对语言知识的了解与语言的实际运用不一样。语言的实际运用并不是将这些知识的碎片加在一起就行的。

考试是检测外语教育质量的重要方式。目前，对非英语专业大学生影响最大的就是大学英语四、六级考试。随着学生外语水平的提高，社会和学生本身都对外语教育提出更高要求，社会上大多数单位还将四、六级成绩作为判定学生英语水平的标准，但是已经有外资企业和一些对外语要求更高的单位质疑考试是否真实地反映了学生的语言水平。四、六级考试的客观性和对教学的一些积极促进作用应该受到肯定。但是，四、六级考试也要随之做出相应改进，因为学生的实际英语水平无法满足工作需要。

我国2003年启动高等教育质量工程并对大学英语四、六级考试进行改革，但迄今尚未实现评估方式的多样化。期中、期末考试仍是成绩测试，主要考查学生完成课程的情况。大学四、六级考试仍是水平测试。目前我国的大学英语教学中，师生还是要面对各种测试。在考试的压力下，师生一定还是以通过考试为主。因此，大纲、教材、教师、教学的改革，如果要顺利进行，必须进行测试的改革。通过测试的改进，推动大学英语教学的改革和质量提升。

接受访谈的加拿大和美国外籍教师，他们在介绍国外的语言教学测评中，并不单单是一次期末考试决定学生的分数，而是由几个方面构成的。

（1）测验（quiz）。

（2）家庭作业（homework）。

（3）口头展示（oral presentation）。

（4）自我评估（self-assessment）。

（5）访谈（interview）。

（6）问卷（questionnaire）。

例如哈佛大学的一项语言课程的测评就包括：

（1）日记报告（diary report）25%。

（2）讨论和课堂参与（leading discussion and general class participation）20%。

（3）展示及现场评估（presentations and field evaluation）30%。

（4）期末考试25%。

其中教师的权限比较大。例如严格按照学生的课堂参与进行打分，学生即使在课堂但是不积极参与讨论、不积极回答问题，也拿不到分数。相比之下，国外教师的权限较大，而且对学生出勤的考察更为细致、具体，也更严格。

针对我国的高校英语教学质量，目前最主要的测量工具是各学期的期末考试，以及大学英语四、六级考试，以通过率、考分等衡量学生水平。期末考试对学生的要求、不及格率都有严格的控制，学生只需按照重点内容复习就能过关。大学英语四、六级考试是比较严格和正式的测试，但是面对来自社会的质疑，用人单位对大学生不同层次的要求，四、六级考试本身也面临着改革。当大学生面临出国、求职、深造等多种选择时，会参加不同类型的国外英语水平测试。为避免学生在参加四、六级考试之外又重复参加其他考试，造成人力和财力上的浪费，应该使考试多元化，让学生有更多的选择，避免一种考试的局限性。

我国应该进行高校英语测试的综合改革，提高高校英语教育的质量。将访谈、问卷、展示、报告、讨论、档案袋评价等评估方式，应用到高校英语测试中。学生的成绩是形成性评估，最终对学生高校英语学习的综合评价可以不单以四、六级考试做标准，而是综合几种外语考试，让学生有多重选择。

高校英语的培养目标要以母语文化为基础，以母语文化内容的英译即如何表述母语文化内容为主，同时进行母语文化与目的语文化的对比。目的语文化的学习是重点，学习目的语文化能让学生意识到自己的文化身份。高校英语教学的桥梁作用，不是让中华文化与西方文化对立或者以民族自豪感取代文化交流中的实事求是的态度，而是让学生能够从不同的文化中吸收养分，成为跨文化人。

高校英语的培养目标要让大学生达到三个层次的能力。第一，让学生具备用英语表述母语文化的能力，避免西方将中国的文化和民族自我淹没在西方式的话语中；第二，让学生具备对目的语文化的理解能力，避免将目的语文化"他者化"；第三，使学生成为跨文化的人。他们可以从他者的视角来审视目的语文化，指出西方人习而不察的问题，令西方人反省自己的文化。从他者的角度看母语文化，会让学生反思自我，能重新认识习以为常的社会。"跨文化人"可以使学生以他者的眼光观察母语文化和目的语文化，反思两种文化模式，在这一过程中建立文化身份，弥合他者与自我。

基于通识教育的高校英语教材，使语言学习具有交际的应用价值，更重要的是，与文化鉴赏、提高分析思考能力、价值甄选能力紧密相连。正是在人文主义思想下，外国语言与文化成为通识教育的一部分。华语教育的台湾地区的通识外语教学，将高校英语系整合进入通识教学部，能够弥补现有高校英语教材的不足，让学生接触到经典作品，同时开阔师生的眼界。

增加教材中的中华文化内容，是我国大学英语教学需要解决的问题。高校英语应该在教材的编写中，将中华文化内容分层次、系统地纳入大学英语教材。跨文化交际是双向的交际行为，绝不仅限于对目的语文化的理解，还应包括与对方的文化共享和对对方的影响。

我国在高校英语教学中更多地关注教师如何教，即各种教学法，忽视了学生的能动作用。高校英语教学要顺应学生的成长和心理过程的变化，重视学生的个体因素。在高校英语教学中面对各种教学法流派要博采众长，可以借鉴欧美的理论与流派，但不能将其直接运用于我国的高校英语教学中，还需要本土化的实践和研究。目前已经进入后方法教学时代，教师的任务是去探索能够满足学生需求，并且适应学生学习体验和个体差异的教-学策略。高校英语教学所具有的内在价值，就是在促进学生语言发展的同时，提高学生的批判性思维能力。

我国的高校英语教学主要在课堂进行，以教师讲授、学生听讲为主。随着现代科技的发展，出现新的教-学方式，如计算机辅助外语教学，个性化学习，以目标为指导的外语教学、自主学习、海外学习等。与邻近社区的中小学及相关产业建立合作关系，大学生既可以练习所学英语，又能在实践中得到锻炼。大学生通过积极参与社区外籍人士的华语课程和服务于外籍师生，既有利于宣传中华文化，也能使大学生练习英语，同时，在与外籍人士的交往互动中，领悟文化异同和交际策略。提供大学生演讲、留学、游学、文化交流等活动，使其拥有更多的国际交流机会。

因应英语教育的发展，高校英语教师的师资培训中必须突出语言的文化内涵。国内的教师培训包括政治思想和业务两方面，业务方面则常常将高校英语教师的培训简化为提升教师的语言技能。教师培训应该包括"教什么"和"如何教"两个方面。"教什么"并不简单地指"教外语"。语言是文化的载体，在教授语言的同时，也在传授文化。因此，高校英语教师在进行语言培训的同时，必须提升文化知识的内涵。目前在高校英语教师培训中,"如何教"主要指教学法,但外语教学涉及多个相关学科,"如何教"还包括二语习得、语言学习的过程、学习者个体差异等方面。

高校英语教师难以保证抽出大量的时间进行长期系统的培训。对毕业于外语专业的大学英语教师进行跨学科的培训,不是短期培训可以见效的。要保证高校英语的教学质量,可以进行高校英语的师资整合,成立语言中心或将高校英语教师整合进入通识教育。通识教学部的师资涉及多个学科,使大学英语的师资形成跨学科的团队。师资的整合,给高校英语教师提供了一个提升自我、丰富自我的过程。

进行高校英语测试的综合改革以提高外语教育的质量。将访谈、问卷、展示、报告、讨论、档案袋评价等评估方式,应用到高校英语测试中。学生的学期成绩是形成性评估,最终对学生高校英语学习的综合评价,不再以单一考试做标准,而是综合几种外语考试,让学生有多重选择。

第八章 多元文化视域下信息技术与高校英语的创新融合

第一节 信息技术与英语教学整合概述

一、信息技术与课程整合的背景

由于信息技术的飞速发展,多媒体和网络技术的日臻完善和普及,中小学信息技术教育水平不断提高,软、硬件环境不断完善,加之深化教育改革,全面推进素质教育,培养具有创新精神和实践能力的高素质人才和劳动者的社会需要,教育信息化得到了各阶层的重视,我国的信息技术教育发展进入了快速发展时期。特别是近几年在新课程、新教法的基础教育改革中,先进的教学理念、以学生为中心的教学方式的提倡、各种形式的教师信息技术能力培训等因素的综合影响下,信息技术教育的发展应用跃上了一个新的台阶——信息技术与课程整合。广大教育工作者的观念从认为信息技术是计算机课程教育的认识飞跃到更高更深的层次,即信息技术必须融入教学中,必须和学科课程相整合。

原教育部陈至立部长在教育会议上指出:"在开好信息技术课程的同时,要努力推进信息技术与其他学科教学的整合,鼓励在其他学科的教学中广泛应用信息技术手段,并把信息技术教育融合在其他学科的学习中。各地要积极创造条件,逐步实现多媒体教学进入每一间教室,积极探索信息技术教育与其他学科教学的整合。"至此,信息技术与课程整合成为教育信息化进程中理论研究与实践探索中的热点问题。

迄今为止,我国基础教育信息化的发展十分迅速,教育信息化基础设施已初具规模,教师、学生的信息素养教育得到了广泛的重视,对于信息技术与课程整合的课题研究,各教学研究部门和有条件的学校都投入了较大的力量进行实践研究并已取得很多可喜的成果。信息技术与课程整合是当前教学改革的新视点,将信息技术作为改革传统课堂的有效手段,将其和学科课程教学融合为一体,优化教学过程和学习过程,促进学生的全面发展、个性发展,构建数字化的学习环境,实现数字化的学习成为信息技术与课程整合努力的方向。但是这个过程不可能一蹴而就,需要广大教师和教育工作者逐渐积累成果;在这个积累的过程中。粉笔和黑板的作用逐渐淡化,多媒体和网络的应用逐渐普及;在这个积累的过程中,普遍采用的传递——接受的主流教学形式将与多元化教学形式共存;教师和学生的角色都要被重新定位,单纯性的教师讲学生听、教师问学生答的教学局面将被改变;在这个积累的过程中,学生学习的主体性地位将不断提升,学生主动学习,协作学习,发展个性。注重实践能力的意识和创新精神将不断提高。

二、信息技术与英语教学整合

信息技术与学科课程整合是信息技术运用于教育的核心信息技术与学科教学的整合应从教育观念、学习内容、教育形式、教学手段和方法、教育资源等方面实现。

整合(integration),在英语中的主要含义是综合、融合、集成、成为整体、一体化等。最早将其作为专门术语使用的是英国哲学家赫伯特·斯宾塞,以后,整合就成为生理学、心理学、人类学、社会学、物理学、数学、英语、哲学等多学科共用的专业术语。而在不同的学科中,整合都具有独特的含义。

整合是相对于分化而言。从系统论的角度说,"整合"是指一个系统内各要素的整体协调,相互渗透,使系统各要素发挥最大效益。我们可以将教育、教学中的整合理解为教育教学系统中的各要素的整体协调、相互渗透,以发挥教育资源的最大效益。

课程整合的概念:

从理论上来讲,课程整合(Curricula Integration)是对课程设置、各课程教育教学目标、教学设计、教学评价等诸要素作系统的考虑与操作,也就是要用整体的、联系的、辩证的观点来认识、研究教育过程中各种教育要素之间的关系。

"课程整合"是使分化了的教学系统中各要素及其各成分形成有机联系,并成为整体的过程。

比较狭义的课程整合通常是指:考虑到各门原本分裂的课程之间的有机联系,将这些课程综合化。相对广义的理解是:课程设置的名目不变,但相关课程的课程目标、教学与操作内容、学习手段等课程诸要素之间互相渗透、互相补充,当这些相互渗透和补充的重要性并不突出,或者已经非常自然,到了潜移默化的程度时,就没有必要提出整合,反之,就需要强调整合。

信息技术与课程整合是国内外计算机学科教学与应用长期探索、实践、反思的结果。信息技术对教育教学有重要的作用，这已成为世界普遍认同的公理；学校也都大量地投入资金进行了信息化环境的建设，但计算机却始终游离于教学的核心之外，这种客观现实的存在也成为不争的事实。显然，为了使计算机的优势真正被教学所利用，在它们之间的补充、渗透没有达到自然融合的时候，强调信息技术与课程的整合是非常必要的。经过专家、学者、教师们长期的理论与实践探索，信息技术与学科课程整合的概念逐渐清晰和明朗起来了。

信息技术与课程整合的概念有不同的表述方式，现列出几种：

原教育部陈至立部长在报告中的定义是：在开好信息技术课程的同时，要努力推进信息技术与其他学科教学的整合，鼓励在其他学科教学中广泛应用信息技术手段，并把信息技术教育融合在其他学科的学习中……技术与课程的整合就是通过课程把信息技术与学科教学有机地结合起来，从根本上改变传统教和学的观念以及相应的学习目标、方法和评价手段。

何克抗教授认为，信息技术与课程整合的本质与内涵是要求在先进的教育思想、理论，尤其是主导——主体教学理论的指导下，把计算机及网络为核心的信息技术作为促进学生自主学习的认知工具与情感激励工具、丰富的教学环境的创设工具，并将这些工具全面应用到各学科教学过程中，使各种教学资源、各个教学要素和教学环节，经过整合、组合、相互融合，在整体优化的基础上产生聚集效应，从而促进传统教学方式的根本变革，达到培养学生创新精神与实践能力的目标。

李克东教授则指出，信息技术与课程整合是指在课程教学过程中把信息技术、信息资源、信息方法、人力资源和课程内容有机结合，共同完成课程教学任务的一种新型的教学方式。

信息技术与课程整合是指信息技术与指导学生学习的教学过程的结合，在课程教学过程中把信息技术、信息资源、信息方法、人力资源和课程内容有机结合，共同完成课程教学任务的一种新型的教学方式。

信息技术与英语教学整合，就是以英语学科为中心，把信息技术与学科教学有机地结合起来，从根本上改变传统教和学的观念以及相应的学习目标、方法和评价手段。具体来说，就是要将信息技术与英语教学的教与学融为一体，追求信息技术在促进教师教学，学生学习和学生全面发展方面的实效，发挥信息技术优势，冲破传统的教学模式的缺陷和不足，革除传统课程教学中的弊端。

在信息技术与英语教学整合的实践活动中，教师应以人为本的课程理念和教学思想为导向，通过教学设计，以符合学科特点和学生学习需求的方式高效益地应用信息技术，追求信息技术在促进教学、学习和学生全面发展方面的实效性。

第二节 信息技术与英语教学整合的发展与特性

一、信息技术与英语教学整合的发展

根据我国学者戴正南、黄正光的研究,我们把信息技术与英语课程整合的发展分为四个时期:萌芽时期、发展时期、深入时期和网络化时期。

(一) 萌芽时期 (19世纪末-1939年)

我国学者普遍认为,教育信息技术辅助教学的萌芽阶段始于19世纪末。那时,"直接教学法"的倡导者们推出了"魔灯"(实际上就是一种多光源的光学投影仪),学生一面看图像,一面跟着教师说英语,这就是今天的实物投影仪,它开创了现代教育技术辅助外语教学的历史。

20世纪发明了唱片和留声机,它们在外语教学中的运用取得了很好的效果。丹麦语言学家Josperson说:"录音器(即唱片和留声机)对于外语教学有不可估量的、巨大的帮助。"

1925年,日本开始了英语广播教学。

1930年,德国出版了第一部论述外语教学中使用录音的教学法论著:《新语言教授中的留声机》。

1935年,苏联发行了第一套英语教学唱片。

1939年,苏联开设了第一个英语电影课程。

(二) 发展时期 (1939-20世纪70年代末)

1939年,美国的高校开始使用录音带辅助语言和语言实验。它标志着教育技术辅助外语教学进入了新的发展时期。这一时期是"听说教学法"的鼎盛时期,大量的语言实验室被运用于外语教学。语言实验室所具有的功能对"听说教学法"的推广起了相当大的作用。

1954年,日本开始举办英语广播电视节目。20世纪五六十年代,"听说教学法"一统天下,语言实验室的发展也进入了黄金时代,出现了一大批好的外语教学声像资料,如:Waler and Conie, On We Go, Enfranchise,并广泛地应用于外语教学。

20世纪70年代,电子通讯技术的发展为教育信息技术辅助英语教学奠定了更为先进的物质条件:各种不同类型的录音机、录像机、卫星传播、计算机等为英语教学的学习创造了更为丰富的教育手段和教学环境。

(三) 深入时期 (20世纪80年代-20世纪90年代中期)

20世纪80年代到90年代是以计算机、多媒体为核心的现代教育信息技术的纵深发展时期。由于计算机语言与信息技术的发展，把有声语言离散采样，进行数字编码、储存、还原、加工，集声、光、色、字融为一体，大大提高了教育效果，并改进了教学模式。这有助于个别化教学，探索式学习，有利于实现人机交换的智能型教学模式的开展。

1985年，美国启动了一项著名的"2061计划"，1989年正式公布。该报告特别强调学生应具有善于将自然科学、社会科学与信息技术三者结合在一起的思想与能力。"22061计划"将现行中小学12年应学会的科学文化知识重新归纳分类。在这些新分学科中，每一科都力图渗透"自然科学、社会科学与信息技术"三者结合的思想。这是最早的信息技术与各学科相整合的思想。

(四) 网络化时期 (20世纪90年代后期至今)

20世纪90年代后期至今，我们可以把它称为网络化时期。在这个时期，教育信息技术发展强调人与教育技术的整合，强调科技以人为本。教育技术的发展重心在如何使技术更接近或模拟人的大脑，模拟人的智能。而信息技术在英语教育课程整合的运用发展的轨迹和趋势是：从单媒体到多媒体的运用；从过去的听或说转变成为视听说；从视听说到英语的阅读、写作、翻译等课堂教学；从"打开机器、对对答案"的教学模式到学生自定学习步骤的个性化、智能化、交互式、合作学习；从视听说教师转换到学生的指导者、辅导者、合作者；从原来的语言实验室教学到校园网教学从本土化的教学、大国际的网络教学到全球一体化教学等等。所以说，现在是信息技术与英语教学整合的更为广阔的创新发展时期，也是一个以现代化、网络化、数字化、智能化、系统化、多元化和一体化为主要特征的新时期。

二、信息技术与英语教学整合的特性

(一) 整合的可能性

从教师方面看，计算机知识正在教师队伍中普及，而我们英语教师具有先天优势。从学生方面看，信息技术课已列入基础教育的必修课程，信息技术的基础知识已逐渐被学生所掌握。从学校的硬件设施看，广大学校已拥有了多媒体教室、网络教室，办公也是自动化。并且计算机的数量在不断增加。走在前列的学校已办起了校园网，接通了互联网；甚至使每间教室都成了多媒体教室，每个办公室都成为课件制作室。这些硬件设施为信息技术与英语学科的整合提供了可靠的保证。现代化的教育设施为开展教育现代化打下扎实的基础。以教育信息化带动教育现代化，这是教育改革的核心任务。

（二）整合的必要性

传统的英语教学模式是以教师为中心，知识的传递主要靠教师对学生的硬性灌输，其主动性和积极性难以发挥，不利于创造性人才的培养。信息技术为英语教学注入了新鲜血液并带来了活力。信息技术能将抽象的内容具体化，使晦涩难懂的内容变得生动，很容易实现情境教学。信息技术已经在英语课堂上起到了至关重要的作用。在英语教学中，有些教学环节运用多媒体技术可以达到事半功倍的效果。如进行词汇、语法练习时，多媒体呈现的速度更快、容量更大。又如背景介绍、听力练习，多媒体课件图文并茂，加上声音、动画、影像，可使学生更直观地获得感性认识和文化信息。信息技术与英语学科的整合既成功地导入了新课，优化了教学过程，又增强了学生的学习兴趣，激发了学生的求知欲望。

（三）整合的有效性

信息技术是现代教育技术的重要代表，它是英语教与学中的一柄双刃剑，充分发挥信息技术以及多媒体网络设备的工具性功能和互联网强大的资源共享的优势，使信息技术恰当、有效地融入英语教学中，从而提高教学质量和效率。信息技术与英语教学有效整合，一方面，可以创新教学模式，增大教学容量，突出教学重点，给学生提供真实的语言情景，增强学生学习的实践性、主动性和自主性，从根本上改变传统的教学观念和模式，优化教与学的过程；另一方面，这种整合也有利于学生形成合理并有效地利用信息技术进行学习和应用英语的策略，培养学生的创新思维和实践能力，以及获取信息、处理信息、传输信息、运用信息的能力。外语教学目标通常有听、说、读、写等方面要求，相应的教学内容应包含文字、语音和视频等不同媒体的信息。但是在传统的印刷锻材中，有关语音和活动影像的内容无法与文字内容组成一体化的教材，只能以教科书、录音带、录像带三者各自独立的形式，束缚教师的手脚，限制学生的思维，与超文本方式组织的图、文、音、像并茂的丰富多彩的电子教材不可同日而语。

（四）整合的协作性

整合的协作性，首先体现在学生互相学习、师生互动、生生合作，从而得到团队的帮助和启发，共同参与完成学习任务。要强调信息技术的普遍应用，充分发挥信息技术的优势，为学生的学习和发展提供丰富多样的教育环境和有利的学习工具。其次，以多媒体计算机技术和网络技术为主的信息技术具有交互性、超文本性和网络化等特性，使个别化学习、协作式学习和发现式学习得以结合，极大地拓展了英语教学的领域，培养学生的创新精神和实践能力。

（五）整合的开放性

整合的开放性。体现在探索和构建新型的教学模式上。这种模式实现了整体教学与个体指导相结合，知识传授与教学信息反馈相结合，真正实现"因材施教"。将英语的学科知识、需要的跨学科知识建成资源库，学生经过简单处理就能很快利用的资源。为了方便学生到更广阔的知识海洋中去寻找知识宝藏，利用网络搜索引擎Google、Sohu、yahoo等收集、检索相关信息，充实、丰富、拓展课堂学习资源，提供各种学习方式，让学生学会选择、整理、重组、再应用这些更广泛的资源。这种对网络资源的再组织，有力地促进了学生的自主学习。

第三节 信息技术与英语教学整合的内容与模式

一、信息技术与英语教学整合的内容

（一）信息技术与教师的整合

信息技术的迅速发展和广泛使用，丰富了教学资源和教学手段，从而对英语教师提出了更高的从业要求。因此，广大英语教师必须实现教育教学意识的现代转换，构建复合的知识结构，完善人格品质。

1.展现人格魅力

不论信息技术如何发展，始终无法代替教师作为领路人的作用，代替不了教师的人格影响。在知识传授渠道极大丰富以后，教师的价值更多地体现在人格影响方面。因此，英语教师必须树立崇高的职业理想，不断增加自我意识和使命感，要像诗人一样富有灵性、悟性和冲动，以鲜活、旺盛的创新精神和创造能力去面对每次不同主题、不同内涵的教学活动。一个人的自我评价往往是其事业是否成功的重要标志，每个教师都要善于认识自己、发现自己，追求成功。此外，还必须树立团队意识，善于合作。教师人格魅力的影响对学生而言是潜移默化的，教师之间必须在竞争的基础上进行合作，在合作的基础上进行竞争。

2.更新教育理念

教师应树立以学生发展为本的观点，在教学过程中以学生的身心发展特点和成长规律为出发点，采取有效的方式或手段，把沉睡在每个学生身上的潜能唤醒起来，培养学生的正确的治学态度、科学的思维方式、丰富的精神世界和高尚的道德情操，要重在激发学生的学习与研究兴趣；作为学习的组织者和指导者，英语教师要树立学生主体的观念，应充分尊重学生主动学习的权利，给学生提供学习的条件和机会，帮助学生主动参与，鼓励学生自己发现课题、收集资料、处理

信息、思考问题。在教学过程中，教师应发挥在认识问题的方法和理解问题的系统性方面的优势，培养学生的探索精神、创新精神与求异思维。在信息技术迅速发展和广泛运用的社会中，学习方式以创新性学习为主要特征，教师被学生问倒的现象并非偶然发生。因此教师也要向学生学习。只有确立先进的教育民主化观念，突破传统师生关系上的领导与被领导、管理与被管理的状况，建立科学、民主、平等的新型师生关系，就能更好地适应形势发展的要求。现代教育思想就是要运用现代教育理论和现代信息技术，通过对教学过程和教学资源的设计、利用、评价和管理，以实现教学优化的理论和实践。英语教师作为课程的领导者和组织者，必须树立现代教育思想观念，克服传统的教育教学观念，运用现代教育技术探索、构建新型教学模式，通过构建新型教学模式，促进现代教育技术环境和资源的开发，建设现代化教学体系，优化教学全过程，提高教育教学质量，为社会培养新型人才。

3.优化教学方法

增大课堂信息容量，优化课堂教学方法，是课堂教学的中心任务。实践证明，学生英语能力的形成，靠的是自己的英语语言实践。运用教育信息技术，能充分调动学生们的主动性和积极性，发挥学生主体参与作用，融教法、学法于一体，加快课堂节奏，增加课堂信息容量，加大语言输入量，尽量为每位学生提供更多的语言实践机会。在教学 Speaking 时，我们可把重、难点，即情景对话、图片、板书要点都设计制作成课件，大大节省了讲解和板书时间。教师可以精讲多练，加快课堂节奏，环环相扣。并且在进行阶段性或总复习对已学的众多知识进行系统的整理和归纳，存入电脑，或制成可供学生自学、复习的学法指导或资料库。利用计算机的网络性，学生随时随地可调用所需的资料，学生只需在很短的时间内便可形成一个完整的知识网络。这样就优化了教学方法，大大提高了课堂教学效果。

信息技术英语教学的整合是一次革命性的教学观的转变，随着它在教学中的不断渗透和深化，教师的角色也由权威的指导者、知识的给予者转变为学习的促进者、协调者和监控者，教师既是学习资源的组织者，同时本身也充当一种资源。这种角色的转变需要教师善于创设平等、自由的学习气氛，以促进师生之间、生生之间充分的交流、讨论；需要教师帮助学生对自己的学习状态和学习策略进行有效监控和调节；需要教师探索更为适宜的评价方式，全面评估学生的学习过程和结果，及时地给予反馈和鼓励。

4.提高技术水平

信息技术作为一种技术手段和学习资源运用到英语教学中，能对学生的学习达到一举多得、事半功倍的效果，然而正确高效地运用这些信息技术也对教师提出了更高的要求。我们需要将素材资源库与制作平台相结合，根据教学实际，充分利用现有条件下的教学软件，并从中选取适合教学需求的内容编辑制作使用的课件；需要灵活运用Office系列软件，如Word文档处理，PowerPoint幻灯片式图文展示，Frontpage编辑制作网页等等。这些最基础的信息技术手段对于一线的英语教师们还有一些难度，需要不断地培训和学习。信息技术在教学中的应用重在信息的获得、筛选与运用，技术还是获得和加工信息的工具。实现课程整合重要的是教育观念的革新。课程整合将信息技术看作各科学习的一个有机组成部分，它要在已有课程（或其他学科）的学习活动中有机结合使用信息技术，以便更好地完成课程目标。但整合不等于混合，它强调在利用信息技术之前，教师要清楚信息技术应用于课堂的优势和不足，以及学科教学的需求，设法找出信息技术在哪些地方能提高学习效果，使学生完成那些用其他方法做不到或效果不好的事，使信息技术成为一种终生受用的学习知识和提高技能的工具。

如何将信息合理的展示给学生，将对学生的英语学习产生很大的影响。集图形、声音、动画、文字等多种信息功能为一体的教学资源，以全方位、多层次吸引学生，增加信息获取量，使课堂英语教学更为生动活泼，趣味盎然，让学生如身临其境，使学生自始至终都保持强烈的兴趣，从而易于接受、记忆新的语言材料和学习内容。要充分发挥以计算机为核心的信息技术的优势，扩展课堂容量，提高教学效率。信息技术与英语教学有效整合的关键，在于教师能否认真钻研教材，依据学科特点和教学实际，开发出适宜课堂教学实际的CAI课件，真正发挥现代化教学设施的效益，给整合提供有力的技术支持，切切实实地提高课堂效益和教学质量。CAI课件的设计，必须结合教学实际，根据学科教学目标与教学任务，因材制作，因人施教，灵活运用。作为英语学科，CAI的设计应从着重培养学生的听、说、读、写的综合能力出发，创设语言情境，激发学习动机，启发引导学生对所学内容的正确理解和运用，并且突出重点、难点，提高学生的综合语言运用能力。

5.加强理论素养

在日新月异的信息社会里，教师必须不断"充电"才能顺应科技的进步和社会的发展。从这个意义上，教师也要做终身学习者。作为一种新的课程设计思想和教学模式，信息技术与课程整合有着很深的理论背景，据研究，主要包括心理学、知识论、社会学和教育理论。对课程整合有重要影响的心理学理论有发展心理学、多元智力理论、成功智力理论等。20世纪后期，科学技术飞速发展，信息传播快速广泛，知识更新加快，人类社会的生活方式也随之迅速变化，使得人与人之间的理解和合作更加重要。世界各国社会的民主化和社会的多元化、经济的市场化都要求学校课程以新的内容和新的组织形式来适应这些社会变化。满足学习者个性发展的多元化需求,这些构成了课程整合的社会学基础。同时,课程整合的理论基础还应包括建构主义学习理论。建构主义学习理论主张学生是学习中心,是信息加工和意义的主动建构者。所有这些都为信息技术与课程整合的进一步发展提供了理论指导。教师要不断学习这些新的理论,努力搞好教育教学。教师是实现整合的关键。现代教育理论认为教师不再是传统意义上的课堂教学的主宰,而是教学的组织者(Organizer),学生的指导者(Director),合作者(Collaborator),学习的促进者(Facilitator)。因此教师与技术的整合是教学中的首要问题。教师要勤于学习现代教育理论和教育技术,熟练运用各种教学所需的软件与多媒体技术,并积极自觉地运用网络,获取最新信息,追踪英语教育理论与实践的前沿研究成果,提高自己的理论研究水平,丰富自己的教学资源,并将这些运用到课堂教学中,既可以激发学生的兴趣,引导学生自觉运用技术协助英语学习,又可以创设良好的课堂情境,为学生学习知识和锻炼语言运用能力创造条件。由于学习资源的极大丰富,教师在筛选学习资源、组织学习资源、传递学习资源方面的主导性作用特别重要,教师就是网络知识海洋中的"导航者"。

6.提升科研能力

教师应在教学之余,通过互联网搜集各种有关英语学习和教学的网站,一方面搜集积累教学和学习素材,丰富课堂教学材料,同时还要通过较好的英语教学研究网站进行网络在线学习,拓展自己的教学研究视野,提升自己的专业水平和业务能力。例如,基础教育英语教学与研究网站、中国计算机辅助语言教学研究网站、教育技术通讯网站、人教社英语网站等,这些都是专业的英语学习和信息技术结合的网站,一定能从中获益良多。在利用信息技术整合英语学习和教研的过程中,师生能够教学相长。许多学生掌握一定的计算机技术,能够帮助教师解决信息技术运用中的相关问题,从而提高课堂教学效率。教师一方面向学生学习技术和应用,学生也在应用中巩固提高了技术和利用技术学习的能力,增强了英语学习的兴趣,教学相长,又密切了师生的关系。对英语教师来说,建好、用好英语网站不仅仅为了共享教学资源,方便自己的教学,而且还要利用英语网站发布信息,在全国乃至全球范围内交流教学经验,开展合作研究,交换学术成果。英语教师可以通过互联网上的网络讨论组(Usenet)组织学术讨论活动,召开英语教学研讨会把最新的教学成果推出去,让更多的英语同行和英语学习者受益。我们还可以把自己的优秀教案、课件等放在学校的网站上共享,扩大影响。

7.提倡终身学习

英语教师作为课程的设计者和开发者,要使自己适应形势发展的需要,就必须不断地学习。不仅要具备普通教学的基本素质,还要具备计算机技术、视频技术、音频技术、通讯网络技术、影视技术、编导理论等方面的基本知识;必须掌握多媒体网络化教育环境下进行多媒体网络教学、利用多媒体技术进行教学设计的知识技能，必须密切追踪当代科学技术、社会人文领域的最新研究动态和成果，具备基本的科学人文知识，强化网络意识和网络文化适应意识；应富有敏锐的职业洞察力、卓越的教学监控能力，高效率地解决教学过程中的各种问题。由观念适应到知识适应、技术适应乃至文化适应，教师应全方位地加强自身适应信息化生存环境的能力，成为信息化教育中的行为主体。

（二）信息技术与学生的整合

学生是教学的中心，是学习的主体。信息技术和多媒体技术所特有的集声、光、色彩、图片、动画和影像等于一体的影音效果，使学生接受多种途径的感性刺激，有利于对知识的记忆。而通过网络所获得的有益教学的信息则是传统教学所无法比拟的，因此它能激发学生的学习兴趣，并能充分发挥学生的主体性。学生将所学与信息技术结合起来，通过探究和发现进行学习，如为准备一个课题的学习，学生利用Google等搜索引擎在互联网上搜索、筛选、选择和分析相关信息以及有关音像资料；还可以跨学科学习同一课题，拓宽视野，培养创新精神。这样，学生从传统的知识被动接受者转变为主动发现者、建构者，并养成自主学习的习惯。信息技术成为学生的认知助手和培养研发能力的工具，成为辅助英语学习的助手。

1.培养和发挥学生的主体性

学生在教师的指导下，利用教师提供的资料或自己查找信息，进行个别化和协作式相结合的自主学习；在利用信息技术完成任务后，师生一起进行学习评价、反馈。在整个教学过程中，学生能够发挥主体性，发展个性。教师在整合教学中发挥主导作用，以各种形式、多种手段调动学生的学习积极性，帮助学生实现学习目标。这样的教学十分有利于学生的主体性的发挥和问题解决能力的培养。信息技术和课程整合在国内还刚刚开始，它有利于学生的学习和成长的优势。但信息世界也不是一块净土，比如，网上有许多不健康的内容，学生上网，也有不能自控的失范行为，对此教师要善于引导学生，发挥网络的积极作用，促进英语教学。

2.培养学生的创新精神

信息技术和多媒体技术所特有的影音效果，使学生接受多种途径的感性刺激，有利于对知识的记忆。而通过网络所获得的有益教学的信息则是传统教学所无法比拟的，因此它能激发学生的学习兴趣，并能充分发挥学生的主体性。学生利用Google等搜索引擎在互联网上搜索、筛选、选择和分析相关信息以及有关音像资料进行探究进行学习，培养创新精神。这样，学生从传统的知识被动接受者转变为主动发现者、建构者，并养成自主学习的习惯。学生是教学的中心，是学习的主体。在英语学习中，学生利用英语学习环境，积极构建知识意义，进行语言运用练习。

3.培养学生的探究精神

信息技术成为辅助英语学习的助手，通过网络了解外国的社会环境、风俗习惯、民族心理、历史文化等，对学生的英语学习有很大帮助。教师可根据英语教学的教学内容，将所呈现的学习内容进行收集、加工、分析、处理，整理成多媒体、超文本的学习资源，为学生创设一种直观形象、生动有趣、便于理解记忆的语言环境和语言交际情景，让学生在这些情境中进行探究，从而使学生自主地发现问题，动手操作，提出解决问题的方案与办法。这样做有助于学生对学习内容的理解和学习能力的提高，进一步培养学生的探索精神。

（三）信息技术与学习的整合

信息技术与学习的整合主要体现在教师对学生进行学习策略指导和学生的自主学习上。通过信息技术学习英语是一条全新而有效的途径。在以学生为主体的英语学习中，对学习策略的指导尤为必要：一方面是对英语语言学习规律的把握，另一方面则是如何运用多媒体技术和互联网Internet来辅助学习。可以通过课堂教学和课外学习中的讲座、讨论指导学生认识英语学习规律。还可以把平时在互联网Internet上浏览时收集到的有助于英语学习的网站分类整理提供给学生，为他们自主学习和运用网络学习英语提供帮助。例如，http：//www.Caiabc.com是一个全方位的学习英语的网站，内设聊天室、语法讲解、练习、小测试、成语讲解等，特别深入地介绍了语法、听力、沟通技巧等，适合教师和学生。http：//www.Cyc-net.com/cms/2004/englishcomei7也是一个非常适合学生自主学习的网站。在课堂学习中，学生能较好地利用从这些网站中获取的信息拓展有限的课文内容，并通过计算机技术做成电子作品，丰富课堂学习内容，使英语学习饶有兴趣。

（四）信息技术与教材的整合

与当前英语课本及其相关练习和阅读材料相比，信息技术与互联网所提供的资源是超乎人们的想象的。信息技术和互联网已经在打破传统课堂教学模式，教师和学生可以借助网络收集和整理相关课题的资料作为教材课题的拓展学习资源，可以通过文本阅读讨论，或以幻灯片形式学习，也可以在学校主页上建立链接进行网络学习；还可以由教师把经过认真筛选的相关网址提供给学生自主学习。这种方式的学习使教学信息得到极大扩充，知识范围广泛拓展，课堂结构更趋开放。同时学生的视野得以开拓，思路更加开阔，利于创造力的培养。传统教学中课本就是世界，而今世界成为课本，学习资源可以随时随地选取。这是信息技术与教材整合的优势。

（五）信息技术与课程评价的整合

信息技术在教学评价中也大有作为，信息技术的应用丰富了评价内容，使其更加全面、更加科学。首先，信息技术使评价和反馈变得简捷，如网络课堂上教师可通过BBS、留言板监控学生的学习进程；其次，它拓展了评价内容，信息技术本身就可以作为一项标准来评价学生的电子作业，如幻灯片、网页等。对于学生评价的重点可以是课题研究计划的可行性、研究方法的有效性；学生的参与程度、协作意识；作品是否切合主题，内容的丰富性、合理性、创新性；技术的应用程度等等。教师还可以通过英语学科题库进行测评，为评价提供参考数据。条件许可时，可以在线课堂测试检验学习效果。这些都为教师反思和调整教学内容、手段和步骤提供了必要参考。教师可以利用办公软件和校园网络，轻松地对学生的所有相关数据进行电子化管理，比如，学生的各种测试的成绩、行为记录和学期评价等等。利用信息技术，教师的工作效率明显提高；评价内容更为丰富，教育管理也更加科学有序。

二、信息技术与英语教学整合的基本模式

信息技术与英语教学整合，应该借助信息技术的优势，利用其多媒体信息集成技术、超文本技术、网络技术等优势特点。作为教师的英语教学辅助工具和学生英语学习的认知工具，构筑数字化英语学习资源，使学习者实现英语学习方式的变革，从被动接受式学习真正转变为自主学习和有意义学习。信息技术与英语教学的整合将带来英语教育观念的转变，将形成新型的教学结构，从以教师为中心的讲授，转变为学生探索发现式的自主学习、协商讨论和意义建构。

在这种整合模式下，首先，教师根据教学目标对教材进行分析和处理，并以课件或网页的形式把教学内容呈现给学生。学生接受了学习任务以后，在教师的指导下，利用教师提供的资料（或自己查找信息）进行个别化和协作式相结合的自主学习，并利用信息技术完成任务。最后，师生一起进行学习评价、反馈。教师和学生在信息技术的帮助下，分别进行教学和学习。在整个教学过程中，学生的主体性和个别化得到较大的体现，这样的教学氛围十分有利于学生的创新精神和问题解决能力的培养。同群，教师通过整合的任务，发挥了自己的主导作用，以各种形式、多种手段帮助学生学习，进一步调动学生的学习积极性。

信息技术与英语教学整合的具体模式有：

（一）英语教师的辅教工具

信息技术与英语教学整合，是原来的计算机辅助英语教学理念的提升和发展。

原来的信息技术教学应用更加关注辅助教学，而且将信息技术孤立于课程目标之外，不能作为教学结构的有机元素来看待，结果不能取得良好的教学效果。信息技术与英语课程的整合，并非忽视信息技术作为英语教学工具的功能，而是把其作为信息技术与英语教学整合的一个侧面来看待。信息技术作为英语教师的教学辅助工具，主要是作为知识呈现工具、师生通讯交流工具、测评工具以及情景展示工具等。信息技术作为英语教学工具，将更加关注其教学设计的合理性，从英语教学目标出发，真正地把信息技术整合于英语教学之中。

（二）学生学习的认知工具

信息技术与英语教学的整合，和辅助英语教学的明显区别，就是信息技术可以作为学生强大的认知工具，信息技术成为了学生学习与认知的有效工具，并且根据英语学习目标，学习者能够合理地选择信息技术工具。信息技术主要作为英语学习内容和英语学习资源的获取工具、作为协商学习和交流讨论的通讯工具、作为知识构建和创作的实践工具和作为自我评测的反馈工具。学习者必须根据学习环境和目标以及预期结果，选择合适的信息技术工具作为自己的英语学习工具。

（三）学习环境的构建工具

信息技术应该构建一个有效的英语学习环境。通过信息技术，可以呈现给学生一个真实的或者虚拟的学习环境，让学习者真正在其中体验，学会在环境中主动建构、积极建构，构筑自己的学习经验。信息技术构建学习环境，可以通过其网络通讯功能以及虚拟功能等方面体现，营造学习者有效的英语学习环境。

三、信息技术与英语教学整合模式所应用的环境

（一）基于多媒体教学软件的英语教学

基于多媒体教学软件的英语教学具有以下两种类型。

1.创设情境型——创设学习情境，激发学习兴趣

英语学习需要一个良好的语言学习和使用的环境。多媒体教学软件具有形象、生动的特点，可以提供声情并茂的情境，激发学生的学习兴趣，丰富学生的学习素材，以激发学生学习英语、运用英语的积极性。运用多媒体教学软件进行英语教学，实施的出发点之一就是，力争使用多媒体教学软件创设出良好的语言学习环境，为学生提供运用英语进行听、说、读、写全方位的训练，从而提高学生学习英语的兴趣，有效地培养学生听说读写的能力。

2.学习资料型——提供学习资料，开阔学生视野

使用具有丰富学习内容的多媒体教学软件，可以为学习者提供大量的学习资料，而教学软件的图、声、文字的结合，可使学生在学习时兴致盎然。通过利用

这种学习资料型的英语教学软件进行学习，不仅可以使学生的听说读写能力得到训练，而且在练习英语基本功的同时开阔了视野。这种学习资料型的英语教学软件，可以是老师自行开发的。也可以是从市场购买的；学生对这类软件的使用，可以是在课堂上使用的学习材料，也可以是课后的学习辅助材料。

（二）基于网络资源的英语教学

在网络环境下，网络自身就是一个生动丰富的背景课堂，它不仅为每个学生提供个性化的学习空间，让学生能动地自主学习，而且教师也可以利用网络资源为课堂教学创设形象逼真的环境。网络英语教学具有以下的特点。

1. 学习环境的形象性

多媒体英语教学课件可为学生提供逼真的视听环境，通过视觉和听觉的组合优势提高教学效果。而网络英语教学则更上一层楼，它无需人为地创设一个多媒体环境，网络本身就是一个真实的多媒体世界。学生们进入到自然真切的情景中进行身临其境的英语学习，而且学习效果可以获得即时反馈。

2. 学习过程的创造性

网络英语教学选定互联网的某一站点或校园网的某一资源库作为学生取舍的素材来源，而对素材的选择、组拼、融合、消化、转换则是学生们发挥想象力和创造力来完成。

3. 教学模式的先进性

网络英语教学是一种以学生为主体，以教师为主导的全员参与的"双主"模式，事先没有固定的教材，在教师的引导下，每个学生都将老师精心挑选的素材个性化地加工成了一篇短小的课文。也就是说，学生们在自己学习，自己利用网络环境和资源"编制"成"教材"。毫无疑问，学生对自己成果的偏爱和认同，是任何统编教材都无法比拟的。因此，网络英语教学使学生对所学的内容产生强烈的认同感，学习积极性和学习兴趣空前高涨。

4. 学习资源的开放性

网络具有很高的开放性，它本身就是一个无比丰富的资源库。和教师事先编制的课件或印刷的课本相比，它更能为学生提供全方位的学习资源。首先，网上的学习资料是动态的，处于即时更新的状态。其次，它的资料丰富多彩，涵盖了社会的方方面面，为师生双方都提供了很大的选择余地，有利于培养学生的自主学习能力。最后，它的资料形象生动，图文声并茂，很容易吸引学生的注意力，激发学习兴趣。因此，网络英语教学将教室扩大到有信息海洋之称的互联网上，网络成为学生学习英语的一个组成部分，这是一种真正意义上的开放性英语教学。

第四节 信息技术与英语教学整合的作用

一、信息技术与英语教学有效整合的作用

同信息技术一样,教学也是一种手段,信息技术与英语教学有效整合的结果也仍然是一种手段,使用这一手段的目的,是充分利用现代信息技术的优势,促使教学任务的更好完成,从而推动素质教育的顺利进行。显然,这种整合模式,应该成为学生获取信息、探索问题、合作学习、解决问题和构建知识的认知工具。

(一)进行教学演示

这是信息技术与英语教学整合的最初形式,也是最基本的层次。教师利用教学软件或多媒体素材,编写自己的多媒体课件,用动画、影片等营造、创设语言情境,激起学生的学习兴趣,并且可以使教学更贴合实际。信息技术与英语教学的整合,使计算机代替粉笔、黑板等传统教学媒体,实现传统模式所无法实现的教学功能。

(二)促进主体交流

英语教学过程应该是师生之间、学生之间互动的交流过程。通过互联网、局域网的硬件环境,实现师生之间、学生之间的专题质疑、问题研讨和感情交流。以及师生与外校、外地、外界的链接,达到快速、优质、高效的目的,实现知识获取和能力训练的最大效益。该种整合模式可以实现个别辅导式的教学,既能代替教师的部分职能,如出题、评定等,还能较好地实现因材施教,解决因主体个别差异导致的质量失衡问题,并且更有效地提高学生学习的投入性、自觉性。

(三)能增加课堂知识密度

信息技术与英语教学整合可以改变课堂教学模式,提高课堂节奏,增加教学密度,增强课堂知识的容量,扩大学生知识面。同时还能培养学生动手、动脑的能力,促使学生积极思维,形成师生之间、生生之间的多层互动,激起学生主动学习的欲望,使学生主动参与到课堂教学活动之中。教师在使用信息技术时,应从实际情况出发,制作一些诸如"插播片""片断片""素材片"等课件;在具体教学活动中,有效地利用这些课件,使现代信息技术真正起到辅助作用,从而更好地发挥学生的主体作用。现代信息技术与英语教学整合的主题是语言学习,主体是学生,信息技术只是辅助。

在教学过程中,教师是学生学习的指导者和活动的组织者,学生不再被动接受,而是主动参与、发现、探究,教学过程就成了探究问题、协商学习等以学生

为主体的活动过程。现代信息技术教学主要采用视听手段,在课堂上进行大量的交际练习,学生练习使用英语的机会比传统的教学模式大大增加,更有利于培养学生的听说能力。还可向学生展示一些有关英美国家的风土人情及相应的背景知识,这样可丰富学生的英语知识,扩大他们的知识视野。

(四)优化课堂结构,突出重点,突破难点

学生所获得的知识80%来源于课堂,优化课堂结构显得尤为重要。在英语教学中,经常需要引入各种媒体,教师的备课资料和收集到的信息,包括课文、练习、问题、演示,以及相关的预备知识、补充材料等,在具体教学过程中出现的时间、方式、次数等都是动态和随机的,会受课堂教学中各种因素的影响。在常规教学手段下,各种不同的教学信息分别出现在教科书、录音机、录像带等不同媒体中,很难有效地整合在一起。利用超文本的网状非线性信息管理方式,教师可以根据人的思维习惯和教学要求,把所有资料链接到一起,极大地方便教学。信息技术还可以超越时空,把教学内容延伸到情景生动、逼真地再现,使抽象的知识变得具体化、简单化、直观化,缩短了客观实物与学生之间的距离。从而降低了难度,使学生容易接受和理解,获得深刻、清晰的感知。

(五)有利于资源环境的生成

信息技术与英语教学的整合,可以突破书本作为知识主要来源的限制,而不断生成新的、丰富多彩的教学资源环境。例如异地景观、背景材料、实物模型、重要数据等等,很多是课本所不能容纳的,而这类材料却能极大地丰富教学的资源环境。以英语学科为例,其信息技术资源包括英语教学中所凭借的信息技术手段及其相应配置,还包括通过信息技术进行数字化的自然、社会、人文等方面无限丰富的资源。这种资源被开发利用,英语教学的手段和条件都将发生巨大变化。类似于尺幅千里、芥子须弥、留声致远、异步对话、心游万仞、思接千载、时空隧道等种种原来属于夸张范畴的内容,一旦在英语教学中成为现实,将极大地丰富教学资源,大大提高学生学习英语的主动性和创造性。

(六)提高学习效率

布鲁纳认为:"在学校教育教学中,所有教学计划在很大程度上将依赖于为达到教学目标而采用的教学媒体。"教育心理学研究表明,现代信息技术和英语教学的整合能极大地提高人们的学习效率。人们在学习时通过听觉获得的知识能够记忆15%,通过视觉获得的知识能够记忆25%,如果同时使用这两种传递知识的方式,就能够获得65%的知识。现代信息技术和英语教学的整合就是利用形、声来传授知识,使学生充分利用视觉、听觉接受知识,综合利用各种感官进行学习,以取得最佳学习效果。现代信息技术与英语教学的整合使学生不但使用了视觉器

官,而且还调动了他们的听觉器官。语言的音、形义是一个整体,在呈现中不可能将其截然割裂开来。利用现代信息技术,进行听说训练,可充分调动学生的视觉、听觉、触觉感官作用,使其互相配合,加大语言信息的刺激量,从而大大提高学生的学习效率。

(七) 促进研究性学习的发展

近年来,研究性学习已经突破了课外活动的范围,而被提升成为基本的课程内容之一。教育部颁布了新的课程标准强调要通过课程改革,加强学生基本素质的培养,通过规范的课程教学,把学生培养成为学会生存、懂得知识、掌握技能、发展能力的身心健康的新四有人才。研究性学习正是课程改革的重要内容之一。在教学过程中,根据英语学科内容,利用多媒体集成工具或网页开发工具,将需要呈现的课程内容,以多媒体、超文本、友好交互方式进行集成、加工处理转化成为数字化学习资源,同时根据英语教学需要,创设一定的情景,并让学生在这些情景中探究、发现,这极利于学生对学习内容的理解和学习能力的提高。

(八) 培养学生终生学习的态度和能力

大势所趋,当今"终身学习"已经由人们的单纯的愿望变成了具体的行动。时势可以铸造英才,时势也可以淘汰庸人,现实迫使人们产生了紧迫感。学会学习和终生学习,是信息社会对公民的基本要求。信息技术与英语教学的整合,迎合了时代的要求,在培养学生树立终生学习的态度上,有独特的优势。这种整合,使得学生具有主动吸取知识的要求和愿望,在付诸日常生活实践中能够独立自主地学习,自我组织、制定并实施学习计划,能调控学习过程,能对学习结果进行自我评估。这无疑在学习方法上进行了一种革命式的变革。

(九) 培养学生的适应能力和解决实际问题的能力

新旧英语教学方式的区别,最根本的就在于能力的掌握与否。在信息时代,知识和技术成为第一生产力,是社会生产力、经济竞争力的关键因素,知识本身发生激增、剧变、更新,而且频率加快,周期缩短,同时知识本身的高度综合和学科渗透、交叉,使得人类的一切领域都受到广泛的冲击和影响。在这种科学技术和社会结构发生急剧变革的大背景下,适应能力、应变能力和解决问题的能力,将变得更为重要。我们必须改革英语教学方式,培养学生的上述能力,才能适应社会的发展。由于信息技术和英语教学的整合能够最大限度地开发学生潜力,调动学生的积极因素,因此学生能力的培养问题将能迎刃而解。

(十) 有利于培养学生的信息素养

整合可以培养学生的信息素养与信息利用素质。信息技术融入英语教学过程,使英语教学方式变革了，英语教学视野拓宽了，英语教学内容丰富了，学生对信息的获取、分析、加工和利用，成为英语学习过程的主要内容，因而能最大限度地贴近现实生活实际，融入网络时代，利用信息能力解决问题。

二、整合中应注意的问题

（一）避免直观形象教学与语言教学脱节

信息技术能提供真实的直观形象材料，使学生获得全新充分的感知。但是，教师还必须适时加以适量的提示、强调、总结，予以引导。不能只关注直观材料本身而忽略对学生讲解所展示的视觉材料与教材之间的内在联系，忽略形象材料的辅助性和课文材料文字信息的主要性，造成直观形象教学与课堂语言教学相脱节的现象。教师应针对语言教学重点和难点进行教学设计，把握好教学内容的深度，合理使用信息技术，才能取得良好的教学效果。

（二）把握适时、适度、适当原则

"适时"就是运用多媒体时要选择有利于学生掌握重点，并使教学达到最佳效果的时机。适当就是多媒体要用在"精彩"之处，用在激发学生学习，用在突出重点突破难点之处，用在利于学生内化教学内容之处。"适度"就是多媒体运用要做到既不喧宾夺主地滥用，也不能因噎废食而全然不用。教师要注重发挥多媒体的特点与功能，找准计算机多媒体与教学内容的切入点，合理使用信息技术，以取得良好教学效果。要确保发挥信息技术的优势和实效，必须依次考虑以下问题：信息技术是否适用于当前教学内容、学习者和教学目标的需要？信息技术在实现当前教学目标方面是否有不可替代的优势，具体体现在哪些方面？应如何通过有效的教学策略使潜在优势转变为教学实效？如何消除当前教学中应用信息技术的不利影响？

（三）把握整体性原则

在整合构课堂教学中，教师应以以人为本的课程理念和教学思想为导向，通过教学设计，以符合学科特点和学生学习需求的方式，高效应用信息技术，追求信息技术在促进教学、学习和学生全面发展方面的实效性。信息技术整合的教学设计是一个结构性的系统。因此，教师应把握整体性原则，综合考虑该系统包括的各个要素和环节，包括教师、学生、教学内容、教学目标、教学媒体和方法等，追求信息技术应用与教学方式变革的相互促进。教师必须明确，在整合的课堂教学中，教学策略起着核心作用，教师应苦苦追求的是每节课或一系列教学活动在教学、学习和学生发展等方面的实效，而不能过多考虑教学中采用的信息技术的多与少，或者所用信息技术先进与否。

（四）信息技术与多种活动方式的综合运用

多媒体网络技术给教育教学带来了一次深刻的革命，但它并不是万能的，不能代替学生的操作实践等活动，也不能完全取代教师的地位，它只是一个帮助我们认识世界的好工具。要避免信息技术应用与其他活动方式的对立，杜绝切断学生与社会、生活实践联系的"全盘信息化"，不能为用信息技术而剥夺学生的动手实践机会。课堂活动的主要形式不是人机互动而是师生之间、生生之间的互动。要充分发挥教师的主导和学生的主体作用，让学生自己去加工整理、呈现信息，提高他们的主观能动性，创造良好的教学关系。此外，在充分利用现代信息技术的同时，还要注重常规媒体与教学手段的有机结合与渗透，以达到事半功倍的效果。

第五节 信息技术与英语教学整合实践

一、信息技术与英语听、说、读、写课程的整合

（一）信息技术与英语听力课程的整合

传统的听力教学，主要是靠录音机和教师本身来完成的。这种方式方法单一，控制不便，而计算机的应用，将会弥补这一不足。首先，可以利用磁盘存贮听力资料。因为磁盘具有容量大、携带方便、容易保存、复制快捷等诸多优点。薄薄的一张磁盘，可存贮相当于几十盘录音带的内容。磁盘的复制比录音带的复制容易得多，并且软件及网络听力资源丰富，选择空间增大。其次，可以运用多媒体计算机播放听力材料。这种方式集文字、图像、声音于一体，形象生动，可以激发学生的学习兴趣；解决听力中的难点，从而有效提高学生听力。而且，在播放中内容可以任意前进、后退、反复。学生如果某一句或某一段听不懂，可以迅速而准确地找到并重复听，这一点是录音机所无法比拟的。再次，可以选择地道的英语听力软件：传统的听力教学，尤其是教师本身的英语授课是因人而异的。有时，教师语音、语调不准确、不规范，势必会给学生的听力提高造成障碍。而好的听力软件，所播放的语音纯正、地道，学生听来则是一种享受，可以有效弥补教师的不足。

（二）信息技术与英语口语课程的整合

随着对外开放的逐步加深，培养学生说的能力显得越来越重要。而对说的能力的培养，离不开环境。计算机和网络的发展，为学生提供了更为广阔而真实的空间。首先体现在人机对话方面。学生可以选取一种软件来自主地训练自己的语

音、语调和表达能力。学生可对着话筒模仿计算机所播放的内容，计算机可以对此进行反馈，因而学生就会愿学、乐学，说的能力在不知不觉中得到提高。其次，就是网上交谈。一是通过国际互联网，学生可以和外国人交谈。外籍教师毕竟有限，学生很少有机会与外国人直接沟通。而通过国际互联网，学生可以和国外说英语的人士直接交谈、沟通。二是通过国内互联网，学生可以和国内说英语的人士交流。国内网民人数与日俱增，中间不乏精通英语的人士，因而学生和他们交流就更容易，交谈话题更多。三是通过校内互联网，学生可以和教师、同学自由对话。学生可以在教师的指导下，根据各自的语言水平和爱好，选择不同的交谈内容和交谈对象。这样教师也变"授人以鱼"的教学方式为"授人以渔"，让学生主动参与到学习活动中，能进行自主的探索学习。

（三）信息技术与英语阅读课程的整合

阅读是英语教学的核心内容之一。如何有效地提高学生的阅读能力，是英语教学的关键所在。多媒体计算机及网络的应用，会使英语阅读教学跨上一个新的台阶。CAI即计算机辅助教学具有能集成文字、图像、影像、声音及动画等多种信息的功能，因此，它愈来愈受到欢迎。多媒体技术的运用可以使课堂教学容量相对增大，给学生提供了更多的语言实践机会。多媒体课件的形象生动，可以大大提高学生的英语阅读兴趣。利用多媒体网络进行英语阅读教学，是培养学生阅读能力的一条新途径。它可以有效地克服以往英语阅读教学中许多问题，例如阅读题材狭窄，内容陈旧，训练方法单一、呆板等问题，因为网络具有信息丰富、题材广泛且新颖、反馈及时等特点。它可以极大地提高学生的阅读兴趣，激发他们的求知欲望，从而有效提高学生的阅读能力。

选择网上阅读材料时，大体遵循以下五个原则：一是拓展性，即从网上选取的材料是对教材内容的扩展，延伸，而不是简单的重复。二是时效性，即所选的材料内容要新，有时代感或是关于一些热点问题的。三是趣味性，即所选材料要符合学生特点，能引起他们的兴趣。四是科学性，即所选材料要真实，如实地反映客观实际。这一点要特别注意，因为网上虚拟的东西数不胜数。五是艺术性，即所选择材料要难易适中，适合学生阅读水平，对一些文章可进行适当改编。

（四）信息技术与英语写作课程的整合

传统的英语写作训练方法比较单调乏味，教师一般是让学生就情景写作，或对课文改写，或写英文日记，这些做法都较死板。而计算机和网络的应用，则可使英语写作变得生动有趣，丰富多彩。首先，可以利用多媒体课件，创设写作背景。教师可在屏幕上显示一些迷人的画面、关键词语，或者播放一段故事，让学生观其形，闻其声，然后有所感而写。还可以设计一些有趣的练习，让学生掌握一定的词汇用法和句型及语法后，逐步地进行写作训练。其次，教师还可以利用网络优势，提高学生写作能力。教师可以组织带领学生一起通过网络搜集相关信息，让学生了解关于一些写作主题的信息。并且要求学生挑选出一个自己最感兴趣的话题写一段简短的话，发E-mail给老师或自己的好朋友，让学生充分体验成功的喜悦，增强学习英语的兴趣和自信心，教师还可指导学生结交国际笔友，发送电子邮件，让学生在交流中不知不觉地提高自己的写作水平。

信息技术为写作提供了更丰富的素材，更多更迅速的实现渠道和更多更有效的交流方式。比如情境写作：多媒体电脑为书面表达中的情境创设提供了最有力的支持，情境呈现——讨论交流——写作——评价是常用的教学流程。教师可利用多种软件设计各种生动的情景；互动写作：教师可以通过校园网，将"故事接龙"的样式放到网络上之后，其趣味性、发展的无限性以及教师与学生、学生与学生之间交流能达到一个新的高度。还可通过网上的BBS来就某一话题用英语展开讨论。我们还可以充分利用信息技术，从网络上搜集相关资料，并开辟交流区，内设英语论坛。以交互形式促进学生的英语交流；自主写作：让学生自主从网络上获取阅读材料，读后根据自己的选择和思索进行"吸收+创造"式的写作，使阅读能力、写作能力和信息素养得到共同提高，将阅读和写作有机地结合起来，还可让学生利用E-mail交笔友和外国朋友用英语交流，从而达到提高写作水平的目的；写作反馈最有效的方式是利用电子邮件，学生可以将自己的习作通过E-mail发给老师，老师批改后再发给学生。通过以上这些方式，让每个学生都参加到教与学的活动中来动手操作、亲自开口说、主动思考，既提高了学生的计算机操作能力，又促进了学生英语听、说、读、写的能力，达到信息技术和英语教学同步提高的双赢目的。

二、信息技术和英语教学整合的案例

下面我们以信息技术与中学英语教学的整合为例，看一看信息技术和英语教学是如何整合的。

（一）课件的制作

选取多媒体集成工具Flash，制成多媒体网络课件，其内容包括以下九个部分。

1. 导入

结合课文内容，把导入做成flash动画文件和音乐文件组成。它是由宣传奥运的画面、我国著名运动员的风姿和北京的优美风光组成，在一曲申奥歌曲"实现梦想"中开始了这节课的前奏，让学生一进机房，注意力就集中到了这节课的主题上来，即"The Olympic Games"，并激发他们进一步了解奥运的愿望。

2.多媒体运用

本页面主要以张艺谋的申奥宣传片、部分网友的Flash申奥宣传动画和近几届奥运会会歌组成。让学生亲临运动现场，体验到我国人民对2008年奥运的期盼，也坚定了我们的信心——2008年的奥运会将会是一届成功的奥运会。在声音、动画、影视的多媒体氛围下课堂气氛达到第一次高潮，同时又不失时机地进行了一次爱国主义教育。

3.运动员风采

本页面主要以我国和部分国外运动员的运动风采组成，涉及各种奥运项目，让学生亲眼目睹了这些运动员的风采，也熟悉了部分运动项目，增长了不少知识。播放了多组奥运精彩镜头，那一幅幅令人惊心动魄的精彩画面，立即引起了学生的强烈兴趣，加强了对奥运精神的理解。课堂气氛再次达到高潮。

4.奥运会历史

本页面介绍奥运会的历史。列举了第1届至第27届奥运会的奖牌统计情况，奥运委员、运动员名单等，举办地的历史、文化和经济等情况，还列举了第28、29届奥运会举办地的有关资料、各地对本届奥运会的有关看法与做法，以及一些有关奥运会历史的故事。

5.辉煌成绩

本页面列举了我国十多个运动员的相片，他们都是上届或前几届奥运会的金牌得主。在每个运动员的图片上按一下，就出现有关运动员的详细情况和本运动员的更多资料，让学生感觉既亲切又自然，也更了解我国擅长的运动项目。

6.课文

本页面的内容为"The Olympic Games"的课文内容。对课文中部分内容进行解释，让学生自己阅读，如遇生词、语法等方面的问题时，点击解释页面，能迅速完成或达到教学目标，读懂本文的意思。

7.练习

本页面结合课文内容完成本课程的有关测试，测试类型包括选择题、表述题和完形填空题等。为了巩固本课程学习效果，让学生运用本课知识和当前竞争举办奥运会这一社会关注的现象进行自由讨论。在讨论中，播放汉城奥运会主题歌，通过体会音乐内涵来感知奥运会精神，感受奥运真谛：团结、更快、更高、更强。学生围绕主题，分正反两组辩论，讨论气氛热烈，正反两方各不相让，在激烈的争辩中，提高了英语会话能力。

8.自己动手

本页面超链接到2008北京官方英文网站，让学生有一个英语学习的环境，阅读其中的文章，如绿色奥运、北京奥运村、北京新貌等英语资料。教师可以根据资料出几个题目，然后让学生从这些材料中找出答案，或进行讨论。同时，在学生了解了北京为举办奥运会所作的努力后，会觉得我们的祖国日益强大，这又是一个较好的爱国主义教育的机会。

（二）分析与评价

第一部分欢迎页面设计得很好，因为它能激发学生的兴趣，激起学生主动学习的欲望。宣传奥运、我国著名运动员的风姿和北京的优美风光flash动画和申奥歌曲"实现梦想"使学生得到视听觉的刺激与享受，激起了他们的学习兴趣。

但接下来第二、三、四、五、六这五部分，以及第七部分的前半部分的设计，均使人感到学生的主动性受到了抑制。原因是这几部分都是以介绍为主，使人觉得多媒体和网络仅仅成了教师教学的辅助工具，是在开放Internet环境中，进行封闭式的"电灌"：从第二部分张艺谋的申奥宣传片、部分网友的flash申奥宣传动画和近几届奥运会会歌，到第三部分我国和部分国外运动员的运动风采、涉及各种奥运项目，到第四部分奥运会的历史，再到第五部分我国十多个运动员的相片及其详细情况或更多资料，到第六部分学生自己阅读，甚至第七部分前半部分的结合课文内容完成的有关测试，所有这些都使学生处在被动接受状态，仍然没有摆脱教师为中心的传统套路，学生的主动探索精神没能得到充分发挥，对学生的协作能力的培养没有任何体现，谈何学生意义的主动建构？第八部分让学生畅想2008，自己能为北京作何贡献，这确能发挥学生思维的想象力，最后的第九部分是真正让学生动手的设计，只可惜像这样的步骤太少了。

若一堂课大部分时间还是老师在讲，或计算机只在其中充当演示或灌输的工具，并没有让学生充分利用网络来自主探索或协作交流，教师地位、作用以及学生的地位、作用和传统教学一样没有多大的变化，这堂课即使是在多媒体网络教室里，有真正的互联网环境，也算不上真正的课程整合。

当前，众多学校深化教学改革的关键都在于：能否打破长期以来统治各级各类学校课堂的传统教学模式。这种教学模式的特点是：以教师为中心，教师讲、学生听，主要靠教师向学生灌输，作为认知主体的学生在教学过程中自始至终处于被动状态，其主动性、积极性难以发挥。既不能保证教学的质量与效率，又不利于培养学生的发散性思维、批判性思维和创造性思维，也不利于创造型人才的成长。

（三）改进建议

这节课我们可以采用"抛锚式"教学方法。

第一步：在第一部分结尾后，提出一些问题，如：你知道奥运会的历史吗？

奥运会的比赛项目有哪些？上届或前几届奥运会上我国运动员取得了什么样的成绩？为什么世界上好多国家要争办奥运会？为什么北京会申奥成功？2008年的北京会有何新面貌、新文化？这样可以起到"抛锚"的作用，即确定当前的学习内容。

第二步：把对同一问题感兴趣的学生，编到同一小组。同样的兴趣更容易使他们同心同德，精诚团结，以高度的热情，积极主动地探索自己急欲了解的东西。这样就可以在教师的指导下，保证学生学习的主动性，符合以学生为中心的主动意义建构要求。

第三步：教师只给他们一些提示，如一些搜索引擎或网址。

第四步：让各小组分工协作。主动到网站上去探索，搜寻有关资料，分析所得资料，结合课文内容，综合各组员想法，统一思想后，用英语写下对自己小组所探索的问题的看法，并制作成PowerPoint幻灯片。这样可以培养他们的协作学习的能力、主动探索的精神和信息技术的应用能力，同时也使多媒体和网络成了学生学习的认知工具，而不仅仅是教师教学的辅助工具，也就更符合了建构主义理论的教学要求。

第五步：学生作品展示。在展现自己的作品的时候，各小组用英语发表对自己探索的问题的看法，并用幻灯片辅助说明。

最后，其他小组可以提出不同看法，或改进意见，也可能引起争论。教师适时地点拨，并进行适时、适当的鼓励。这样会使学生产生成就感和自豪感，并在自主发表看法的同时，锻炼学生英语口、笔头表达能力。

参考文献

[1] 杨洋，赵璐.多元文化在英语教学中的作用分析——评《英语教育的批判性维度建构》[J].中国教育学刊，2020，(11)：135-135

[2] 周可戈.混合式教学模式下的大学英语选修课探索——以中国文化交流英语课程为例[J].教育观察，2020，9（37）：58-60+67

[3] 李娜.多元文化对英语教学的影响——评《多元文化与英语教学》[J].当代教育科学，2020，(9)：2-2

[4] 李振东.跨文化交流在英语教学中的应用[J].中外交流，2020，27（24）：34-34

[5] 李莹.多元文化视角下大学英语教育教学创新[J].今天，2022，(4)：147-148

[6] 孔雪飞.多元文化影响背景下的高校英语教学探究——评《多元视野下的高职英语教育研究》[J].当代教育科学，2020，(12)：2-2

[7] 胡志红.多元文化背景下大学英语跨文化教学——评《多元文化与当代英语教学》[J].中国高校科技，2020，(4)：1-1

[8] 龚梅萍.多元文化环境下英语语言文化教学策略改革[J].新教育时代电子杂志（教师版），2020，(48)：234-234

[9] 蔡晓明.多元文化视角下大学英语教学创新思考——评《多文化交融下大学英语教育的转型探究》[J].科技管理研究，2022，42（17）：15-15

[10] 高鹏飞.多元文化视角下大学英语教育教学创新[J].食品研究与开发，2020，41（17）：7-7

[11] 臧庆.信息时代多元文化交融对高校英语教学的影响研究[J].食品研究与开发，2021，42（24）：20-20

[12] 胡家英，王丹.多元文化视域下高校英语教育教学实践[J].食品研究

与开发，2020，41（16）：7-7

[13] 万能.多元文化视角下英语翻译教程研究——评《动物营养与饲料加工专业英语》[J].中国饲料，2020，（1）：122-122

[14] 赵丽娇.基于多元文化视角的高校英语教育教学研究[J].美眉（教研与美育），2022，（6）：180-182

[15] 詹燕娥.多元文化交融对高校英语教育的影响探析[J].淮南职业技术学院学报，2022，22（5）：112-114

[16] 余佳.在英语阅读教学中感悟多元文化[J].四川教育，2020，（33）：56-56

[17] 马睿昕.融入多元文化的校园英语教学方法研究[J].海外英语，2023，（1）：146-148

[18] 卢刚.多元文化背景下的高校英语教育革新研究[J].美眉，2022，（12）：178-180

[19] 荣婉晴.多元文化视角下大学英语教育教学创新[J].中文科技期刊数据库（全文版）教育科学，2023，（4）：12-15

[20] 周建华.多元文化视域下高校英语课堂融合红色文化元素研究[J].中国科技经济新闻数据库教育，2023，（4）：26-29

[21] 李慧.多元文化视角下高校英语教学改革创新的思考[J].世纪之星—交流版，2022，（26）：70-72

[22] 邹朝华.多元文化视角下高校英语教学改革创新的思考[J].科技资讯，2022，20（17）：165-167

[23] 莫晨莉.多元文化交融对当代高校英语教学的影响分析[J].黑龙江教师发展学院学报，2022，41（7）：138-140

[24] 谢锦.多元文化影响背景下高校英语教学研究[J].高教学刊，2022，8（24）：128-131

[25] 程娜.研究生公共外语教学中的多元文化输入——以非英语专业研究生英语听说课程为例[J].纺织服装教育，2022，37（4）：347-349

[26] 代欣.探讨多元文化交融对当代高校英语教学的影响[J].虹，2022，（12）：123-125

[27] 王子辰.多元文化交融对当代高校英语教学的影响研究[J].新一代：理论版，2022，（8）：28-30

[28] 黄爱萍.浅谈多元文化交融对高职高专院校英语教学的影响[J].中国科技期刊数据库科研，2023，（3）：56-59

[29] 李靖航.多元文化视角下高校英语口语教学中跨文化交际能力的培养

［J］．中文科技期刊数据库（全文版）教育科学，2022，（4）：74-77

［30］张秋楠．多元文化视角下的英语语言文化教学探究［J］．英语广场：学术研究，2021，（34）：94-96

［31］陈霞．"互联网+教育"在英语多元文化学习模式中的实践［J］．文化产业，2021，（31）：49-51

［32］陈思孜．多元文化视域下高校英语教学理论与有效方法研究［J］．科教导刊：电子版，2021，（3）：233-234

［33］张新旺．基于多元文化视域高校英语教学实践探究［J］．江西电力职业技术学院学报，2021，34（12）：62-63

［34］黄蕾．多元文化视角下大学英语教育教学创新［J］．科学咨询，2021，（46）：43-45

［35］田佳．多元文化教育在英语教学中的实施途径——评《高校英语教育教学理论与实践研究》［J］．中国高校科技，2021，（10）：7-7

［36］赵瑞平．"一带一路"倡议下商务英语专业人才多元文化培养研究［J］．吉林农业科技学院学报，2021，30（1）：73-76

［37］刘妮娜．多元文化交融对高校英语教学的影响探讨［J］．女人坊（新时代教育），2021，（15）：1-1

［38］李勇．基于多元文化视角的高校英语教育教学分析［J］．陕西教育：高教版，2021，（8）：43-44

［39］付满群．试论输出理论指导下多元文化并重的英语教学实践模式［J］．北京印刷学院学报，2021，29（10）：116-118

［40］张春华．基于多元文化理解的小学英语项目式学习［J］．华夏教师，2021，（21）：75-76

［41］钱庆斌．多元文化视域下高校英语教学发展模式研究--评《多元文化视域下的大学英语教学研究》［J］．中国高校科技，2021，（3）：106-106

［42］许晓晴．多元文化视野下独立院校大学英语教学研究［J］．大学：教学与教育，2021，（5）：125-128

［43］王丹，杨佳慧，石南．"一带一路"视角下大学英语教材多元文化研究——以《创新大学英语综合教程》为例［J］．山海经：教育前沿，2021，（9）：1-1

［44］李琳．多元文化背景下民族高校大学英语教学中文化自信的培育——以甘肃某民族高校为例［J］．甘肃高师学报，2021，26（4）：112-115

［45］孔雪飞．多元文化发展视角中高职英语教学体系的构建与研究［J］．海外英语，2021，（1）：100-101

[46] 张丞艳. 多元文化背景下大学公共英语教学中的跨文化意识培养探析 [J]. 海外文摘·学术, 2021, (12): 91-92

[47] 郎晓娟. 英语基础教育中的多元文化共生 [J]. 湖州师范学院学报, 2020, 42 (6): 97-101

[48] 尚艳红. 多元文化视角下大学英语教育教学创新思考 [J]. 江西电力职业技术学院学报, 2020, 33 (12): 55-56

[49] 侯雯静. 多元文化视角下大学英语教育教学创新研究 [J]. 大众商务, 2020, (9): 1-2

[50] 刘娟. 多元文化背景下大学英语跨文化教学途径探讨 [J]. 时代教育: 下旬, 2020, (11): 139-139